하나님의 축복은 기적같이 찾아든다

개정판

하나님의 축복은 기적같이 찾아든다
개정판

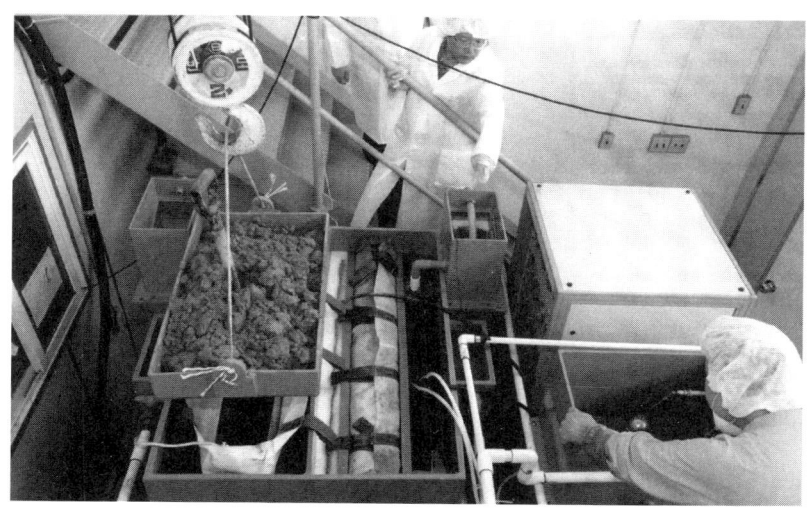

한국원자력연구원 김계남

(방사성토양제염장치 개발자)

목차

추천의글 · 6
서언 · 10

1부 내게 주신 10가지 기적 같은 축복 · 15
    공부를 잘할 수 있게 해 주세요 · 16
    배재고등학교에 합격시켜주신 하나님 · 19
    정신질환을 치료해 주신 하나님 · 21
    공병여단 군종사병으로 복무 · 47
    나의 영원한 믿음의 동반자를 만나다 · 58
    하나님의 은총으로 한국원자력연구소로 직장을 옮기다 · 65
    KAIST 토목공학과 박사과정 졸업 · 70
    대덕교회 안수집사와 연구원 신우회 회장으로 봉사 · 76
    방사성 토양제염기술 개발 및 기술 이전 · 82
    한국원자력연구원 연구원으로서의 명예를 회복 · 89

2부 신앙고백 수기 · 97

3부 설교문과 기도 · 295

4부 목회사역 계획 · 321

추천의 글

　공학 박사인 저자는 젊은 시절 대학 입시를 앞두고 공황장애를 겪었으며 이로 인해 만났던 하나님의 사랑과 은혜로 일생을 헌신된 그리스도인으로 살게 되었습니다. 원자력연구원 연구원으로 성공적인 삶을 살았던 그는 젊은 시절에 받은 하나님의 은혜에 보답하기 위해 은퇴 후 신학대학원에 들어가 목회자로 그의 삶을 재헌신하였습니다. 독자들은 본서 안에서 저자가 다양한 사회 경험 속에서 체험한 하나님의 은혜를 감동과 함께 깊이 공감하게 될 것입니다. 무엇보다도 저자의 하나님을 향한 사랑과 진실된 신앙은 그리스도인의 신분으로 이 시대를 살아가는 독자들에게 바람직한 기독교 신앙의 가치와 실체를 깊이 생각해보게 하는 기회를 만나보게 합니다. 좋은 신앙의 모습이란 무엇인지에 대하여 생각해 왔던 분들에게 일독을 권합니다.

한국침례신학대학 신학대학원장 문상기 교수

　저자는 만 64세에 자신의 인생을 회고하고 있습니다. 저자가 정리한 자서전의 핵심은 자신에게 주어진 열 가지의 기적과 축복 그리고 축복에 응답하는 다짐을 담고 있습니다. 일반적으로 신앙자서전은 자신의 삶을 성찰함으로써 자신에게도 그리고 비슷한 영적 여정을 걷는 영혼의 벗들에게 유익합니다. 그래서 영성가들은 영성 수련의 한 방식으로 자서전을 사용했습니다. 자서전을 기록하는 동안 지나온 모든 순간, 때론 너무나도 고통스러운 순간도 은총의 역사이었음을 깨닫게 됩니다. 그리고 연약해져 갈 일만 남은 노년의 여정 또한 은총이 지배할 것임을 믿게 됩니다. 그래서 자서전은 담대하게 남은 생애를 하나님께 드리게 만들어주는 통로입니다. 저자의 자서전은 진술한 영적 여정의 고백이면서 은총의 역사 해석입니다. 그래서 저자의 영적 자서전은 우리 모두에게 큰 영적 유익을 줄 것입니다. 저자가 앞으로 다짐하는 사명 선언을 따라 믿음의 여정을 충성되게 완주하길 기대하고 기도합니다.

대덕장로교회 담임목사 유재경

김계남 박사님과는 대덕연구단지에 위치한 대덕장로교회에서 교회학교 교사로 1980년 중반에 봉사를 시작한 이후, 함께 신앙생활을 해온 지 벌써 30년째입니다. 또한 같은 직장에서 근무하며 직장신우회인 밀알회에서 함께 활동해온 연유로 비교적 개인적으로 절친한 관계입니다. 주님을 너무나 확실하게 믿고, 또 축구를 사랑하여 미친 듯 좋아하시는 것 같이 성격도 적극적이어서 함께 지내기에 즐겁고 유쾌한 분입니다. 최근 일본의 후쿠시마 원전사고 이후로 김 박사님께서 개발해 오신 토양 제염기술이 세계적으로 우수한 기술임이 입증되어 일본의 방사능으로 오염된 토양을 깨끗하게 하는데 기여하며, 기술이 수출되어 한국원자력의 위상을 국제적으로 한 단계 높이는 데 큰 기여가 예상되어 부러움과 축하를 드립니다. 하지만 개인적으로 청년기에 이 책에 기록된 것 같이 큰 어려움을 당하면서 지금에까지 이르신 줄은 저도 몰랐었습니다. 하나님을 신실하게 믿게 된 과정이 놀라울 정도로 소상히 흥미진진하게 기록되어 있어서, 시간이 가는 줄 모르고 단숨에 읽었습니다. 김 박사님과 함께 하시며 지금까지 이끌어 오신 하나님에 대한 신앙고백이 이 책에 고스란히 담겨 있어서 지금 어려운 환경에서 고전하고 계신 분들께 큰 힘과 위로가 될 책이라고 확신하며, 이 책의 일독을 권합니다.

한국원자력연구원 책임연구원 이보욱 목사

요즈음 세상은 되도록 자신을 세상에 드러내기를 꺼려합니다. 그래서 자신이 살아온 길이나 살아갈 길을 글로 나타내려 하지 않습니다. 그러나 이 책의 저자 김계남 박사님은 이들에 대한 두려움 없이 자신의 일생과 생각을 아무 가감 없이 글로 고백하고 있습니다. 어려서 무허가 집에서의 삶, 동생의 죽음, 청년 시절 공황장애에 의한 좌절, 그리고 어머니의 신앙과 부모님의 사랑에 대한 갈망 등을 책에 기록하였습니다. 자신의 어려움을 하나님을 통해 해결 받고, 그 전능하신 주님만을 위해 살겠다는 각오를 이 책에 기록하였습니다. 이 책을 통해 영적 어려움에 처한 청년들이 주님 안에서 용기를 얻길 바라며, 저자 자신에게도 이 책이 하나님께 드리는 신앙고백이 되어 일평생 주님의 신실한 청지기가 되시길 바랍니다.

한국원자력연구원 책임연구원 김승수 안수집사

저는 박사님의 간증을 큰 감동과 은혜 속에서 읽었습니다. 하나님께서 박사님께 베푸신 놀라운 축복은 박사님이 하나님 앞에 인내와 믿음으로 주어진 삶을 성실히 잘 감당하셨기 때문임을 알았습니다. 박사님의 간증문 곳곳에 녹아있는 하나님을 향한 신앙과 열정이 저의 나태해진 믿음을 채찍질하고 다시금 하나님 앞에 바르게 살고자 하는 결단을 하게 하는 것 같습니다. 박사님께서 겪으신 많은 고난의 간증을 통해 읽는 사람 모두가 하나님께 영광을 돌리고, 저 같은 보통 사람도 하나님께서 함께하시면 놀라운 기적을 체험할 수 있다는 힘과 용기를 얻게 되리라 믿습니다.

충남대학교 환경공학과 교수 양재환 집사

서 언

지금은 2022년 2월 1일이다. 나는 만 65세가 되었고 이제 남은 인생은 노년의 삶이다. 지금까지 하나님께서 나에게 많은 축복을 주셨다. 첫째는 나 같은 죄인에게 구원의 은총을 주신 것이고, 둘째는 보잘것없이 태어났지만, 나의 모든 기도에 응답해 주신 것이다. 이 책 1부에는 나에게 주신 특별한 10가지의 기적과 같은 축복을 소개하고, 2부에는 나의 신앙고백 수기와 설교문, 기도문을 적었다. 또한, 하나님이 주신 축복에 감사하여 앞으로 죽음을 맞기까지 교회선교에 참여하여 국내, 북한, 일본 선교를 위해 나의 시간, 물질, 정성을 바칠 것을 하나님 앞에 약속한다.

신구약성경에는 많은 인물에 대한 신앙 간증 기록들이 있다. 구약에서는 욥, 노아, 아브라함, 야곱, 요셉, 모세, 다윗, 에스더, 요나 등이 있고, 신약에서는 바울, 스데반, 세례요한, 베드로 등이 있다. 성경을 통해 이들의 신앙적인 삶을 읽고, 우리는 예수 그리스도를 따르는 길을 발견해 나갈 수 있다. 치열한 경쟁과 시기 질투 속에 험난한 현실을 살아가는 후배들에게 평범한 나의 삶에 대한 신앙 간증과 수기가 후배들의 신앙생활에 약간의 도움이 될 수 있기를 소망한다.

나의 IQ는 120으로 보통 수준에 불과하다. 국민학교(지금 초등학교) 저학년 시절 공부를 잘하지 못했다. 그러나 부모님의 강압으로 유년주일학교 시절부터 교회에 다녔다. 국민학교 5학년이 되었을 때 나는 하나님께 처음으로 진지하게 기도를 드렸다. "하나님! 제가 교회에 다니는데 창피하지 않도록 반에서 좋은 성적을 낼 수 있게 도와주세요"라고 간절히 기도했다. 하나님의 기적과 같은 은총으로 5학년 때에는 한 반 60명 중에서 약 12등을 했고, 6학년 때에는 5등 정도로 성적이 향상되었다.

중학교에 진학했을 때 나는 영어성적이 좋지 못했다. 그래서 우리 반 70명 중 15등 정도를 했다. 중학교 3학년 2학기 때에 나는 또 하나님께 좋은 고등학교에 갈 수 있게 해달라고 간절히 기도를 드렸다. 나는 하나님의 기적과 같은 은총으로 배재고등학교에 합격했다.

대학 시험에 실패하고 대성학원에 다니면서 시간이 아까워서 교회도 나가지 않고 공부에만 주력했다. 1975년 8월 중순 공부 중에 사탄이 나의 정신을 혼미하게 만들며 '나는 곧 미친다'는 강렬한 공포(극심한 공황장애)에 사로잡혔다. 그 이후 나는 단 10분도 책상에 앉아 있을 수 없었고, 밥을 먹으면 다 토하고, 잠을 자면 가위에 눌리고, 늘 불안하여 자동차도 탈 수 없었고, 사람이 많은 곳이나 극장에도 갈 수 없었다.

나는 대학 진학을 포기하고 약 6개월간 어머니의 인도로 철원에 있는 대한수도원에서 요양하게 되었다. 새벽, 아침, 저녁 예배에 참석하고 일주일간 금식기도를 하며 나의 병을 고쳐달라고 간절히 기도했고, 성경을 정독하기 시작했다. 하나님의 기적과 같은 은총으로 하나님을 의지하는 믿음이 생기며 나의 병이 조금씩 나아져서 1976년 4월부터 책상에 10분, 20분, 30분 앉아 있을 수 있었고, 1977년 삼수 끝에 대학에 합격했다. 그리고 나의 정신질환은 하나님의 기적과 같은 은총으로 대학입학 후 급격히 회복되었다.

대학 4학년 때인 1980년 6월 초에 입대하였고, 그 시절 전두환 쿠데타로 인한 광주민주화운동이 유발되었기에 대학생이란 이유로 6개월간 모진 기합과 구타를 당했으나 하나님의 기적과 같은 은혜로 제1공병여단 여단군종사병으로 임명되어 남은 군 생활은 소령이신 유○○ 목사님을 모시고 여단군종사병으로 군인 목회를 돕게 되었다.

대학 졸업 후 첫 직장으로 1984년 2월 한국종합기술개발공사 항만부에 입사하였다. 그곳에서 하나님의 기적과 같은 은총으로 같은 빌딩의 위층 외국인 회사에 근무하는 사랑하는 아내를 만나 일 년 반 연애 끝에 1985년 9월 7일 결혼하였고 1남 1녀를 두었다.

1987년 1월 한국종합기술개발공사를 퇴직하고 4개월 만에 어려운 경쟁시험을 거쳐 하나님의 기적적인 은혜로 대덕연구단지 내의 한국원자력연구소 연구원으로 입사할 수 있었다.

하나님의 기적과 같은 은총으로 1992년 2월 KAIST 박사과정에 입학하여 1996년 8월에 졸업하고, 1997~1998년에는 한국과학재단 포스닥 지원사업 대상자로 선발되어 한국과학재단의 지원을 받아 미국 U. C. 버클리(Berkely)대학 토목환경공학과에서 1년간의 포스닥과정을 마치었다.

하나님의 기적과 같은 은총으로 2007년 대덕장로교회 안수집사로 선출되었고, 2010년에는 한국원자력연구원 신우회, 밀알회 회장으로 선출되어 봉사할 수 있었다.

2011년 55세에 하나님께서 또 하나의 기적과 같은 은총을 주시어 내가 십여 년간 연구 끝에 개발한 방사성 토양제염기술을 국내외에 TV와 신문을 통해 알리게 되었고, ㈜한국전력기술에 기술을 이전하였다. 이때 받은 기술 이전료 소득으로 일본과 국내에 대한 선교사업을 시작할 수 있게 되었다.

2012년 1월, 방사성 토양제염장치 기술 이전으로 실장급 과제책임자가 되었다. 과제원들과 함께 실용규모 우라늄오염토양 제염장치를 개발했다. 2015년 2월, UST 과학기술연합대학원대학교 정교수로 임용되었다. 그리고 2019년 9월, 지난 20세 때에 서원한 약속대로 목회자가 되기 위해 한국침례신학교 신학대학원 신학과에 입학했고, 2022년 8월에 졸업한다.

  한편, 이 책에는 우리가 하나님을 믿어야 하는 이유와 우리나라의 경제, 정치, 종교에 대한 신학도로서의 신앙적 견해를 서술하였고, 국가 발전을 위해 국가 에너지원으로서의 원자력 발전과 연구의 필요성과 방사성 토양제염장치 개발에 대해 기술하였다. 또한 현재 한국이 직면한 기독교의 문제점과 해결방안을 제안하였고, 어떤 고통 속에서도 자살을 하면 안 되며 소소한 일상에 감사하고 자족하며 살아가야 하는 이유와 교역자로서 본인의 대표적인 설교문과 기도문을 수록하였다.

1부

하나님께서 내게 주신 10가지 기적 같은 축복

공부를 잘할 수 있게 해 주세요

나는 1957년 3월에 서울 서대문구에서 태어났다. 아버지는 평안도 사람으로 북한 평양에서 중학교를 졸업하시고, 1953년 1.4후퇴 때 월남하여 경희대학교 법대를 졸업하셨다. 그러나 일자리가 없어서 서대문구청 앞에서 대서소(행정서사)를 하시다가 나중에는 법무사 사무실에서 사무장으로 일하셨다. 나는 마포구 창전동에서 어린 시절을 보냈다. 어린 시절 나는 마포에 있는 서강 국민학교(지금의 초등학교)를 다녔다. 우리 집은 마포구 와우산 중턱에 위치했다. 부모님은 처음에 와우산 중턱에 약 15평 되는 무허가 집을 지었는데 구청 직원들이 와서 철거했다. 그러나 어머니는 무너진 집을 또다시 지으셨다. 그리고 다시 철거당하고 다시 짓고를 몇 번 반복하다가 마침내는 건축 허가를 받았다. 학교에서 돌아오면 철거위원들이 집을 철거하여 철거된 쓰레기 더미에서 울고 있는 어머니를 발견하곤 했다.

우리 어머니는 키가 작은 편이고 고향은 대전이다. 아무튼 어린 시절 우리는 가난했고 쌀이 없어 어머니는 자주 수제비와 칼국수를 해주셨는데, 나는 수제비와 칼국수가 싫었다. 그래서 요즘도 수제비와 칼국수를 잘 먹지 않는다.

어머니와 결혼 후 아버지는 고시공부를 하다 그만 폐결핵에 걸려 의사로부터 사형선고를 받으셨다. 아버지는 절망 중에 이웃의 전도를 받아 교회를 다니시게 되었고 하나님의 은총으로 기독교인이 되었다. 그리고 하나님의 기적적인 은총으로 폐결핵에서 완치되셨다. 그 일을 계기로 아버지는 그때부터 교회에 열심히 나가셨고 어머니를 전도하여 함께 다니셨다. 교회는 마포구 서강장로교회였는데, 집에서 걸어서 30~40분 걸리는 곳에 있었다.

　우리는 처음에는 3형제였다. 계철, 계남, 그리고 계양이다. 나는 둘째였으며, 우리 형제의 나이 터울은 4살이었다. 나는 어릴 때 동생 계양이와 함께 교회를 다녔다. 영하 20도 정도 되는 추운 겨울날 나는 동생과 집으로부터 제법 먼 교회를 걸어 다니며 투덜대곤 했다. 아버지는 무서우셨고 화가 나면 매를 드셨다. 그리고 때때로 빤빠라(추운 겨울 팬티만 입혀 문밖으로 쫓아냄)를 시켰다. 나는 나름대로 교회 유년부를 동생과 함께 열심히 다녔다. 지금도 국민학교 6학년 때 주일학교 선생님이 생각난다. 다정한 분이셨으며 늘 친절하셨고 그분의 따뜻한 목소리가 지금도 기억난다.

　내 동생 계양이는 내가 중 1이 되었을 때(동생은 국민학교 3학년이었을 때), 갑자기 동네 의사의 오진으로 잘못된 주사를 맞고 사망했다. 그때 건축경기가 좋아 아버지의 수입이 좋아지면서 마포구 창전동 와우산에서 서대문구 응암동에 위치한 새 집으로 이사를 했다. 우리는 방이 4칸이나 되는 새 주택이 너무 좋았고 우리가 늘 부러워하던 목욕탕도 있었다. 이사 오던 날 새로 만든 목욕탕에서 나와 계양이는 신나게 물놀이를 하며 한나절을 놀았는데, 밤이 되면서 계양이가 갑자기 열이 나며 아프기 시작했다. 그리고 다음 날 부모님과 함께 병원에 갔는데, 계양이는 다시 집으로 돌아오지 못했다. 전해 들은 이야기에 의하면, 병원에서 오진으로 잘못된 주사를 맞고 부작용으로 죽었다는 것이다. 나는 얼마나 슬펐는지 모른다. 늘 나와 함께 했던 친구와 같았던 계양이의 죽음은 나를 너무 고통스럽게 했다. 그때부터 나는 의사에 대한 불신이 커졌고 지금도 웬만해서는 병원에 잘 가질 않는다.

　나의 IQ는 120 정도이다. 국민학교 4학년까지 학교 성적이 좋지 못했다. 국민학교 5학년이 되면서 어느 날 나는 하나님께 난생 처음으로 진지하고 간절하게 기도를 드렸다. "하나님 제가 교회에 다니는데 교회에 다니지 않는 친구들에게 창피하지 않도록 반에서 좋은 성적을 낼 수 있게 도와주세요."라고 서너 번 기도했다. 이것이 내가 하나님 앞에 간절히 간구했던 첫 번째 기도였다. 나의 첫 번째 기도는 바로 하나님께 상달되었고, 하나님의 은총으로 5학년 때 반에서 갑자기 성적이 향상되었다. 한 반에 60~70명 정도였는데 처음으로 10등 부근에 들어섰다. 나는 너무 기뻤고 하나님께 감사의 기도를 드리고 더욱 열심히 교회에 나가는 계기가 되었다. 지금도 여름에 여름성경학교를 다니며 배운 교가가 선명히 기억나며 추운 겨울에 크리스마스 연극을 준비하며 고생하던 일들이 생각난다. 나의 기도에 대한 하나님의 응답은 확고했다. 6학년에 들어서면서 반에서 5등 정도로 성적이 상승했다. 그리고 그 이후로 약간의 굴곡은 있었지만 거의 우등생의 반열에 들어섰다. 이것이 내가 기도를 통해 첫 번째 받은 하나님의 기적과 같은 은총이다.

배재고등학교에 합격시켜주신 하나님

　서강 국민학교를 졸업하고 중학교 평준화 시절이었으므로 나는 추첨을 통해 은평구에 위치한 충암중학교로 진학했다. 현 윤석열 대통령은 충암중학교 3년 후배이다. 중학교에 들어갔을 때 나에게 큰 시련이 닥쳤다. 영어성적이 하위권에 있었는데, 도무지 어떻게 해야 영어성적을 올릴 수 있는지 그 공부 방법을 알 수 없었다. 특히 영어 회화 시간에 미국인 영어 교사의 발음은 전혀 알아들을 수 없었다. 지금 생각해보면 부유한 집 아이들은 벌써 과외를 통해 상당한 수준까지 영어 문법과 발음에 대한 공부를 마치고 중학교에 입학했던 것이었다. 그러나 나는 중학교 교과서를 받고 처음으로 영어 공부를 시작했다. 영어는 많은 공부 시간이 요구되며 특히 정확한 발음 공부가 매우 중요하다. 나는 영어에 대한 달란트가 매우 부족했다. 그래서 영어 때문에 평생 고생하고 있다.
　중학교의 공부 시간은 국민학교 학생의 공부 시간보다 훨씬 많았다. 집이 마포구 창전동이었기 때문에 버스를 두 번 갈아타고 거의 2시간이 걸려야 은평구 응암동에 위치한 충암중학교에 갈 수 있었다. 나는 영어를 못했다. 그렇다고 수학과 과학, 사회도 아주 잘하는 편이 아니었다. 완전히 새로운 세계에 온 것 같았다. 그래서 중학교 1학년 성적은 반에서 70명 중 20등을 넘나들었다. 중 2가 되면서 아버지의 직장과 나의 학교 때문에 충암중학교 옆인 은평구 응암동 부근으로 이사했다. 그래서인지 중 2에 들어서면서 성적은 15등 안에는 들어서기 시작했다. 그러나 가장 못하는 과목은 역시 영어였다.
　중3이 되고 고등학교의 진학을 위해 입학시험을 치러야 했다. 중3 시절에도 초반에는 15등 근방에 머물렀다. 나는 그 시절 교회 학생부에 다녔다. 공부할 시간이 부족했지만, 주일날에는 교회에 나가 예배를 드리고 가능한 토요일에 있는 학생예배에도 참석했다. 그 시절 나는 무척 내성적이었다. 특히 여학생들 앞에서는 부끄러워하고 숫기도 없었다.

그때 나는 다시 한번 하나님께 간절히 기도드렸다. "좋은 고등학교에 갈 수 있게 도와주세요."라고. 그리고 집에서 가까운 사립 도서관에 등록하고 열심히 공부해보려 노력했다. 그러나 쏟아지는 잠을 이길 수 없었다. 이때만 해도 나는 잠을 기술적으로 자는 방법을 몰랐다. 저녁밥만 먹으면 졸리고 피곤했다. 잠과의 전쟁을 벌이며 중3 시절이 서서히 지나갔다. 그러나 성적은 3학년 2학기가 되었어도 10등대를 진입하지 못했다. 그 시절 배재고등학교는 서울에서 한 반 70명 중에서 3~5등 하는 학생이 갈 수 있는 고등학교였고 미션스쿨이었다. 나는 배재나 또는 용산 고등학교에 진학하기를 원했다. 중3 마지막 모의고사에서 기적이 일어났다. 10등 근방에 머물렀던 나의 성적이 처음으로 4등으로 올라섰던 것이다.

나는 하나님께 간절히 기도드리고 배재고등학교에 입학원서를 내었다. 학교 담임선생님은 배재고등학교에 합격할 가능성이 작으니 학교를 낮추라고 몇 번이나 권면했다. 그러나 나는 지원을 강행했다. 그런데 배재고등학교 경쟁률은 무려 9:1이나 되었다. 한편 배재고등학교 입학시험 이틀째 체력장이 있던 날, 나는 운이 좋게 동아일보 기자에게 사진이 찍혀 1972년 1월 자 동아일보에 체력장에서 턱걸이하는 모습이 크게 실렸다. 우리 가족은 기뻐했고 나는 수년간 이 신문사진을 기념으로 스크랩했다. 그런 행운과 함께 약 한 주간 뒤 기적 같은 하나님의 은총으로 배재고등학교에 합격했다. 합격자 발표를 함께 보러 간 계철이 형은 정말 기뻐해 주었고, 나를 어깨 위로 목말 태워주었다. 그리고 내가 좋아하는 잡채밥도 사주었다. 이것이 하나님께서 나에게 베풀어 주신 두 번째 기적 같은 은총이다.

정신질환을 치료해 주신 하나님

나의 고등학교 시절은 우울했고, 매우 내성적인 사춘기를 보냈다. 학교 성적은 고3이 되어서야 반에서 중간 정도의 성적이 나왔다. 1975년 1월 배재고등학교 졸업 후, 나는 연세대 수학과에 지원했다. 우리 때는 대학 예비고사가 있어서 서울지역 예비고사에 합격해야 서울에 있는 대학에 입학할 수 있었다. 예비고사 전체 평균합격률은 지원자의 약 50%였고 그 중 서울 합격 커트라인이 제일 높았다. 그래도 나는 서울지역 예비고사에는 합격했다. 그리고 연세대학 수학과에 지원했으나 불합격하였다.

대학시험에 실패하고 재수하고자 1975년 2월부터 서울 광화문 뒷골목에 있는 대성학원에 다녔다. 일류대학에 진학하기 위해선 좀 더 많은 공부 시간이 필요하여 시간을 절약하기 위해 재수를 시작하는 동시에 교회 다니는 것을 그만두었다. 대성학원 입원 시험점수 결과에 의해 연세대 우수반에 들어갈 수 있었다. 학원에 도착하여 아침에 한번 책상에 앉으면 화장실 갈 때 외에는 그곳에 앉아있었고, 토요일과 일요일도 똑같이 학원으로 가서 평일과 똑같은 스케줄로 공부했다. 아침 8시 이전에 학원에 가서 밤 12시에야 집에 돌아왔다. 왜냐하면 집에서는 도저히 쏟아지는 졸음을 이겨낼 수 없었기 때문이다.

공부는 습관이다. 나의 이런 공부 방법은 한 주일 그리고 한 달이 지나며 습관화되었다. 이 시절 성적을 끌어올리기 위한 내 나름의 전략은 '공부한 시간만큼 성적은 오른다.'였다. 다른 말로 말하면, 책상에 앉아있는 시간만큼 성적이 오른다는 것이었다. 그래서 화장실 가는 시간까지도 아꼈다. 처음에는 이 이론이 맞았다. 이 이론은 공산주의의 유물사관과도 비슷하고 상당히 과학적이며 합리적인 것 같다. 그러나 실제로는 내게 매우 불완전하고 결코 맞지 않았다. 수험생에게 중요한 하나님을 의지함으로 오는 마음의 안정을 고려하지 않았기 때문이다.

인간에 대한 모든 축복에는 하나님이 함께 하셔야 한다. 하나님이 허락하셔야 한다. 그러기에 하나님을 인정하지 않는 유물사관과 무신론을 신봉하는 공산주의는 결국 망한 것이다. 인간에게는 양심이 있고 이 양심에 순응할 수 있는 세상을 만들어야 한다. 한때 구소련에서 공산당원에게는 전기가 무상으로 제공되었다고 한다. 그러나 전기 공급 스위치가 자주 고장이 났고, 이 공급 스위치 교체 시 비용이 많이 들고 교체 기간도 자주 지연되었기에 상당수의 고위급 공산당원은 이 스위치를 잠그지 않고 그대로 온종일 전기가 흐르도록 한 상태로 사용하였다고 한다. 그러기에 구소련의 경제는 파탄이 났다. 하나님을 두려워하는 세상, 양심을 따르려고 하는 세상만이 발전할 수 있고 하나님의 축복을 받을 수 있다. 그 시절에 나는 이것을 깨닫지 못했다. 그저 보이는 것만을 믿었다. 하나님 대신에 이성적이며 합리적인 것만을 믿었다. 결국 나는 그때 재수에도 실패하고 삼수를 해야만 하는 긴 고통의 시간을 보내야 했다.

쉼 없는 공부로 인해 1975년 3월, 4월, 그리고 5월이 되자 나의 성적은 매달 올랐고, 7월 모의고사 결과는 대성학원 연세대반 전체 20등 정도로 연세대 치과대학에 들어갈 수 있는 성적으로 향상되었다. 그러나 8월이 되면서부터 갑자기 마음이 극도로 불안해지기 시작했다. '혹시 시험 보다 실수하면 어떻게 하나? 공부하지 않은 문제가 나오면 어떻게 하나?, 이 문제를 풀지 못하면 어떻게 하나?, 시험 기간에 병에 걸리면 어떻게 하나?, 수업시간에 집중하지 못하여 중요한 부분을 놓치면 어떻게 하나?' 등등 많은 잡생각이 나를 괴롭히기 시작하고 이런 걱정과 근심 때문에 집중력이 점점 상실되었다. 그 당시는 오직 나 자신만을, 나의 노력과 나의 힘만을 의지하는 삶이었기에 모든 일을 나 스스로 해결해야만 하였다. 마음이 불안해지고 점점 안정감과 믿음을 잃어갔다. 8월이 되며 무더위가 시작되었고 많은 양의 공부 시간 때문에 성적은 약간 올랐지만, 마음은 더욱 초조해지기 시작했다.

8월 초에 대성학원에서는 일주일 동안 여름방학을 실시했다. 나는 그때도 집 근처인 불광동 근처에 있는 도서관에서 공부하였다. 그러던 어느 날 그날따라 아침부터 마음이 불안해지기 시작했다. 도서관에서 책에 집중이 안 되고 마음이 다시 초조해졌다. 방학 이틀째 되던 날 오후였는데, 전날과 마찬가지로 도서관에 가서 책에 집중하려고 애썼다. 그런데 갑자기 '이러다가 내가 미쳐버리는 것이 아닌가?' 하는 생각이 불현듯 떠올랐다. 순간 사탄은 내 마음속에 '너는 곧 미친다'는 생각을 집어넣었던 것이다. 이 생각은 내 온몸을 사로잡았고, 나의 마음과 전신에 머물러 떠나가지 않으며 강렬한 공포로 돌변하여 나를 괴롭혔다. 나는 전혀 책에 집중할 수 없었고 내 생각은 오직 '나는 곧 미친다'는 생각(극심한 공황장애)에 사로잡혔다. 나는 이 강렬한 공포를 견디지 못하고 도서관 밖으로 뛰쳐나갔다. 그리고 "하나님, 나를 지켜주세요. 내가 미치지 않도록 도와주세요."라고 간구하며 집으로 달려갔다. 대로변에는 많은 차량과 사람들 그리고 소음들이 나의 공포를 더욱 가중시켰다. 그래서 도로 뒤쪽의 조용한 개울가로 뛰어갔다. 개울가를 한참 달렸다. 그러나 불안은 계속되었다. 다리를 건너 다시 개울가를 따라 은평구 역촌동 집으로 향해 뛰어갔다. 그러나 이 미친다는 극도의 불안감은 계속 강렬한 공포가 되어 나를 괴롭혔다.

집에 도착한 나는 어머니한테 내가 곧 미칠 것 같다고 이야기하고 2층에 있는 내 방으로 뛰어 올라갔다. 그리고 나를 사로잡은 생각을 벗어나기 위해 한 손으로 머리를 계속 때렸다. 어머니는 전화로 동네의 교회 집사님과 권사님 5명을 모셔왔고, 그들은 나를 잡고 1시간 이상 땀을 흘리며 간절히 기도해주셨다. 그때야 비로소 나의 불안감은 조금씩 수그러들기 시작했다. 미친다는 공포(극심한 공황장애)가 조금씩 줄어들고 곧 졸음이 쏟아졌다. 집사님들과 권사님들은 돌아가셨다. 참 고마우신 분들이다. 그때 이분들의 기도가 없었다면 악령이 나를 사로잡아 그날 미쳐버렸을지도 모른다. 이 지구상에 미친 사람들이 얼마나 많은가? 어머니의 지혜로운 판단이셨다. 그리고 어느덧 나도 모르게 깊은 잠이 들었다.

다음 날 아침에 일어나 내가 미치지 않은 것에 대해 하나님께 감사했다. 그러나 그날 이후 나는 극심한 정신분열증에 시달렸다. 나는 책상에 앉아 공부할 수 없었다. 책상에만 앉으면 미친다는 공포가 영락없이 찾아들어 단 5분도 책에 집중할 수 없었다. 나는 극심한 신경질환에 걸려 있었다. 하나님을 등진 나의 공부를 위한 혈투는 이렇게 비참하게 실패로 막을 내리고 있었다. 그동안 1월부터 8월 초까지 쉬지 않고 공부만 해왔지만, 이 사건 후 일주일간의 학원 방학 기간 내내 정신적인 불안이 지속되었고 책상에만 앉으면 미친다는 극도의 불안감이 엄습해 와서 책상에 앉아있을 수 없었다. 그래서 재수를 시작하고 처음으로 나는 약간의 휴식을 갖지 않을 수 없었다.

지금에 와서 돌이켜 보면 미친다는 극도의 불안감(극심한 공황장애)은 사탄의 역사였다. 이 세상에는 보이지 않는 사탄의 세력이 있어 마음이 연약한 자에게 찾아와 그의 마음을 흔들어 놓고, 그의 정신 깊숙이 악령이 차지하며, 약한 심령의 사람들을 미치게 만드는 것 같다. 그러기에 이 세상에는 많은 정신이상자가 존재하지 않는가? 그들은 정신병원에 갇혀있거나 아파트 깊숙이 숨어 지내기에 평소 우리 주변에서 쉽게 찾을 수 없지만 얼마나 많은 정신병자가 정신병원이나 집에 갇혀 살고 있는가? 그 옛날 예수님께서 이와 같이 귀신들린 사람들을 고쳐주신 이야기를 성경에서 발견할 수 있듯이, 이런 환자가 지금도 존재하기에 우리는 눈에 보이지 않는 영혼의 세계를 인정하지 않을 수 없다. 만일 그때 교회 집사님과 권사님들의 기도가 없었다면 나의 약한 영혼을 사탄의 세력들이 삼켜버렸을지도 모른다.

　아무튼 한 주간의 방학 기간이 끝나고 나는 수업을 받기 위해 대성학원에 다시 나갔다. 그러나 많은 사람이 모여 있는 교실에서 나는 또다시 극도의 불안감을 느끼기 시작했다. 아침부터 강의실에서 선생님의 가르침에 집중할 수 없었고 또다시 내가 이곳에서 미친다는 생각에 사로잡히며 극도의 공포가 수업 시간 내내 지속되었다. 그리고 이틀 후 오후 수업 시간에 다시 찾아든 미친다는 강렬한 공포의 엄습 때문에 수업 시간 도중 마침내 강의실을 뛰쳐나갈 수밖에 없었다. 이 시간이 나의 재수 시절의 마지막 수업 시간이 되었다. 그 이후 나는 다시는 학원 강의실에 돌아갈 수 없었고, 결국 대성학원을 그만두어야 할 정도로 심한 정신분열증으로 고통받기 시작하였다.

　집으로 돌아온 나는 그래도 대학을 포기할 수 없었기에 어떻게든 공부를 지속하려고 수없이 책상에 앉아 책에 집중하려 애썼지만, 책상에만 앉으면 책에 집중하지 못하고 금세 악령에 사로잡혀 미친다는 강렬한 공포가 온몸에 엄습하였다. 그 불안감을 이기지 못하여 10분 이상 책상에 앉아 버터낼 수 없었다. 아 나는 어느새 폐인이 되어가고 있었다. 나의 대학 재수 생활은 정신질환이라는 병마로 인해 나의 인생은 실패로 막을 내리고 있었다. 대학 재수 생활의 실패 후 집안 식구의 냉대, 친구들의 조롱, 병든 육신으로 인한 긴 고통과 한숨의 나날이 가중되고 있었다. 고교 동창생들은 대부분 일류대학을 다니거나 재수학원에 다니고 있건만 나는 단 10분도 책상에 앉아있을 수 없는 정신분열증 환자가 되어버렸다.

　뿐만 아니었다. 버스도 잘 탈 수 없었다. 버스 내부는 답답했고 서울

시내의 소음은 머리를 더 아프게 했다. 사람이 많이 모인 곳에서는 더욱 불안해지고 공포가 찾아들었다. 버스를 타면 언제든 뛰어내리기 위해 출구만을 바라보고 있었다. 갑자기 심한 공포가 찾아와 견딜 수 없는 지경이 되면, 아무 정거장에서나 뛰어내려 조용한 곳으로 머리를 손으로 두드리며 달려갔다. 머리를 두드리는 육체적 행동은 내가 미친다는 생각에 깊이 빠져드는 것을 약간은 막아주는 것 같았다. 또한 그렇게 좋아하던 영화관도 더 이상 갈 수 없었다. 영화 스토리에 집중할 수 없었고, 많은 사람이 모여 있는 곳에서는 미친다는 극도의 불안감 즉 광장 공포증이 여지없이 찾아왔으므로 영화 관람 도중 영화관을 한두 번 뛰쳐나간 후로는 몇 년 동안 영화관에 발을 들여놓을 수 없었다.

또한 그때는 잠을 자면 자주 가위눌림을 당했다. 마귀의 세력이 나를 죽이려고 온몸을 덮쳐 숨을 쉴 수 없었다. 나는 마귀에게서 벗어나려고 몸을 움직이려 발버둥 쳤지만, 몸이 움직여지질 않았다. 숨 막히는 고통에 허덕이다 한참 후에야 잠에서 깨어나곤 했다. 뿐만 아니라 먹는 것들을 토하기 시작했다. 조금만 음식을 먹어도 제대로 소화하지 못하고 다 토해버려 나의 몸은 쇠약해지기 시작했고, 사람 만나는 것이 겁이 났다.

나는 어머니와 함께 을지로에 있는 정신신경외과 병원을 약 한 달간 다녔다. 의사 선생님은 이상한 박쥐 같은 것들이 그려진 그림을 보여주며 이것이 무엇같이 보이는지를 설명해보라고 했다. 그리고 신경안정제 약을 주었다. 하지만 나의 병에는 차도가 없었다. 나는 밖에 나갈 수 없어서 집에만 머물렀고, 책도 볼 수 없는 한심한 정신질환자의 신세가 되었다. 지금도 생각나는 것은 그 당시 나는 옆에 두세 사람만 있어도 제대로 말을 논리적으로 이어가질 못했고 목소리는 몹시 떨렸다는 것이다. 그래서 가끔 아버지와 식사를 같이할 때 아버지는 내가 말도 제대로 못한다고 몹시 화를 내시곤 했다. 나는 이렇게 모든 자신감을 잃고, 몸도 마음도 죽어가고 있었다.

　어느 날 어머니가 서소문에 있는 현신애 권사님 병 고치는 집회에 가자고 권유하셨다. 그 시절 현신애 권사님은 병 고치는 은사를 받은 분으로 매일 오전 서울 독립문 근처에서 집회를 열고 많은 환자의 병을 고치셨다. 나는 어머니를 따라 약 한 달 반 동안 현신애 권사님 집회에 참석했다. 많은 여러 가지 병자가 그 집회에 참석했다. 특별히 암 환자들이 많이 찾아왔다. 약 한 시간 동안 찬송을 부르고 예배를 본 후 환자들은 한 사람씩 현 권사님 앞으로 나아갔고, 현 권사님은 아프다는 곳을 묻고 아픈 곳을 손으로 툭툭 치시면서 안수기도를 해주셨다. 이렇게 안수기도로 치료받는 동안 현 권사님의 안수기도를 통해 그동안 병이 나은 환자들이 강단 마이크 앞에 서서 자기의 암이 치료되었다거나 걸을 수 없던 다리가 고쳐져서 걸을 수 있게 되었다는 등의 간증을 하였다. 나도 현 권사님께 머리가 아프다며 머리를 들이밀었고 현 권사님은 내 머리를 앞뒤로 툭툭 치며 기도해주셨다.

　현 권사님 집회에 참석하면서, 아니 대성학원 강의실을 뛰쳐나온 직후 얼마 후 나는 다시 하나님을 찾아 교회에 다니기 시작했다. 우선 그동안 교회에 다니지 않았던 것을 깊이 회개했다. 내가 병들고 아플 때 내가 의지할 수 있는 것은 하나님 밖에는 없었다. 어떤 사람도 나를 도와줄 수 없었다. 인간의 힘은 심한 정신질환에 걸려있는 나를 돕기에는 너무 무력했기 때문이다. 한편 교회에 나가면 예배에 참석한 많은 교인과 목사님의 긴 설교로 인해 예배 시간 동안 미친다는 공포가 심하게 찾아 들었지만 죽으면 죽으리라는 믿음으로 겨우겨우 간신히 예배 시간만은 버텨내었다. 나는 다시 하나님께 기도하기 시작했다. 기도를 통해 약간의 안정감을 찾을 수는 있었으나 근본적으로 미친다는 생각의 강렬한 공포로부터는 벗어날 수 없었다.

그렇게 1975년 10월, 가을이 되었어도 나의 병에는 차도가 없었다. 오히려 공부할 수 없다는 절망감에 정신질환은 더 심해졌다. 자주 가위에 눌리고 자주 음식을 토해내고 버스도 못 타고 책상에 앉아 10분도 공부에 집중할 수 없었다. 그러나 나는 다시 교회에 열심히 나가며 나의 병을 고쳐달라고 간절히 기도하고 성경을 읽기 시작하였다. 그러던 어느 날 어머니는 강원도 철원군에 있는 대한수도원에 가서 요양하자고 나에게 제안하셨다. 나는 머리가 아픈 이후로 사람 만나는 것이 싫었고 조용한 곳에서 기도하고 성경과 가벼운 단편집이나 신앙 간증책 읽기를 좋아했다.

나는 어머니의 손에 이끌려 철원에 있는 대한수도원을 향하였다. 버스로 서울에서 두 시간 정도 가서 어느 한적한 산언덕 도로 옆에서 내렸다. 대한수도원이란 안내판을 따라 약 30분 정도 걸어 들어갔다. 한참을 걸었고 들과 산을 꽤 많이 넘었다. 가을이 시작되고 있었다. 깨끗한 공기와 아직 울창하고 예쁜 단풍이 들기 시작하는 나름대로 멋진 풍경이었지만, 나의 마음은 우울했고 처량했다. 초라한 내 모습으로 새로운 사람들과의 만남이 그리 달갑지 않았다.

대한수도원은 강원도 한탄강 옆에 위치한 조용한 곳으로 당시에는 200명가량을 수용할 수 있는 예배당과 수십 명 숙박할 수 있는 온돌방들과 40~50명 정도 함께 식사를 할 수 있는 식당, 그리고 언덕을 깎아 만든 서너 개의 넓은 마당이 있었다. 마당 한구석에는 겨울에 땔 나무들이 수북이 쌓여있었다. 수도원 원장님은 정진 여자 전도사님이었고, 하루에 세 번 새벽, 아침, 저녁 예배 때마다 설교를 해주셨다. 수도원이기에 가장 대우받는 분은 목사님들이셨다. 가끔 목사님들이 찾아오면 특별 별식으로 대접했고, 원장님 대신 목사님들이 설교를 대신해주셨다. 수도원의 운영은 이곳을 방문하거나 기숙하는 성도들이 드린 헌금으로 유지되는 것 같았다. 나는 그곳에서 1976년 4월 초까지 약 6개월 동안 머물렀다.

그곳에서의 하루 일과는 다음과 같았다. 새벽에 일어나 6시 새벽예배에 참석하여 40~50명가량의 신도와 예배드렸다. 예배 전에 준비 찬송을 10~20분간 부른다. 지금도 그때 자주 부른 찬송이 생각난다. "나 같은 죄인 살리신", "주 예수보다 더", "나의 죄를 씻기는", "주 하나님 지으신 모든 세계" 등이다. 예배를 마치고는 성전에 엎드려 하나님께 간절히 내 병을 낫게 해 달라고, 나를 살려달라고 기도했다. 새벽예배 후 기숙사 방으로 돌아와 성경을 읽었다. 주로 신약을 많이 읽었다. 힘의 근원은 하나님이시며 우리의 노력과 의지로 세상을 사는 것이 아니라 하나님께 간절히 기도하면 하나님께서 힘과 능력을 주시고 우리를 온전히 인도하심을 성경을 통해 깨달았다. 내가 어떤 기도를 하든지 하나님은 들어주심을 배웠다. 그러나 나의 욕심을 채우기 위한 기도는 잘 들어주시지 않고, 하나님과의 깊은 묵상을 통한 교통 중에 하나님의 뜻에 합당한 기도를 드릴 때 기도를 들어주시는 것 같다.

아침에는 20-30명씩 교대로 식당에 모여 함께 식사했다. 밥은 맛있었다. 왜냐하면 낮에 추수하는 일, 장작 나무 해오는 일, 수도원 건물 수리 공사 등을 도와주며 육체적 에너지가 많이 소모되어 피곤하고 전혀 간식을 사 먹을 수 없었기 때문인 것 같았다. 아무튼 소화가 안 되거나 음식을 토하는 일은 점점 줄어들었던 것 같았다. 식사 후 오전에는 약 40분간 산책 후 아침 예배를 드리고 오전 내내 성경을 읽었다. 오후에는 식사 후 들판에 나가 추수하는 것을 도와주거나 수도원 건물 보수하는 일들을 도와주었다. 겨울에는 땔나무를 캐오는 일을 도왔다. 아무튼 낮에는 수도원의 잡무를 도운 것으로 기억한다.

그곳에는 믿음이 좋고 인자하신 한 장로님이 계셨다. 그분은 수도원 건물 보수공사를 자주 하셨는데, 나는 그 일을 도와주곤 했다. 별일 아니지만 장로님은 일을 아주 잘한다고 칭찬하시며 나에게 많은 위로를 주셨다. 빨리 병을 회복하고 다시 대학에 진학하라고 격려도 해주셨다. 그때 그 장로님 연세가 70세 가까이 되셨기에 지금은 하늘나라에 계실 것이다. 인생은 무상하며 세월은 쏜살같이 지나가는 것 같다.

또한, 가끔 아버지께서 대한수도원을 방문하여 격려해주셨다. 내게 무척 엄하셨지만 따뜻할 때는 따뜻했던 내게는 좋은 분이셨다. 당신에게 둘밖에 없는 아들 중에 그래도 기대했던 아들이 이렇게 몹쓸 병에 걸려 기도원에서 요양하고 있으니 얼마나 실망스러우셨을까? 나를 격려해주시고 쓸쓸히 돌아가시는 뒷모습을 바라보며 속히 병으로부터 회복하여 아버지 앞에 자랑스러운 아들의 모습을 보여줄 수 있도록 해달라고 기도드렸다.

수도원 앞의 한탄강은 물살이 제법 빨랐지만 정말 아름다운 가을의 정취를 보여주었다. 물은 맑고 짙푸른 색을 띠고 있었고 강의 폭은 30~50m 되었으며 일부에서는 수심이 깊고 소용돌이도 치고 있었다. 물 흐르는 속도가 빨랐기에 내가 그곳에 있는 동안에도 몇 사람이 물에 빠져 익사했다는 이야기를 들었다. 주변의 나뭇잎은 울긋불긋 멋진 단풍을 보여주고 있었다. 때때로 나는 "주 하나님 지으신 모든 세계"를 부르며 하나님의 오묘하신 창조의 능력을 찬양하며 산책을 하곤 했다.

그곳에서 나와 비슷한 나이의 두 친구를 만났다. 한 친구는 나보다 덩치도 크고 일도 잘하고 외향적이었다. 고등학교를 졸업하고 이곳에 기거하며 장차 목회자 되는 것에 관심을 가진 것 같았다. 우리는 같이 일하며 친해졌다. 다른 한 친구는 나보다 두세 살 더 많았다. 그는 서울공대에 다니다 휴학한 상태였다. 그는 똑똑하게 보였다. 우리 셋은 가끔 만나 수도원 일도 돕고 서로 기독교 신앙에 대해 토론도 하곤 했다. 그렇게 몇 달을 그곳에서 함께 기거했다. 서울공대 휴학생은 어느 날 저녁 예배

시간에 자신의 신앙 간증을 했다. 그리고 수도원에 기숙하는 어떤 예쁜 장한 처녀가 그를 좋아했고 둘이 함께 붙어 다니는 것을 보았다. 한참 후에는 이 두 사람이 자주 만난다는 소문도 들렸다. 그리고 그는 떠나갔고 그 처녀도 어느 날 떠나갔다. 나는 젊은 재수생이었지만 감히 연애는 생각하지 못할 상황이었다. 그러나 예쁜 처녀들을 보면 가슴이 뛰었지만 말을 붙일 용기는 없었다.

그러면서 어느덧 가을은 지나가고 1975년 11월 중순 예비고사 시험날이 다가왔다. 서서히 겨울이 오고 있었다. 내가 8월 말 대성학원 강의실을 뛰쳐나올 당시에는 대성학원 우수반에서 20~30등의 성적을 내고 있었고, 이 성적은 연세대학 치과대학에 입학할 수 있는 정도였다. 그러나 그 이후 책상에 10분도 앉아있기 버거웠기 때문에 거의 책을 보지 못하였다. 예비고사를 앞두고 최대한 정신을 집중하여 며칠 동안 책을 훑어보았다. 그러나 문제는 7~8시간 동안 강렬한 정신질환의 공포를 이겨내며 책상에 앉아 시험지에 집중할 수 있느냐는 것이었다.

아무튼 예비고사장에 도착했다. 마포구에 있는 광성고등학교였던 것 같다. 나는 미친다는 공포와 싸우며 기도하며 시험에 임했다. 첫 시간은 그래도 잘 버텨냈다. 그러나 둘째 시간 처음부터 찾아든 미친다는 강렬한 공포를 도저히 이겨낼 수 없었다. 그리고 그 공포 때문에 시험문제도 제대로 풀 수 없었다. 몇 번이나 기도로 이겨냈지만 끊임없이 찾아드는 미친다는 공포가 너무 강렬하여 나는 그만 오전 시간에 예비고사 시험장을 뛰쳐나올 수밖에 없었다. 나의 대학 재수 시절은 이렇게 막을 내렸다. 그리고 그해 겨울 찬바람을 맞으며 나는 다시 강원도 철원 대한수도원으로 돌아왔다.

이제 점점 나의 장래에 대한 모든 희망이 사라져가고 있었다. 친구들은 거의 모두 명문대학에 다니고 있었다. 그 시절 배재고등학교에서 중간 정도 성적이면 연·고대에 입학했고 조금 잘하면 서울대에 입학했다. 그러나 나는 재수도 실패하고 병이 들어 책상에 10분도 앉아 있지 못하는 정신질환자가 되어 있었다. 시간이 지나가도 병은 차도를 보이지 않았다. 나는 계속 살려달라고 하나님께 울부짖었다. 나의 병만 고쳐주면 평생 하나님 앞에 충성을 다하리라 몇 번씩 맹세했다. 그러면서 성경을 계속 읽었다. 성경 속에서 세상에 대한 진리를 깨달아 갔으며, 하나님이 정말 나와 함께하시며 나의 기도를 들어주신다는 믿음이 조금씩 깊어졌다. 나의 믿음이 깊어지는 만큼 나의 마음은 안정을 되찾고 정신분열 증세에서 조금씩 회복되고 있었다.

언젠가 한번 일주일간 금식을 했다. 대한수도원에 거주하는 많은 신자는 금식을 했다. 일주일 동안 물만 먹고 기도하고 성경 보며 금식했다. 일반 가정에서 일을 하며 금식하는 것은 어렵지만, 수도원에서 여러 사람과 함께 금식하는 것은 그리 어렵지는 않은 것 같았다. 그러나 금식하며 절제한다는 것은 쉬운 일이 아니었다. 금식 후 첫째 날과 둘째 날은 배가 몹시 고파 잠이 잘 오질 않았고, 맛있었던 음식들이 자꾸만 생각났다. 금식이 끝난 다음 이런저런 음식들은 꼭 먹어야겠다고 생각하기도 했다. 그러나 셋째 날부터는 음식을 안 먹는 것이 습관화되어 가며 조금은 나아진 것 같았지만 온종일 배고픈 것은 마찬가지였다. 하루에 세 번 예배에 참석하고 하나님께 간절히 기도했다. 하나님의 크신 은총으로 나의 정신질환이 깨끗이 치료되기를 간구했다. 그리고 낮에는 성경을 읽었다. 그곳에서는 거의 대학 입학 공부를 하지 못했다. 책만 잡으면 머리가 아프고 집중할 수 없었다. 점심을 먹고는 한탄강에 나가 맑고 빠르게 흐르는 물살을 바라보며 집과 친구들을 그리워했다. 그리고 드디어 모든 유혹을 참아내고 일주일 금식을 마쳤다. 일주일간의 금식기도를 잘 마치게 도와주신 하나님께 감사드렸다. 막상 금식이 끝나고 며

칠간 죽을 먹고 다시 예전의 식습관으로 복귀했다. 금식이 끝난 후에는 금식할 때 그렇게 먹고 싶던 음식도 막상 별로 먹고 싶지 않아 그중에 단지 몇 가지만 챙겨 먹었던 것 같다. 이렇게 대한수도원에서 처음으로 일주일이라는 긴 시간 동안 금식하며 병을 낫게 해달라고 눈물로 하나님께 간청했다.

대한수도원에도 겨울은 찾아들었다. 철원은 우리나라의 북쪽에 위치하기에 겨울은 몹시 추웠다. 당시만 해도 겨울에 땔감이 부족하여 산에서 잔 나무를 베어와 그것을 아궁이에서 태워 온돌을 따뜻하게 하였다. 그래서 자주 산에 나무를 하러 다녔다. 가끔 땔나무를 베다 뱀을 만나기도 했다. 나는 뱀을 무서워한다. 특히 가을에 뱀이 많았다. 뱀이 나타나면 얼른 다른 곳으로 피했다.

언젠가 수도원 사람들과 수도원 위에 있는 마을로 놀러 간 적이 있다. 그 마을에는 조그만 교회당이 있었고, 그곳에서 중년의 전도사님이 목회하고 계셨다. 전도사님은 허브차를 타 주셨는데, 허브차에 설탕을 넣어 주셨던 따끈한 차가 정말 맛있었던 기억이 지금도 눈에 선하다. 그곳에는 예쁜 처녀도 있었다. 그러나 당시의 나로서는 감히 그 처녀에게 말을 걸 엄두를 못 내었다. 단지 나도 예쁜 여자 친구가 있었으면 좋겠다는 생각을 잠시 가져보았다. 형식적으로 몇 마디 인사를 서로 나누었다. 그녀가 그곳에서 무엇을 하고 지냈는지는 잘 모른다. 아마 전도사님의 교회 일들을 도와주고 있었던 것 같았다. 수도원으로 돌아올 때는 날이 저물어 어두컴컴해졌다. 그 마을에서 수도원으로 돌아오기 위해서는 한탄강의 수심이 깊어 배를 타고 건너야 했다. 그리고 나루터에서 수도원까지 약 30분간 들판과 산골짜기를 지나야 했다. 같이 간 동료들은 서로 약속이 있어 강을 건너서 헤어졌고, 그 으슥한 들판을 지날 때는 나 혼자였다. 나는 일종의 극심한 공황질환자였다. 그 들판을 지날 때 얼마나 무서웠던지 지금도 그때 생각이 난다. 달빛도 없었고 가끔 주변의 멧돼지 같은 짐승 울음소리가 무섭게 들렸다. 나는 무서움을 잊기 위해 크게 찬양을 부르고 또 기도하고 다시 찬양했다. 지금도 그 벌판에서 무사히 돌아온 것은 하나님의 은총이라고 생각한다.

긴 겨울이 지나가고 있었다. 1976년 나는 한 살을 더 먹어 20세(만 19세)가 되었다. 그러나 나의 병에는 그다지 차도가 없었다. 단지 모든 공부를 중지하고 이곳에서 놀며 기도하고 가볍게 성경을 읽음으로 그 전처럼 심한 공포, 가위눌림, 토함 등의 증세가 많이 치유되었다. 그곳에는 가끔 목사님들이 방문하셨다. 목사님들은 좋은 음식과 좋은 방을 배정 받았고, 예배시간 설교를 여자 원장님 대신 거의 맡아 해 주셨고, 수도원에서는 여러 가지로 잘 대접을 해주었다. 때때로 그것이 부러워 나도 이 다음에 목사님이 되어 이곳에 방문하여 대접도 받고 설교도 해보아야지 하는 생각도 했었다. 아무튼 병의 차도가 없어 나의 병만 고쳐주시면 신학교에 가서 목회자가 되겠다고 여러 번 서원기도를 하곤 했다.

많은 사람이 모이는 곳 특히 예배 설교 시간에 가끔 미친다는 강렬한 공포가 찾아들어 예배 도중 뛰쳐나가곤 했었다. 많은 사람이 모여 있는 집회에서는 나는 예배당 출구를 항상 확인하고 언제든 뛰쳐나갈 준비를 했고, 예배 시간 내내 미친다는 공포로 인한 고통을 계속 받았다. 이 강렬한 공포는 이후에도 몇 년간 아니 약 십 년간 계속되었고, 가끔 삼십오 년이 지난 지금까지도 예배 도중 이상한 공포에 사로잡힐 때가 있다. "구하라 주실 것이요, 찾으라 찾을 것이요 문을 두드리라 열릴 것이다." "너의 죄를 하나님께 자복하면 모든 죄에서 흰 눈 같이 너를 용서하시리라." "모든 힘의 근원은 하나님이시다."라는 성경 말씀이 나에게 큰 힘이 되었다.

젊은 시절 정욕이 왕성할 때 자위행위를 통한 성적 쾌락의 유혹은 너무 강렬했고, 나는 정욕이 강한 것 같았다. 프로페시아나 프로시아라는 약을 먹지 않았으면 이미 40대 초반에 대머리가 되었을 것이다. 그러기에 하나님을 따르겠다고 수없이 맹세했음에도 가끔 자위행위를 했고, 하고 나면 극심한 심적 고통과 죄의식을 느꼈다. 오십이 넘어 비로소 대체로 절제가 가능해졌다. 젊은이들을 무너지게 하는 성적 쾌락의 유혹들은 너무 강렬한 것이다. 그러기에 인간 범죄의 반은 돈 때문에 일어나고 나머지 반은 성 때문에 일어난다. 차라리 하나님께서 남성과 여성을 만들지 않고 중성의 인간을 만들었다면 인간 범죄의 반은 줄어들었을 텐데 하고 생각해본 적도 있다.

긴 겨울 동안 나의 대한수도원에서의 일상은 똑같았다. 하루에 새벽, 아침, 저녁 예배를 보고, 기도하고, 성경 보고, 산책하고 땔감 구해오고, 건물 수리작업 보조하는 일이 반복되었다. 가끔 기도하기 위해 새로운 손님들이 찾아왔다. 그들과 여러 가지 세상 일들에 대해 이야기를 나누기도 했다. 그러나 그들은 일주일이 채 안 되어 대부분 돌아갔다.

아, 나도 집으로 돌아가고 싶었다. 그리고 공부를 다시 시작해보고 싶었다. 그래서 나는 기도하기 시작했다. 하나님께 10분만 책상에 앉아 공부에 집중할 수 있게 해 달라고 간절히 간구했다. 아 얼마나 간절히 기도했던가! 얼마나 오랜 시간 간구했던가! 새벽, 아침, 저녁 예배를 마치고 간절히 기도했다. 이 끝없는 고통에서 벗어날 수 있게 해 달라고, 나의 병에서 고쳐달라고 간절히 기도했다. 그러나 기도한 후에 책상에만 앉으면 여지없이 극심한 공포가 찾아들었고, 책에 집중할 수 없었다. 미친다는 공포가 너무 강렬하여 나는 책상에서 일어날 수밖에 없었다.

해가 바뀌어 1976년 3월이 되자 나의 병은 약간의 차도를 보였다. 밥을 먹고 토하는 빈도가 줄었고, 잠잘 때 가위에 눌리는 빈도도 줄어들었다. 교회에서 예배드릴 때의 공포도 줄었으나 가끔은 강렬한 공포 때문에 예배 도중 밖으로 뛰쳐나가곤 했다. 아버지가 면회를 오셨다. 기약도 없이 추락하는 나의 모습에 실망도 하셨지만 반드시 병에서 헤쳐 나와 언젠가 당당히 대학에 들어갈 것을 굳게 믿으며 격려하셨고 밥값과 용돈을 주시고 수도원에 감사헌금도 드리셨다.

어머니는 자주 오셨다. 한 달에 한 번은 와서 같이 예배드리고 기도해주고 격려해주셨다. 어머니는 반드시 내가 병으로부터 회복하여 다시 일어설 것을 확신하고 계셨다. 어머니는 기도의 사람이시다. 단지 단점이 있다면 2남 1녀 중 장남을 무척 편애하시는 편이었다. 그러기에 학창시절 차남인 나는 어머니의 애정결핍을 심하게 느끼곤 했다. 형은 잘생기고 말도 잘하고 공부도 잘하는 편이었다. 그러기에 키도 작고 볼품도 없는 나보다는 형에 대한 사랑이 더 극진하다고 생각했다. 그 시절 형은 ROTC 군장교로 철원 부근의 부대에서 군 복무를 하고 있었다. 형에 대한 남다른 사랑 그리고 본인이 늙었을 때 의지하기 위해서인지는 모르겠지만 어머니는 우선순위에서 결혼 후에도 손자들과 며느리들 그리고 나보다 형을 늘 먼저 챙기셨다.

어머니는 진실된 신앙을 가지신 기도의 사람이셨지만 자기주장이 강하신 분으로 며느리와 손자들에 대한 배려는 부족했다고 생각한다. 어머니가 제일 챙기는 사람은 형이다. 형은 대학 졸업 후 흥국생명 보험회사에서 국장까지 하다가 회사를 그만두고 개인 사업을 시작하다 실패하여 아버지의 대부분 재산을 탕진했다. 그 후에도 몇 번 다른 사업을 시도했으나 계속 실패를 반복하며 집안의 재산을 거의 탕진했다. 여동생도 경제적으로 어려웠다. 남편이 초기에 변변한 직장이 없었기 때문에 가정학습지 회사에 다니며 방문교사로 많은 고생을 하며 생활비를 벌었다. 그러다가 여동생 가족은 생활이 너무 어렵고 부부가 모두 직장을 다녀야 했기에 자신의 두 아이를 돌봐 줄 사람이 필요하여 아버지 아파트에 합류하여 부모님과 함께 살았다. 그리고 아버지가 2006년에 80세의 나이로 돌아가신 후 계속 어머니와 함께 생활했다.

아무튼 어머니는 자식을 편애하셨지만, 훌륭한 크리스천이셨기에 분명히 천국에 가셨으리라 확신한다. 어머니는 40대쯤에 자궁암에 걸렸지만 수술을 받고 기도 중에 완치되셨다. 또한 두세 번의 교통사고로 대수술을 받으셨지만 간절한 기도를 통해 기적같이 건강을 회복하셨다. 또한 콩팥에 담석이 있어서 고생하셨지만 기도로 두세 번의 위기를 잘 넘기셨다. 특히 2008년 기침할 때마다 피가 섞여 나와 병원을 찾아갔더니 폐가 굳는 병에 걸리셔서 수술을 받아야 살 수 있는데, 나이가 많으셔서 수술은 할 수 없다고 했다. 그러기에 집에서 약을 먹으며 치료할 수밖에 없고 1년을 넘기시질 못할 것이니 맛있는 것 많이 사드리고 편안히 해드리라고 의사는 귀띔해 주었다. 그러나 어머니는 이것을 믿지 않으셨다. 그리고 새벽마다 아픈 부분을 어루만지며 하나님께 살려달라고, 병을 고쳐달라고 기도하셨다. 하나님께서는 어머니의 이 간절한 기도에 응답하시어 어머니의 생명을 연장시켜 주셨다. 어머니는 2014년 10월, 85세로 돌아가셨다. 폐가 굳는 병에 걸려 곧 돌아가시리라 진단을 받으신 지 약 7년 후이다. 아무튼 어머니 이 권사님의 신앙은 대단한 것이다.

나는 1976년 3월 어느 날 한탄강을 바라보며 이제는 집으로 돌아가 공부를 다시 시작해보아야겠다고 생각했다. 그러나 그때 만해도 나는 책상에 10분을 앉아있기가 어려웠다. 1976년 봄 모든 대학시험이 끝나고 배재고등학교를 졸업한 동창생들은 재수를 거쳐 대부분 서울대, 연세대, 고려대, 한양공대에 입학했다. 봄에 대한수도원은 너무 적막했다. 모든 사람이 떠나고 몇몇 사람만이 수도원을 지키고 있었다. 수도원에 기거하며 나는 성경을 많이 읽었다. 특히 로마서는 나에게 희망을 주며, 죄의식으로 눌려 있는 나의 마음에 믿음을 통한 자유를 주었다. 무슨 죄를 짓든지 하나님께 진심으로 자백하면 주님께서 나의 죄를 용서해주시고, 하나님이 나의 죄를 용서하시면 인간은 결코 나를 정죄할 수 없다는 말씀이 마음속 깊이 믿어지며, 조금씩 죄의식으로부터 자유함을 되찾고, 나 자신을 정죄하는 습관에서 서서히 벗어나게 되었다.

젊은이가 성적 쾌락의 유혹을 벗어나기가 얼마나 어려운가? 나 역시 젊은 시절 수없이 거룩하게 살겠다고 맹세를 거듭했지만 얼마나 쉽게 또다시 쾌락의 유혹에 넘어갔기에 감히 쾌락에 사로잡힌 젊은이들을 정죄할 자격이 없다. 그러나 성령의 충만함을 통해 그리고 쾌락 후에 찾아드는 극심한 절망 때문에, 그리고 나이가 들며 약해진 정력 때문에, 그리고 잘못된 낭만을 통해 받았던 처절한 하나님의 징계들에 대한 기억들 때문에 비로소 이제야 거울 앞에 떳떳이 서게 되었다. 진정으로 한 여성을 좋아한다면, 그 여성이 가장 행복할 수 있는 길을 갈 수 있도록 도와주어야 한다. 만일 서로의 정욕에 이끌리어 범죄 한다면, 둘 다 멸망하고 마는 것이다.

1976년 4월 초, 나는 하나님께 간절히 간구한 후 짐을 쌌다. 그리고 드디어 6개월 만에 대한수도원에서 서울 역촌동 집으로 돌아왔다. 그러나 학원은 다닐 수 없었다. 사람이 많은 강의실에서 하는 긴 수업 시간을 버텨낼 수 없었다. 차 타기도 어려웠다. 가끔 차 안에 있으면 미쳐버린다는 공포가 강렬하여 차 밖으로 뛰쳐나올 때도 있었다. 그래서 나는 집에서 대입 공부를 다시 시작했다. 지난해의 대성학원 교재를 꺼내어 복습하기 시작했다. 그러나 10분 이상 책에 집중하기가 어려웠다. 그래서 하루에 10분씩 3번 30분간 공부하고, 그다음 날에는 40분간, 그리고 그다음 날에는 한 시간, 두 시간, 이렇게 공부 시간을 늘려나갔다. 그러나 이일은 결코 쉬운 일이 아니었다. 때때로 공부 도중 미친다는 공포가 너무나 강렬히 찾아들어 공부를 포기하고 싶을 정도였다. 그러나 그때마다 무릎을 꿇고 전능하신 하나님께 간절히 기도했다. "하나님, 나를 살려주십시오. 내가 책을 놓으면 나는 죽은 목숨과 같습니다. 내가 공포를 이기고 죽으면 죽으리라 공부하오니 주님께서 지켜주소서." 계속 기도했다. 그리고 공부 시간을 조금씩 늘려갔다. 그렇게 5월, 6월이 지나면서 미친다는 공포는 죽으면 죽으리라는 믿음으로 조금씩 이겨낼 수 있었고, 공부의 양도 한 번에 20~30분씩 여러 번 공부하므로 하루에 3~4시간씩은 가능하게 되었다. 시간은 쏜살같이 지나갔다.

1976년 9월이 되었을 때 배재고등학교에서 재수생들을 한데 모아 모의고사를 치르게 했고, 나는 이 모의고사에 응했다. 시험 결과는 기대 밖이었다. 작년 대성학원 다닐 때만 해도 연대 치과대학에 합격할 성적이 나왔었는데, 병으로 인한 공백 기간이 너무 길었고 공부의 양도 적었기 때문이었을까? 연대 이학부에 갈 성적 밖에 나오질 않았다. 나는 크게 절망했다. 그러나 모의고사를 치를 때 나는 또다시 미친다는 공포에 시달렸고 시험지에 집중할 수 없었다. 많은 잡생각 때문에 제대로 내 실력을 발휘할 수 없었기 때문에 성적이 낮게 나왔으므로 앞으로 병이 조금 더 나아지면 좀 더 시험에 집중할 수 있고 좋은 성적을 얻을 수 있으리라 생각했다. 그러나 9~10월에도 나는 하루에 5시간 이상 공부하기가 어려웠다. 계속 머리가 아팠다.

드디어 1976년 11월 중순 예비고사 날이 되었다. 나는 하나님께 예비고사를 끝까지 잘 마칠 수 있도록 간절히 간구했다. 작년 미친다는 공포 때문에 예비고사 시험 도중에 뛰쳐나왔기에, 또다시 작년의 일들이 생각나며 강렬한 공포가 예비고사 시험 당일 아침부터 엄습해 왔다. 이 시절에는 대학입학 점수에 예비고사 점수의 반영률이 5% 정도이었으므로 지원 대학 본고사 시험 성적으로 대학 합격의 당락이 거의 결정되었다. 그러나 예비고사 성적이 서울권의 커트라인을 넘지 못하면 서울권의 대학을 응시하지 못하기 때문에 적어도 서울 커트라인은 넘겨야 했다.

　대학 예비고사 두 번째 시간부터 머리가 아프고 공포가 점점 강렬해지기 시작했다. 나는 계속 하나님을 찾았고 나를 지켜달라고 간절히 기도했다. 수학과 영어 시간에는 특히 공포가 심했다. '이 문제를 못 풀면 어떻게 하나?, 이 문제를 해석하지 못하면 어떻게 하나?, 이러다 미치면 어떻게 하나?' 계속 이런 생각에 사로잡히며 시험문제에 집중하기 어려웠다. 그러나 가능한 한 조급하지 않고 서두르지 않으려고 노력했다. 그냥 예비고사만 통과하여 서원했던 대로 신학대학이라도 가자며 마음을 달래고 진정시키며, 머리가 아프면 하늘을 보거나 긴 호흡을 하며 마음을 진정시킨 다음 다시 시험지에 집중했다. 참으로 이 하루는 매우 긴 투쟁의 시간이었다. 점심을 먹고, 오후에 들며 머리가 더 아파지며 강렬한 공포가 다시 찾아 들었지만, 하나님을 부르짖으며 잠시 문제를 풀지 않고 앉아있으며 그 고통을 견뎌 나갔다. 마지막 시험시간의 종이 울렸다. 나는 기도하고 문제 풀고 다시 기도하고 문제 풀고를 반복하며 간신히 마지막 공포를 이겨냈다. 하나님의 기적과 같은 은총으로, 나는 실력을 충분히 발휘하지는 못했지만 이렇게 대학입시 삼수 예비고사를 끝마칠 수 있었다. 비록 온전한 몸은 아니어서 충분히 실력 발휘를 하지 못했지만 예비고사 시험을 마칠 수 있게 도와주신 하나님께 진심으로 감사를 드렸다.

　이때에는 거의 지원 대학의 본고사시험 성적으로 합격의 당락이 결정되었다. 나는 연세대가 미션스쿨이기 때문에 그곳을 선호했다. 그러나 나의 몸은 정상이 아니었고 아직도 버스 안에서, 시끄러운 곳에서, 사람이 많은 곳에서 미친다는 강렬한 공포에 사로잡히곤 했다. 이런 현상은 대학입학 후에도 계속되어 중간, 학기말 시험을 볼 때마다 어려움을 겪었고, 그 이후 약 10년을 거치며 그 병은 서서히 완치되었다. 예비고사

성적은 예상 밖으로 저조했다. 그러나 서울권 지원 가능 커트라인은 넘겼다. 아마 공포와 잡생각 때문에 시험문제에 집중할 수 없었기 때문인 것 같았다.

  나는 삼수를 하고 있었기에 최대한 지원 학교를 낮추어 연대 이학부에 지원하였다. 연세대 본고사는 공대와 이학부가 다 같은 시험지였다. 본고사 시험에서 나는 예상대로 영어는 망쳤지만 수학은 거의 100점을 맞은 것 같았다. 그러나 영어시험을 너무 못 보아 합격을 자신할 수 없었다. 연세대 합격자 발표 날 아침 태양은 예전처럼 환하게 떠올랐다. 나는 떨리는 마음으로 연세대 합격자 발표장에 도착했다. 예년과 같이 연세대 백양로 게시판에 합격자 명단이 붙어 있었다. 그 명단에서 내 이름을 발견했다. 나는 삼수 만에 긴 고통의 세월을 보내고 연세대 이학부에 거뜬히 합격했다. 합격자 발표장에서 내 수험번호와 이름을 확인했을 때 뜨거운 눈물이 흘렀다. 지난 세월 어려움의 순간들이 주마등과 같이 스쳐 지나갔다. 연세대학 합격이라는 것이 나에게 새로운 자신감을 주었고 나의 정신질환을 한 번에 상당한 정도로 치료해 주었다. 나의 합격을 가장 기뻐해 준 사람은 아버지셨다. 아버지는 나의 합격을 자랑스러워하셨다. 형과 어머니도 크게 기뻐해 주셨다. 나는 연세대 백양로를 걸으며 하나님께 감사했다.

  그러나 나는 이학부가 적성에 맞질 않았다. 나는 수학과 물리를 좋아했기에 공대가 적성에 맞는다고 생각했다. 그 시절 공대의 커트라인은 이학부보다 높았다. 그래서 이듬해인 1978년 봄에 연세대 이학부에서 한양공대 2학년으로 편입했다. 연세대 자체 내에서의 편입은 3학년 때에나 가능했기 때문에 전공이 시작되는 2학년에서의 편입이 가능한 한양공대를 택했다. 또한 이때만 해도 한양공대의 위상은 연세공대와 비슷했었다.

나의 정신질환은 이렇게 삼수 만에 연세대에 입학하면서 상당히 호전되기 시작했다. 그러나 때때로 많은 사람이 모이는 대학 강의실은 나의 집중력을 약화시키며 몰려드는 미친다는 공포를 견뎌내기 어려울 때도 있었다. 그러나 하나님께서는 나의 기도를 들어주시어 오랜 세월에 걸쳐 나의 질병을 서서히 완쾌시켜주셨다.

  때때로 나는 어떤 사람이 미쳤다는 이야기를 듣는다. 이 세상에는 사탄의 세력 즉 악령이 존재하므로 그 악령에 사로잡히면 미치게 된다. 나도 상당한 정도까지 사탄의 세력에게 넘어갔지만 그때마다 예수 그리스도를 수없이 외치며 어머니와 내가 끊임없이 기도하므로 사탄의 세력을 쫓아낼 수 있었다고 생각한다. 나는 기적처럼 정신질환에서 회복될 수 있었다. 이 긴 시련은 이후의 내 인생에 커다란 영향을 미쳤다. 20세 언저리에서 예수 그리스도와의 깊은 만남은 그 후의 나의 모든 삶의 방향을 예수님만을 향하게 만들었다.

  1977년 3월, 나는 연세대 이학부에 입학하여 강의를 수강했다. 연세대에서 대성학원에 다니던 많은 친구를 만났다. 대성학원에서 나와 비슷한 성적을 보였던 친구들은 연세대 공대나 치과대를 다니고 있었다. 연세대 1학년 시절 채플에 참석하여 예배를 드리던 시간이 생각난다. 좋은 강사님들의 설교를 들을 수 있었다. 나는 연세대 철학과의 김형석 교수님의 강의를 좋아해서 강연 장소를 찾아다니며 듣곤 했다. 연고전에도 참석했다. 친구들과 스크럼을 짜고 구호를 외치며 거리를 누빌 때 나름 뿌듯하고 자랑스럽기도 했다. 얼마나 어렵게 들어 간 대학이던가? 한탄강 한구석에 앉아 신세를 한탄하던 일이 엊그제 같았다.

  1977년 박정희 독재정권에 항의하는 대학생들의 데모가 연세대에서 자주 일어났다. 때때로 데모대에 합류하기도 했다. 나는 박정희를 싫어했다. 그는 철저히 세상적인 사람이다. 세상 것들을 얻기 위해 목숨이라도 내놓을 사람이다. 그러나 진정 지혜로운 사람은 세상 것들이 아닌 하나님을 위해 또는 양심을 위해 목숨을 내놓는 사람이다. 왜냐하면 하나님은 살아계시고 인생에서 가장 두렵고 중요한 것은 죽어 하나님 심판대 앞에 서는 일이기 때문이다. 차라리 남을 위해 죽거나 남을 위해 희생하며 가난하게 살다 죽는 것이 지혜로운 삶이지, 남을 괴롭히고 짓누르고 빼앗고 죽이기까지 하는 일들은 얼마나 어리석은 삶인가? 김정일, 김일성, 박정희가 우리나라의 대표적인 세상적인 사람으로 생각된다.

아무튼 우리는 학교 교내와 학교 주변에서 친구들과 어울려 데모를 했다. 한때는 전경들이 최루탄을 쏘며 가스차를 앞세우고 연세대 학내로 데모하는 학생들을 잡아가기 위해 쳐들어왔다. 한 법정대 학생들이 겁 없이 최루탄을 쏘는 가스차 앞에 누워버렸다. 순간 가스차는 더 이상 교내로 진입하지 못하고 정지하였다. 이처럼 학생들의 데모는 격렬해졌다. 이런 정의롭고 용기 있는 많은 젊은 대학생의 희생의 피를 먹으며 이 나라의 민주화는 정착되기 시작했다. 민주화는 나라가 발전할 수 있는 가장 좋은 정치체제 중의 하나이다. 민주주의 체제에서는 자유로운 경쟁체제를 유지할 수 있어서 열심히 노력하여 실력을 갖춘 좋은 인재들과 풍부한 좋은 아이디어들을 활용할 수 있기에 나라 발전에 원동력이 된다.

북한이 못사는 이유는 공산당 권력층만의 부귀영화를 유지하기 위해 백성을 무자비하게 통제하므로 좋은 인재들과 좋은 아이디어를 활용할 수 없기 때문이다. 아부와 복종에 길들여진 극히 적은 능력 없는 부패한 무리들에 의해 나라가 운행되니 나라가 망할 수밖에 없다. 북한은 가장 불행한 나라이다. 가난하고 자유조차 없는 참혹한 나라이다. 아프리카보다 못 살며 외국여행도 자유롭게 할 수 없는 철저히 통제된 나라이기에 하루속히 북한의 공산정권이 망하고 새로운 민주정권이 들어서기를 간절히 기도드린다.

　김재규를 사형시킨 전두환에게 하나님은 피의 대가를 물으실 것이라고 생각한 적이 있다. 김재규는 박정희를 제거하여 이 나라에 참된 민주화를 안겨주기를 원했지 차후 정권에 대한 욕심은 별로 없었던 것 같이 보인다. 좀 더 지혜로웠다면 박정희 제거 후의 자기 살길을 구체적으로 모색해 놓았어야 했다. 그러나 그것은 불가능했을 것이다. 구체적으로 자기 살길을 모색할 수 없을 정도로 암살 계획은 급박하고 철저한 비밀 유지가 필요했을 것이다. 그러나 단지 김재규의 거사 계획이 차지철 경호실장에 대한 극한 미움으로 인한 권력다툼 때문에 발생한 것이 아니기를 바랄 뿐이다. 이 모든 것에 대한 심판은 하나님이 내리실 것이다. 만약 전두환이 정권을 잡지 않았다면, 김재규도 사형을 당하지 않았을 지도 모른다. 아무튼 하나님께서 공의로운 심판을 내리실 것이다.

　나는 우리나라를 사랑한다. 내가 살아있는 동안 우리나라가 일본 보다 잘사는 것을 보는 것이 소원이다. 요사이 이런 전조가 나타나고 있다. 지금의 상황이라면 적어도 10년 안에 우리는 우선 경제와 민주화 면에서 일본을 따라잡을 수 있다. 그러나 일본이 망하는 것을 원하지는 않는다. 단지 일본과의 선의의 경쟁에서 우리나라가 이기기를 간절히 소원한다. 우리나라의 힘의 원동력은 많은 선한 기독교인들의 의로운 삶이라고 생각한다. 우리나라를 여태껏 이렇게 발전시켜온 것은 많은 선한 크리스천들이 있었기 때문이다. 반면에 일본은 성실하고 근면하지만 영혼이 없다. 하나님은 일본 사람을 사랑하신다. 정직하고 근면하기 때문이다. 하나님은 일본 사람이 모든 신사를 버리고 하나님께 돌아오기를 간절히 바라신다. 일본 후쿠시마에서 쓰나미로 인해 2만 명 이상이 죽거나 실종되었다. 비록 지나간 일이지만 이 일은 엄청난 일이다. 이 일에는 하나님의 깊은 뜻이 있다. 메시지가 있다. 이것을 깨닫지 못하면, 성실함과 근면함과는 관계없이 일본은 하나님의 심판을 면치 못할 것이다. 그러기에 나는 하나님과의 약속대로 나의 힘이 다하도록 외칠 것이다. 일본 사람들은 회개하고 하나님께 돌아오라고 말이다.

1978년 3월, 나는 한양대 제1공학부 2학년으로 편입시험을 보고 합격하여 연세대 이학부에서 한양대 토목공학과로 옮겼다. 당시 건설 붐이 일어나 토목공학과는 공대에서도 꽤 인기가 있었다. 나는 한양대 토목공학과에서 열심히 공부했다. 그러나 서울공대에 떨어지고 한양공대에 들어온 많은 머리 좋은 동료들이 있었기에 좋은 성적을 받는 것은 쉽지 않았다. 나는 IQ 120으로 보통사람밖에 되지 않으므로 남들보다 좋은 성적을 얻기 위해선 남이 시험 범위를 두 번 공부할 때 세 번 네 번을 보아야 하기 때문에 많은 공부시간이 필요했다. 한양공대에서의 나의 학점은 최우수는 아니지만 우수 정도는 되었다. 또한 거기서 좋은 친구들을 사귀었다. 40년이 지난 지금도 만나는 8명의 대학 동창생들이 있다. 그들은 실력도 좋고 의리 있는 친구들이다. 이들에게 나는 전도를 많이 했다. 대부분 예수를 모르는 친구들이었지만, 지금 모두 육십 중반이 되었고 대부분 교회와 성당을 다닌다. 이렇게 나는 대학진학 삼수와 정신질환이라는 중한 질병을 통해 젊은 시절 길고 험난한 고통의 세월을 겪었다. 나 자신의 무능함을 철저히 깨달으며 육체적 질병, 컴컴한 죽음의 절망 앞에서 그동안 실낱처럼 보이던 하나님의 빛을 발견하게 되었다. 그리고 철원 대한수도원에서 성경 말씀과 기도와 찬양을 통해 하나님의 존재를 깊이 체험할 수 있었다. 또한 기적과 같은 하나님의 은총으로 긴 시간을 거치며 정신질환에서 회복되었고 삼수 끝에 대학에 진학하게 되었다. 이것이 하나님께서 나에게 주신 세 번째 기적의 은총이며, 여태껏 내 인생 가운데 주신 여러 가지 하나님의 기적의 은총들 중에 가장 크고 놀라운 은총이었다.

공병여단 군종사병으로 복무

나는 군입대를 위해 한양대 토목공학과 3학년을 마치고 휴학했다. 그리고 신체검사 후 1980년 6월에 논산 훈련소로 입대하였다. 그 시절은 박정희가 김재규에게 총을 맞아 사망하고 전두환이 기회를 놓치지 않고 서서히 정권을 탈취해가던 때였다. 1980년 5월에는 1979년 12.12 전두환 쿠데타에 대한 항의로 광주민주화운동이 유발되었고, 많은 대학생이 거리로 뛰쳐나와 데모대에 합류했다. 그들은 이제 박정희 독재는 막을 내리고 민주 선거에 의해 김대중, 김영삼, 김종필 중의 한 명이 대통령이 되어 이 나라가 참된 민주화로 정착되기를 간절히 소망했다. 그러나 그것은 쉬운 일이 아니었다. 육사 졸업생 모임인 하나회를 거점으로 막강한 세력을 보유하게 된 전두환은 언론을 장악하고, 위의 세 사람을 한 명씩 제거하고 마침내 군부의 힘으로 대통령이 되었다. 암울했던 80년대 이것은 대한민국에 황금 같이 찾아온 민주화의 기회가 물거품처럼 사라질 뻔한 최악의 상황이었다고 생각한다.

그러나 그 후 40년이 지난 지금 돌이켜 보면 이것 역시 하나님의 계획이었던 것 같다. 우리가 그렇게 믿고 있었던 김영삼도 대통령이 되었지만 IMF라는 경제 파탄을 남겼고, 김대중은 그런대로 상당히 많은 성과를 거둔 것 같다. 숨겨둔 엄청난 재산이 있다는 말이 있는데 이것만 사실이 아니라면 나는 그래도 김대중을 우리나라에 가장 훌륭한 대통령으로 꼽고 싶다. 아무튼 두 사람 모두 대통령이 되었고, 그래도 이들을 거치며 우리나라에는 그토록 염원하던 민주주의가 정착되었다.

대한민국은 전쟁 후 70년이 지난 2021년 현재 인구 약 5,164만 명으로 총 GDP 세계 14위이며, 개인 실질 GDP도 일본, 프랑스, 영국과 어깨를 나란히 하는 선진대국 대열에 들어가는 놀라운 발전을 이루었다. 나는 이것의 원동력은 대한민국의 약 30%가 되는 많은 선한 기독교인의 기도와 피나는 노력과 희생의 결과에 대한 하나님의 축복이라고 생각한다.

1980년 6월, 논산훈련소에서 한 달 동안 훈련을 받았다. 비를 맞으며, 군가를 부르며 받던 고된 훈련의 순간들이 지금도 기억 속에 선명하다. 그리고 토목공학과 재학생이었기 때문에 김해 공병학교로 보내졌고, 그곳에서 지뢰 매설반에 배치되어 다시 한 달 정도의 훈련을 받았다. 김해 공병학교에 배치되면서 한 달 동안 대학생이란 이유로 모진 기압과 구타를 당했다. 그 시절 군대 육군사병 중에 대학생은 10% 정도에 불과했다. 대학생들의 대부분이 장교나 좋은 병과로 빠져나갔기 때문이다. 대부분 고졸 출신 군인들은 대학생에 대해 건방지다고 생각하고 있었고, 1979년 10.26 이후 약 6개월 동안 긴박한 국내 정치상황으로 인해 거의 매일 비상상태였기 때문에 대부분 군인은 군화도 벗을 수 없을 정도로 긴박함 속에서 고생하고 있었다. 그래서 논산 훈련소부터 자대로 배치되기 전까지 약 3개월간, 거쳐 가는 곳마다 필히 대학 재학생들을 불러내어 대학생이 데모해서 자신들이 비상대기하며 군화도 못 벗고 많은 고생을 한다며 모진 기압과 구타를 가하였다.

김해 공병학교에서는 대인지뢰, 대전차지뢰, 발목지뢰 등을 매설하고 제거하는 기술을 배웠다. 또한 강을 건너기 위해 임시가교를 만드는 기술도 배웠다. 그곳에서도 저녁에는 엄한 점호를 받았다. 고참들이 들어와 자주 모진 기압과 구타를 가하였다. 하루하루 힘들고 어려웠지만 그래도 시간은 흘러갔다.

드디어 한 달간의 훈련을 마치고 김해 공병학교를 졸업하고 자대에 배치되기 위해서 어디로 가는지는 알 수 없는 기차를 탔다. 기차는 북으로 북으로 향하여 경기도 파주시에 위치한 127 공병대대에 도착했다. 그곳에는 육사를 졸업한 철저히 계급주의 사상에 사로잡힌 중대장이 기다리고 있었다. 우리는 그곳에 도착하자마자 중대장으로부터 혹독한 기압을 받았다. 그때만 해도 육사 출신 장교들은 자신이 마치 대통령이나 된 것 같은 큰 자만심을 가진 사람들이 많았다. 그들은 모든 대학생을 겉멋만 든 한심한 인간으로 생각하고 정신 개조를 시켜야 한다고 생각했다. 공병대대에는 대학생이 극히 드물어 10% 미만이었고 나머지는 거의 고졸 출신이었다. 육사 출신 중대장의 천대와 고졸 출신 고참들의 미움을 받아가며 이틀이 멀다 하고 기압과 구타를 당하였다. 정말 탈영하고 싶다는 생각이 들 정도로 인격적인 모독과 구타를 체험했다.

그러나 나는 모든 사람은 공평하다는 것을 군대에서 발견하였다. 고졸 출신의 군인들이 나보다 군대의 일과를 더 잘하는 것이었다. 나는 군 생활에 적응하기 위해 전력을 다해도 헉헉거리는데, 그들은 나보다 수월하게 군 생활을 잘 이겨내고 있었다. 훈련도 잘 받고 군대 일들도 잘하고 나보다 오히려 부지런했다. 군인이라는 사회에서 군인의 업무만을 생각한다면 총 잘 쏘고, 구보 잘하고, 제식훈련 잘 받고, 보초 잘 서고, 기합 잘 받고, 내무반 정리 잘하는 등의 행동만 가지고 평가한다면 솔직히 난 고졸 출신 군인보다 훨씬 부족했다. 그러기에 인간은 누구나 평등하다고 확신한다. 머리가 좋은 사람들이 있는 반면에 부지런하고 기술력이 강한 사람들도 있기 때문이다. 그러기에 우리는 모든 사람 앞에 겸손해야 한다.

한편, 그곳에서 나는 127 공병대대 밖에 있는 군인 교회에 열심히 다녔다. 우리 대대에는 군종사병이 하나 있었는데 감리교 신학대학을 다니던 신학생이었다. 탤런트처럼 키도 크고 잘생겼고 많은 사람으로부터 신망을 얻고 있는 선한 사람이었다. 잘생긴 것도 하나님의 큰 은총이라는 것을 성인이 되어가며 깨닫게 되었다. 남자로서 신체적으로 키도 중간 이상 되고 잘 생기면, 많은 여성으로부터 좋은 대우를 받고, 힘도 중간 이상은 쓸 수 있기에 남자들 사이에도 장점으로 작용한다. 나처럼 일단 키가 작으면 잘생긴 무리에 들어갈 수 없고 여성으로부터 그다지 호감을 받지 못하며 남성 사이의 인간관계에도 불리하다고 생각된다. 아무튼 공병대대 군종사병을 따라 시간이 나는 대로 부대 인근에 위치한 민간교회에 갔다. 주일 낮, 저녁, 가끔은 수요일에도 교회에 갔던 적이 있다. 교회에 가면 예배와 찬송을 통해 위로와 평안을 얻었다. 그리고 비록 재정적으로 가난한 교회이었지만 정성껏 준비한 점심이기에 정말 밥맛이 꿀맛 같았던 기억이 지금도 생각난다.

  127 공병대대에서 이등병에서 일병으로 진급할 즈음의 일인 것 같다. 어느 주일날 내무반에 바쁜 일이 없었기 때문에 군종사병을 따라 예전처럼 교회에 다녀왔다. 그런데 교회에서 예배를 드리는 동안 갑자기 중대에 비상이 걸렸고 인원 파악이 있었다. 중대의 고참병 중에 특히 한두 명이 지독히 나를 괴롭히곤 했었다. 그날도 그 고참병이 내가 교회에서 돌아오는 것을 보고는 비상 중에 교회에 갔다며 가슴팍을 걷어차고 심한 구타를 가하고 욕설을 했다. 그리고 밤늦게까지 내게 심한 기합을 가했다. 또한 그날 이후로 내가 교회에 다니는 것을 금지했다. 이 소식을 들은 대대 군종사병인 김 상병이 우리 내무반으로 달려왔다. 그는 내무반 고참 사병들을 만났다. 그리고 몇 시간 동안 그들을 설득했고 마침내 힘겹게 내가 다시 교회에 갈 수 있도록 허락을 받아냈다. 김 상병은 늘 겸손했고 친절했으며 많은 사람의 신망이 두터웠다. 신학대학을 다니다가 군에 입대했지만 인간 됨이 좋아서 많은 사람의 신망을 받았다. 내게는 성경에 나오는 선한 사마리아인과 같은 사람으로 보였다.

  반면에 일류대를 다니다가 입대한 나였지만 오히려 고졸 출신보다 고참들로부터 많은 미움과 냉대를 받았다. 내무반에는 전문대학을 다니다가 입대했던 선임병이 있었다. 내가 이등병일 때 그는 일등병이었다. 그는 본성이 착한 사람이었고 누구보다 부지런했다. 그리고 부대의 일들을 잘해 군인으로서 아주 모범병이었다. 나는 군입대 전에 스스로를 부지런하고 잘 인내하는 사람이라고 생각했었다. 그러나 군에 들어가 보니 나는 결코 부지런하지 못했고 잘 인내하는 사람도 아니었다. 단지 IQ가 그들보다 약간 좋아 좋은 대학에 진학했을 뿐이었다. 그리고 그 당시 부대의 고참들은 대부분 나보다 한 살 정도 어렸는데 나를 별로 좋아하지 않았고 주기적으로 기합을 주고 구타를 가했다. 나는 훌륭한 이등병이 아니라 열등한 이등병이었다. 참으로 힘들고 어려운 졸병 생활이었다. 때때로 탈영까지도 생각한 적이 있었다. 부대 내에는 가끔 휴가 나간 후에 부대로 돌아오지 않는 탈영자들이 있었다. 그들은 거의 모두 체포되어 영창으로 보내졌다는 말을 들었다.

그러나 나는 어려운 군 생활이었지만 하나님을 의지하고 이겨내기 위해 나름대로 교회에는 열심히 다녔다. 나를 정신질환에서 고쳐주신 하나님, 나의 모든 고통 중에 기도에 응답해 주셨던 하나님께 이 어려운 군 생활을 잘 이겨낼 수 있도록 도와달라고 날마다 기도했다. 내가 의지할 것은 하나님밖에 없었다. 고참병들의 눈치가 무서웠지만 그럼에도 불구하고 교회에 갔다. 그리고 하나님께 도움을 요청했다. 나는 어느새 대대 군종사병인 김상병과 친해졌다. 그는 어느 날 제1공병여단에 여단 군종사병이 있는데 곧 제대한다고 했고, 나를 여단 군종사병으로 추천해보겠다고 말했다. 나는 하나님께 간절히 기도했다. 내가 여단 군종사병으로 가서 나처럼 힘들고 어려운 군인 동료들에게 복음을 전하고 용기를 심어주어 힘든 군 생활을 무사히 마칠 수 있게 도움을 줄 수 있는 일을 할 수 있도록 해달라고 기도했다. 그러나 나는 신학대학에 다니지 않았고 여단 군종사병이라면 누구나 선망하는 보직인데, 과연 내게 그런 기적이 일어날 수 있을까 의심했다.

그 당시 127 공병대대는 제1공병여단에 속해 있었고, 그때 당시 여단장은 안무혁 준장이었는데(그는 육사 출신이었고 나중에 전두환에게 발탁되어 안기부 장관까지 역임했다), 기독교인이었다. 그래서 여단교회에는 많은 장교와 사병들이 출석하고 있었다. 여단교회 목사님의 계급은 소령으로 제1공병 여단 내의 모든 군종업무를 총괄하고 있었다. 그래서 한 달에 두 번 정도 주기적으로 제1공병 휘하의 각 대대의 군종사병을 집합시켜서 군종업무에 대해 보고받고 새로운 업무를 하달했다.

한편 그 당시 나는 127 공병대대에서 중대 내무반 생활을 계속했다. 그래도 나는 평소에 달리기나 구보는 잘한다고 생각했다. 우리는 한 달에 한 번씩 10km 무장 구보를 했다. 그러나 내 덩치가 작은 것이 문제였다. 완전군장의 무게는 상당히 무거웠고, 거기에다가 총까지 들고 뛰는 것은 여간 힘든 것이 아니었다. 나는 첫 완전군장 구보에서 낙오할 뻔했다. 워낙 군장이 무거워 덩치가 작은 나는 마지막 몇 km를 앞두고 헉헉거렸다. 뒤에서 고참병들의 개머리판이 내 몸으로 날아 들어왔다. 나는 맞지 않기 위해 죽을힘을 다해 뛰어 겨우 목적지에 들어왔다. 또한 매주 수요일에 총만 들고 뛰는 단식구보가 있었는데, 이것만은 나도 자신 있었다. 총만 들면 몸이 가볍기 때문에 작은 덩치인 내게 유리했다. 그러나 그 구보 역시 만만치만은 않았다. 거의 대부분 군인은 낙오 없이 구보 훈련을 거뜬히 이겨냈다. 아 나는 군 체질이 아닌가 보다. 군에는 평균치의 키와 덩치를 가져야 모든 훈련을 잘 이겨낼 수 있다고 생각했다.

한번은 군에서 동계 야전훈련이 있었다. 겨울철에 산속에 천막을 치거나 동굴에 들어가서 일주일간 기거하며 추위를 이겨내는 훈련을 받는 것이다. 낮에는 교육과 군사훈련을 했고, 밤에는 추운 날씨와 싸워야 했다. 야전동계훈련 동안 국회의원 선거가 있었다. 땅굴로 한 사람씩 불려가 선임병들이 보는 앞에서 선거를 했다. 아마 대부분의 군부대가 선거 때에 맞추어 야전훈련을 했고, 그래서 선임병들이 보는 앞에서 선거를 했으므로 당시 전두환을 지지하는 민주정의당의 국회의원이 좀 더 많이 당선됐던 것 같다. 아무튼 나는 태어나서 처음으로 이렇게 반공개적인 방식으로 투표를 했다.

군부대에서 힘든 일 중의 하나는 추운 겨울날 한밤중에 깨어나 부대 외곽 보초를 서는 일이었다. 우리는 한두 시간씩 한밤중에 보초를 섰다. 겨울철에는 얼마나 추웠는지 모른다. 보초 시간 내내 다음 교대자를 기다리며 발을 동동 구르며 이를 악물고 추위를 이겨내곤 했었다.

군 생활 중 어머니가 두 번 파주시에 있는 127 공병대대에 면회를 오셨고, 아버지는 한 번 면회 오셨다. 어머니가 면회 오셨을 때는 파주 시내에 머무는 조건으로 부대에서는 하룻밤의 외박을 허락해주었다. 군 생활은 늘 잠이 부족하였기에 어머니와 근처 여관에 가서 실컷 잠을 잤고, 어머니가 준비해온 맛있는 음식을 먹었다. 정말 꿀과 같은 좋은 시간이었다. 면회 후 다시 부대에 들어갈 때는 눈물이 나기도 했다.

한두 달 후 나에게 또 다른 하나님의 기적이 일어났다. 내가 그토록 바라며 기도했던 제1공병여단 여단 군종사병으로 발령이 났다. 하나님께서 나에게 주신 내 생애 네 번째의 기적과 같은 은총이었다. 군입대 후 6개월 동안 나는 누구보다 구타와 기합을 많이 받았던 것 같다. 그러나 여단 군종사병이 된 이후에는 제대할 때까지 거의 구타와 기합을 받지 않았다. 단지 목사님께 몇 번 야단맞고 한 차례 뺨을 맞았을 뿐이다. 하나님의 은총으로 여단 군종사병이 되면서 복음 전파를 위해 하나님께 봉사할 수 있는 좋은 기회를 가질 수 있었다.

여단 군종사병은 교회 사찰 겸 전도사라고 할 수 있다. 중요한 임무는 교회를 깨끗이 청소하고 정리 정돈하는 일이며, 목사님 안 계실 때는 설교를 대신하기도 한다. 그리고 주기적으로 목사님과 함께 지프차를 타고 제1공병여단에 속해있는 대대의 훈련 받는 장소에 찾아가 뜨거운 차와 초코파이를 나누어 주는 일도 했다. 특히 제1공병여단은 경기도 삼송리에 있었기 때문에 은평구 역촌동 우리 집까지는 30분밖에 걸리지 않았다. 또 여단교회 주보를 은평구 구파발 부근 인쇄소에서 복사를 하였기 때문에 일주일에 한 번은 언제든 우리 집을 방문할 수도 있었다. 내가 다니던 은평성결교회 여자 청년 두 명을 섭외하여 예배 전에 복음성가를 인도해달라고 부탁했는데, 여자 청년들은 오랫동안 주기적으로 여단교회를 방문하여 예배 전 준비찬양을 인도했다. 이 때문에 교회에 나오는 군인들도 증가했다. 여단교회 목사님은 군종장교이신 유○○ 소령이었다. 유 소령님에게 중학생 아들이 있었는데, 나는 영어와 수학을 일주일에 두 번 가르쳐주었다. 유 소령님과 나는 그다지 친분이 두터워지지는 못했다. 늘 거리가 있었고 나는 늘 명령에 따르는 병사에 불과했다. 주기적으로 유 소령님과 같이 뜨거운 차와 간단한 다과를 준비하여 부대 외곽에 보초병들과 훈련병들을 방문하여 나누어주곤 했다.

그 당시 제1공병여단이 관리하는 중대 규모의 삼청교육대가 있었는데, 야간에는 이 삼청교육대를 방문하여 취침 기도를 해주었다. 삼청교육대는 전두환 정권 당시 전국 깡패들을 잡아들여 그들을 교화시키기 위해 만든 부대였다. 그러나 그중에는 전두환 정권에 저항했거나 정보 오류로 붙잡혀온 선한 사람들도 많이 있었다. 삼청교육대 교육생들은 낮에는 주로 군부대를 짓는 일에 투입되어 과도한 노동을 수행해야 했다. 또한 저녁때는 혹독한 점호와 심한 기합과 구타로 고통을 받고 있었다. 그러나 내가 방문해 만났던 삼청교육대 사람들은 대부분 착하고 순했다. 내가 기도해줄 때는 선한 양과 같았다. 군이라는 조직은 무서웠고 인격도 없고 오직 계급만이 존재할 뿐이었다. 그 무서운 깡패들도 군 조직 하에서는 양과 같이 순하기만 하였다.

한편, 간혹 목사님이 안 계실 때에는 내가 교회에서 설교를 해야 했다. 설교가 그렇게 힘들고 어렵다는 것을 그때 처음 알았다. 나는 그 시절 내가 좋아하던 조용기 목사님의 설교문을 자주 인용하곤 했다. 특히 낮 설교 시에는 많은 장교가 참석했는데, 그때 나의 목소리는 작아지고 떨렸다. 아무튼 그 시절 나의 설교는 변변치 못했다고 생각한다.

군종사병의 업무 중 중요한 것 중의 하나는 많은 군인에게 세례를 주는 일이었다. 군 생활에 지치고 힘든 군인들은 교회로 찾아들었고 때때로 교회에서 주는 간식을 맛있어 했다. 우리는 많은 사람에게 세례를 주었지만 아마 50% 정도는 가짜 세례자들인 것 같다. 군을 제대하고 바쁜 일상으로 돌아가면 세례를 받은 많은 젊은이는 곧 교회를 등졌다. 그러나 교회 예배에 몇 번 참석한 경험을 통해 나중에 사회생활을 하다 큰 어려움을 당하면 교회로 다시 돌아오는 경우도 상당히 있는 것 같다. 군 생활은 정말 어렵고 힘든 것이다. 나는 군대 체질이 결코 아니었고 겨우겨우 하루하루를 힘겹게 버텨나갔다.

나는 개인적으로 군에는 기합과 약간의 구타가 있어야 한다고 생각한다. 내가 병장을 달았을 때 군종사병이라는 이유로 하급병들은 거의 내 말을 잘 듣지 않았다. 또한 유사시 국가를 지키기 위해 돌격 앞으로의 명령이 떨어진다면, 군인은 그 명령에 복종하여 앞으로 뛰쳐나가 목숨을 던져야 한다. 국가를 위해 전쟁터에서 장렬히 전사하는 것이 늙어 병들어 고통 중에 살다 죽는 것보다 좀 더 아름답지 않을까?

여단 군종사병으로 파주에서 경기도 삼송리로 온 후 주기적으로 군목님의 업무지시를 받기 위해 내려오는 127 공병대대 군종사병인 김 상병을 만났다. 그는 늘 여유가 있었고 남들을 잘 섬기는 사람이었으므로 지금쯤 훌륭한 감리교회 목사님이 되어있으리라 생각된다. 나는 교회 예배에 좀 더 군인들이 참석할 수 있게 해달라고 기도했고, 내 나름대로 전도에 힘썼다. 그리고 여단에 오는 각 대대 군종사병들과도 전도를 위해 여러 가지 계획을 세우곤 했다.

그 시절 나는 방언 받기를 간절히 원했다. 내가 그래도 여단 군종사병인데 방언을 할 수 있게 해달라고 간절히 기도했다. 그리고 어느 날 새벽 하나님의 은총으로 나의 입술을 통해 덜덜덜 방언이 터져 나왔다. 이 방언은 지금까지 계속하고 있다. 나는 하나님께 진심으로 감사드렸다. 그러나 나는 방언 해석의 은사를 받지 못했기에 나의 방언이 무슨 뜻인지 잘 몰랐다. 방언 해석 은사를 간구했지만 절실하지 않아서인지 받지 못했고, 지금은 뜻을 모르기에 방언을 잘 사용하지는 않지만 기도가 잘 안 될 때는 지금도 방언을 사용한다.

군 시절 여단 내의 대대 군종사병들 중의 한 명인 정종관 씨를 대전에서 만났다. 그는 당시 서울대 미생물학과를 다니다가 입대한 성실한 군종사병으로 나는 기억하고 있다. 그는 대전에서 환경단체의 간부로 일하고 있어서 대전에서 열린 환경 세미나에서 몇 번 만났다. 그리고 그는 아직 대전 둔산동에 살고 있다는 소식도 들었다. 그러나 어려운 시절 나를 몇 번이나 도와주었던 군종사병인 김 상병을 만나기 위해 감리교 신학교와 감리교단에 알아보았지만 여태껏 한 번도 그에 대한 소식을 접하지 못했다. 가끔 그의 순수하고 청순한 모습이 그리워진다.

하여튼 나는 군 복무기간 27개월 중 6개월은 훈련 및 공병대대 사병으로 어렵고 힘들게 보냈지만, 나머지 21개월은 하나님의 은총으로 여단 군종사병으로 보냈으니 젊은 시절 전도사 겸 교회사찰을 경험할 수 있는 좋은 기회를 가졌다고 생각한다. 나는 1982년 9월에 군종사병 병장으로 제대했다. 지금도 경기도 삼송리에 위치한 제1공병여단을 지나가면 담 너머에 내가 근무했던 제1공병여단 교회가 보인다. 그리고 그 시절을 기억해 보며 세월의 무상함을 느끼게 된다.

나의 영원한 믿음의 동반자를 만나다

군 제대 후 1983년 3월 한양대 토목공학과 4학년으로 복학했을 때, KAIST에 토목공학과 석박사과정이 1983년부터 신설되었다는 소식을 들었다. 이때만 해도 KAIST만이 유일하게 군대 면제 혜택을 받고 있었기에 서울대 이공대 졸업생들이 대거 입학을 지원하였다. 1980년 무렵 KAIST 대학원에 많이 입학시킨 학교 순은 서울대, 한양대, 연세대, 고려대 순이었다. KAIST 석사과정 토목공학과는 1년에 약 17명을 선발했는데 정말 합격하기 힘들었지만, 첫해에 동문 세 사람이 합격했다. 나는 KAIST에 진학하여 교수가 되겠다는 목표로 열심히 공부했다. 그러나 군 제대 후 복학하여 너무 준비시간이 짧았기에 KAIST 석사과정 진학에 실패하였다(그러나 나의 간절한 기도는 하나님께 상달되어 약 8년 뒤인 1992년 2월 KAIST 토목공학과 박사과정에 합격하였고, 4년 반 후인 1996년 8월 KAIST에서 박사학위를 취득했다).

KAIST 석사과정 시험과 같은 날짜(10월 말)에 많은 대기업이 입사시험을 치렀다. 그래서 나는 KAIST 석사과정에 불합격되었을 뿐만 아니라 대기업 입사시험 응시 기회도 놓쳤다. 그래서 1984년 1월 대기업은 아니었지만 약 600명 종업원을 가진 토목설계회사인 한국종합기술개발공사(KECC) 항만부에 입사할 수 있었다. 우리 한국종합기술개발공사 입사 동기는 10명쯤 되었고, 공채 1기라고 들었다. 그러나 토목설계회사라서 업무량이 너무 많았다. 평일은 8시에 출근하여 보통 오후 9시에야 일이 끝났고, 토요일도 거의 출근하여 오후까지 근무하였고, 주일에도 절반은 출근했고 한 달에 한두 번은 밤을 새우며 설계 작업을 해야 했다. 그래서 나는 때때로 이렇게 많은 근무시간을 공부에 투자하면 5명의 한양대학 동기생이 합격한 5급 토목직 기술고시에도 합격할 수 있었으리라고 생각하곤 했다. 그런 반면 일반사원의 월급은 너무 적었다(그러나 경력을 쌓아 기술사에 합격하고 이사가 되면 좋은 대우를 받았다). 아무튼 나는 열심히 공부를 더 하여 하루속히 이곳보다 더 조건이 좋은 직장으로 옮겨가기를 간절히 소망했다.

한국종합기술개발공사 본사는 남산 밑에 있었는데, 한 달간의 교육을 마친 후 나는 서울 사당동에 있는 항만부에 배치되었다. 항만부는 8층 빌딩의 5층에 있었고, 이 건물 바로 위층에는 외국계 토목엔지니어링 회사가 있었다. 어느 날 점심 식사 후 오락실에서 위층 외국인회사에 근무하던 지금의 내 아내가 된 김숙 씨를 처음 만났다. 첫 인상은 순수하고 선하며 예뻐 보였다. 그리고 이후 가끔 버스에서도 만났다. 그러나 우리는 인사 정도만 하는 사이로 지냈다.

한편, 직장에 취직하고 나는 선을 보기 시작했다. 나의 이상형은 예쁘고 착하고 믿음 좋은 기독교인이었다. 그러나 나의 이상형에 맞는 여자와 사귀기는 매우 어려웠다. 나는 서울에서 살고 있었기에 우선 서울에서 대학을 나온 아가씨가 드물었다. 그리고 나의 외모나 직장이 그리 좋은 편에 속하지 않았기 때문에 대학을 졸업한 아가씨들과 여러 번 선을 보았지만 잘 이루어지지 않았다. 몇 번은 괜찮은 아가씨를 만났지만, 나의 직장에 대해 별로 탐탁해 하지 않았다. 그때만 해도 아가씨들은 월급이 많은 대기업 사원들을 선호했다.

1985년 초 나는 어머니와 이름이 같은 아가씨를 소개받았다. 그녀는 서울 교대를 졸업하고 서울 소재 국민학교 교사였는데, 외모는 수수했다. 우리는 서너 달간 교제했고, 나는 그녀와 결혼하기를 바라고 있었다. 그러던 어느 날 그녀는 자기 집으로 나를 초대했고, 그녀의 가족들과 함께 저녁 식사를 하고 담소를 나누었다. 그런데 며칠 후 그녀는 전화로 그만 만나자고 하는 것이 아닌가. 나의 직장이 대기업이 아니어서 가족들이 반대하기 때문이라는 것이다. 나는 너무 실망했다. 나는 그녀와 결혼하고 싶었고 그 일을 위해 간절히 기도해 왔었는데. 그렇게 낙심의 나날을 보냈다.

  그 무렵 나는 우연히 김숙 씨를 서울 광화문 육교 부근에서 수개월 만에 만났다. 이것은 지금 생각하면 하나님께서 우리 두 사람에게 주신 운명의 시간이었고, 내게는 하나님께서 주신 또 하나의 기적과 같은 은총이었다. 그때 그녀는 광화문 근처에 있는 엔지니어링 회사로 옮겨 다니고 있었다. 약 6개월 만에 그녀를 다시 만났고, 우리는 서로 반가워 근처 커피숍에 가서 한참 이야기를 나눈 후 연락처를 주고받았다. 그러나 그 당시에 나는 앞에서 말한 국민학교 교사와 교제를 하고 있었다. 그래서 김숙 씨와는 한두 번 전화만을 주고받았다. 그러나 초등학교 교사와 헤어진 후 나는 김숙 씨에 대한 생각이 나서 전화를 걸었다. 우리는 오랜만에 데이트를 했다. 그녀는 상냥하고 친절했고 내게 좋은 인상을 주었다. 우리는 몇 차례 더 만났다. 그리고 한두 달이 지나갔다.

  나는 많이 고민하고 기도했다. 내가 계속 김숙 씨와 교제할 것인가? 내 생각이겠지만 그 당시 김숙 씨는 나를 좋아하는 것 같았고 나도 순수하고 착한 그녀가 좋았다. 우리는 서로 그냥 좋아했다. 여러 번의 데이트를 통해 김숙 씨는 영혼이 맑고 청순한 것 같았다. 그리고 내가 보기에는 너무 예뻤다. 그리고 그녀는 당시 명동성당을 다녔지만 결혼한다면 교회로 옮기겠다는 약속도 했다. 나는 어느덧 김숙 씨를 마음속 깊이 내 배필로 정해 버렸다. 그리고 결혼 후 36년이 지난 지금까지 우리는 누구보다 행복하게 잘살고 있다. 이렇게 아내를 만난 것은 하나님이 나에게 주신 큰 축복이었다.

  우리는 본격적으로 결혼을 전제로 만나기 시작했다. 돌이켜보면 내 인생의 가장 아름다운 시절은 우리의 연애 시절이었던 것 같다. 내 아내는 내가 보기에는 누구보다 예쁘고 착했고, 그녀도 나를 좋아했다. 우리는 남산과 명동에서 명동칼국수를 먹고 영화를 보면서 데이트를 했다. 우리 집안은 여자가 귀했고 화장한 젊은 여성의 향기가 좋았다. 때때로 남산 으슥한 숲속으로 들어가서 서로를 안아보기도 했다. 배재고등학교 앞에 있는 덕수궁 돌담길을 손잡고 걸었고, 어린이대공원에서 청룡열차도 함께 타기도 했다. 나는 어릴 때 부여에 아버지와 함께 놀러 간 적이 있다. 백마강에서 배를 탔고 삼천 궁녀가 떨어진 낙화암과 고란사, 부소산이 언제나 내 기억에 남아있었다. 그래서 나는 장차 애인이 생기면 부여를 함께 꼭 방문하고 싶었는데, 그 바람대로 김숙 씨와 부여에 놀러 가서 배를 타고 유적지를 방문하기도 했다. 당시 대기업 보험회사 국장이었던 강원도 원주에 사는 형님 집에도 함께 방문하여 어린 조카들도 만나고 대접을 받기도 했다. 형과 형수님은 보기 좋은 한 쌍이라며 우리의 앞날을 축하해주었다. 너무나 좋았던 나의 젊은 연애 시절이었다.

시간이 흘러 서로의 집에서 상견례를 하게 되었다. 김숙 씨의 집은 남산 중턱에 있었다. 장모님과 장인어른은 처음부터 나를 반겨주셨다. 김숙 씨는 예쁜 드레스를 입고 나를 맞아주었는데 너무 예뻐 보였다. 그리고 정성스럽게 음식을 준비하여 대접해주었다. 그때만 해도 우리 집은 잘사는 편이었다. 은평구 역촌동에 멋진 2층집에 살고 있었고, 아버지의 수입도 좋았다. 김숙 씨를 우리 집에 초대하여 부모님께 인사를 시켰고, 부모님도 인상이 선하다며 김숙 씨를 둘째 며느리로 허락해주셨다.

우리는 만난 지 일 년 반의 연애 끝에 1985년 9월 7일 결혼했다. 내가 다니던 은평성결교회에서 이병돈 목사님의 주례로 친척과 친구 그리고 교회 청년들과 유년부 교사들의 축복 속에 은혜롭게 결혼식을 치렀다. 다음날 명동성당에서 약식 결혼도 했다. 이것은 아내의 가톨릭 영세를 보존시키기 위해서였다. 아내는 약속대로 결혼 후 은평성결교회에 출석했다. 처음 5년간 교회 출석은 아내에게 힘든 부분도 있었지만 잘 이겨냈고 지금은 가톨릭교회보다 오히려 개신교 교회가 더 좋다고 한다. 지금은 대덕장로교회 권사로 섬기다가 나와 함께 새누리2 침례교회를 다니고 있다. 나 이상으로 열심히 성경공부를 하고 하나님을 섬기고 있다.

　우리는 결혼 이듬해와 그다음 해 연년생으로 자녀를 낳아 1남 1녀를 두었다. 지금은 딸은 카이스트 화학과에서 박사학위를 받고 특허청 심사관으로 근무하고 있으며 2018년 10월에 결혼했다. 아들은 서울과학기술대학 토목공학과를 졸업하고 서울 잠실에 있는 토목엔지니어링 회사에 다니고 있다. 여러 가지 역경도 많았지만 신앙 안에 잘 자라 주었고 사랑스런 자녀들이 되어 주었다.

　나는 첫 직장인 한국종합기술공사를 3년 다닌 후, 대전 대덕 연구단지 내에 있는 한국원자력연구원으로 직장을 옮겨 다니다가 2018년 12월 말에 퇴직했다. 되돌아보면 서울 사당동에 위치한 한국종합기술공사 항만부로 하나님께서 나를 보내신 이유는 첫 번째로 내 아내를 만나게 하는 것이고, 둘째로 많은 역경을 통해 사회생활에 대한 훈련을 시키기 위함이었던 것 같다. 그때는 내 개인적으로 무척 어렵고 힘든 시절이었다. 직장도 대기업이 아니었고 일은 많고 봉급은 작았으며 전문대학을 나온 많은 직장동료의 시샘으로 사람들과의 관계도 힘들었던 어려운 시절이었다. 하지만 나는 내 인생에서 어려운 시절에 아내를 만났다. 지금 생각해보면, 어려운 시절에 나와 동행해 줄 반려자를 만난 것이 내가 세상적으로 잘 나가고 있을 때 좀 더 잘난 여자와 만난 것보다 오히려 더 큰 축복이라고 생각한다. 비록 우리 둘은 세상적으로 초라하고 가난하였지만 우리는 젊었고 서로 의지하고 사랑했기에 행복했던 것 같다.

　지금은 많은 시련 끝에 세상적으로 나름대로 출세했다고 말할 수도 있겠지만 어느새 우리의 젊음은 다 가버렸다. 이제 남은 노년 동안 정말 시간을 아끼어 하나님께 충성해야겠다. 인생은 너무 짧고 젊음은 순식간에 지나갔다. 그러나 지나온 세월을 뒤돌아보면 늘 묵묵히 나를 지지해 주고 순종하며 따라와 주었던 아내에게 진심으로 감사할 뿐이다. 남은 나날 아내와 함께 좀 더 많은 좋은 추억을 만들며 하나님께 영광 돌리는 삶을 살아갈 수 있도록 인도해 주시기를 하나님께 기도한다. 돌이켜보면, 내 아내와의 만남은 또 하나의 하나님의 기적과 같은 은총이었다.

 우리는 현재 단둘이서 서로를 의지하며 대전시 유성구 한빛 아파트에서 건강한 몸으로 유복하며 행복하게 지내고 있다. 나는 지금도 그 어떤 여성보다 아름답고 우리 가족을 위해 희생해온 내 아내가 우리 가족의 보배라고 생각한다. 가능하다면 장수하며 건강히 살다가 함께 하늘나라로 가기를 소망한다. 나는 한국원자력연구원 퇴직 후 대전 시내에 있는 소규모 소방시공회사의 전무이사로 시공 자문을 해주고 있고, 야간에는 한국침례신학대학교 신학대학원을 다니고 있다. 아내는 아침마다 등산 후 텃밭을 가꾸고 서울에 있는 두 자녀의 일들을 보살펴주고 있다. 그리고 저녁에는 함께 갑천길을 걷는다. 우리 부부의 소원은 하늘나라에 가기까지 건강하게 하나님의 사역에 최선을 다하며 사는 것이다.

하나님의 은총으로 한국원자력연구소로 직장을 옮기다

대학 졸업 후 들어간 한국종합기술개발공사는 토목설계회사였다. 나는 공채 1기(약 10명)로 들어가서 한 달간의 교육을 마친 후 사당동에 위치한 항만부에 배치되었다. 항만부는 한 분의 상무님과 2명의 이사님이 계셨다. 나는 이ㅇㅇ 이사님께 배치되어 3년간 같이 일했는데, 내가 그만둘 때 몹시 아쉬워하셨고 그만둔 후에도 몇 년간 서로 연락을 주고받았다. 항만부에 배치되어 2년 동안 항만설계기술을 배웠다. 3년이 되었을 때는 혼자의 힘으로 방파제와 부두 설계를 처음부터 끝까지 할 수 있는 능력을 갖추게 되었다. 지금도 내가 설계한 군산 방파제와 부산 부두 그리고 내가 매립설계를 했던 인천 영종도를 방문하면 그때 고생하며 설계했던 일들이 눈에 선하다. 내가 매립 설계한 인천 영종도 위에 지금은 인천국제공항이 세워졌다.

그러나 이 직장은 너무 노동착취가 심했고 보수가 낮았다. 더군다나 부산에 한 달간 출장 가서 고생고생하며 항만을 설계했건만 한 달간의 출장비마저 부장급에서 달랑 떼어먹고 반도 주질 않았다. 뿐만 아니라 회식 때마다 술 먹기를 강요했다. 그 시절 나는 신앙 양심 때문에 술을 입에도 대지 않았는데, 술을 먹지 않는다고 많은 어려움을 주었다. 더구나 매일 계속되는 야근과 주일마저도 출근할 때가 많았기 때문에 교회 예배 참석이 어려웠다. 그 시절 나의 기도 제목은 수요예배에 참석할 수 있는 회사로 직장을 옮겨달라는 것이었다.

1986년 12월 어느 날 나는 꿈속에서 하나님께서 한국종합기술개발공사를 그만두고 공부를 하라는 계시를 받았다. 그리고 이 꿈은 두 번이나 반복되었다. 나는 아내와 부모님께 이야기를 드렸지만 절대 반대였다.

지금과 같은 불황에 젖먹이도 있는데 불쑥 직장을 나오면 어디에서 직장을 다시 얻겠냐는 걱정 때문이었다. 그러나 나는 지난 3년 동안 바쁜 직장생활 속에서도 퇴근 후 지친 몸을 이끌고 도서관에서 새벽 1~2시까지 직장을 옮기기 위한 전공 공부를 계속해 왔었다. 나는 꿈속에서 보여주신 하나님의 계시를 믿었다. 그리고 한 번 더 하나님께 직장을 그만 두어도 되는지를 기도로 물었고, 직장을 그만두어도 된다는 확신을 얻었다. 나는 새로운 직장으로 옮기는 데 실패하면, 다시 공부하여 5급 기술고시에 응시할 결심으로 직장을 무작정 그만두었다. 이때가 1987년 1월 초순이었다.

직장을 그만두고 10일 뒤에 조선일보에 대전 한국원자력연구소의 모집 광고가 났다. 나의 응시 번호는 275번이었고, 한국원자력연구소 토목공학과 최종 합격자는 6명이었다. 경쟁률은 50대 1 이상이었다. 그리고 필기 시험장인 충남대에서 만난 응시생들을 보면 모두 일류대 토목공학과 졸업생이었다. 1차 합격자가 발표되었다. 응시생 300여 명 중 전공시험 합격자는 불과 17명이었다. 무려 20대 1이 넘었다. 나는 시험은 잘 보았지만 너무 경쟁률이 높아서 기대를 많이 하지는 않았다. 그러나 하나님의 은총으로 나는 기적적으로 전공시험에 합격했다. 그리고 2차는 영어시험이었다. 영어시험은 LATT시험이었는데, 영문법과 영작 능력을 테스트하는 시험이었다. 나는 LATT시험을 거의 망쳤다. 특히 영작문은 거의 엉터리였다. 더군다나 영어시험을 치르기 전날 매운 음식을 잘못 먹고 극심한 복통으로 잠도 못 자고 괴로워했다. 새벽에 병원 응급실에 가서 주사를 맞고 약을 먹었지만 좀처럼 복통은 가시질 않았다. 나는 식은땀을 흘리며 복통을 참아가며 새벽 고속버스를 타고 대전에 내려가 영어 LATT시험에 응했다. 시험시간 내내 복통은 계속되었고, 영문법은 어려웠고 영작문은 처음 작성해보는 것이라 시간에 쫓기며 엉터리로 작성하였다. 나는 시험을 망친 것에 대해 크게 낙담했다.

 서울 집에 돌아온 나는 가장으로 살아갈 방법이 별로 없었다. 부모님께 도움을 요청하는 것도 한계가 있었다. 5급 기술고시는 일 년에 한 번 보고 인원도 겨우 5명만 뽑는데 언제 합격할 수 있을 것인지 기약할 수 없었다. 그러기에 나는 무슨 일이 있어도 한국원자력연구소에 합격해야만 했다. 영어시험 합격자 발표가 나던 날 혹시 하는 생각에 떨리는 마음을 달래며 전화로 합격 여부를 물었다. 그러나 하나님의 기적이 일어났다. 17명 중에 영어 합격자가 무려 10명이나 되었다. 단지 7명만 불합격시켰던 것이다. 하나님의 기적 같은 은총으로 영어시험에 합격했다. 만일 영어합격자가 좀 더 적었다면 나는 불합격했을 것이다. 다음 3차 시험 면접시험으로 10명 중 6명을 뽑았다. 면접에서는 대학교 성적을 많이 고려했다고 한다. 또다시 나는 하나님의 기적과 같은 은총으로 면접시험을 통과하여 대덕연구단지 한국원자력 연구소 연구원으로 당당히 최종합격했고, 1987년 5월 1일자로 출근 발령이 났다.

 나와 아내는 뜨거운 감사의 눈물을 흘리며 하나님께 감사기도 드렸다. 그리고 더욱 하나님께 충성하리라 다짐했다. 부모님도 무척 기뻐해 주셨다. 그때 아내는 딸 윤정이 외에 둘째인 아들 병규를 임신하고 있었다. 직장을 그만두고 4개월간 경제적으로 너무 힘들었다. 한국종합기술개발공사에서는 퇴직금도 너무 적게 주어 곧 생활비가 바닥이 났다. 먹을 것이 없어 안양 아파트에서 부모님 사시는 역촌동 옆에 있는 불광동 단칸방으로 이사 가서 부모님께 도움을 요청하고 있었다. 생활이 너무 어려워서 뜻하지 않게 임신한 병규를 포기할까도 생각했었다. 한국종합기술개발공사를 그만두고 한국원자력연구소로 직장을 옮길 때까지 4개월간 우리 가족은 경제적으로 비참한 생활을 하지 않을 수 없었다. 나는 한국원자력연구소 외에도 두 곳의 다른 건설회사를 지원했지만, 서류심사 합격 통보조차 받지 못했다. 기술고시를 보기 위해 공부를 시작했지만, 기약이 없었고 당장 딸 윤정이의 우윳값이 필요했다. 부모님이 도와주시는 것도 한계가 있고 나는 새로운 직장이 절실히 필요했다. 대책 없이 꿈속에서 하나님이 보여주신 계시만 믿고 한국종합기술개발공사를 그만둔 것을 후회했다. 얼마나 경제적으로 힘든 나날이었는지 모른다. 은평구 불광동 단칸방에서 우리는 얼마나 고통의 나날을 보냈는지 지금도 아내와 그 시절을 이야기하면 정말 눈물이 핑 돈다. 갓 결혼한 내가 딸을 고생시킨다고 장인어른께 불려가 야단도 맞았다. 그러나 장모님은 가끔 우리 단칸방을 방문하여 여러모로 챙겨주셨다.

그러나 하나님께서는 꿈속에서 하신 나와의 약속을 지켜주셨다. 비록 3개월 이상의 긴 시험 기간이었지만 하나님의 기적이 또다시 나를 도왔고, 정말 수요일에도 교회 예배에 참석할 수 있는 좋은 직장을 나에게 허락해주셨다. 나는 이번 주에도 수요예배에 참석했다. 수요예배의 참석은 하나님과의 약속이었기에 특별한 일이 없는 한 지금까지 아내와 함께 참석해 왔다. 가족과 같이 대덕연구단지 내의 조그만 아파트로 이사를 왔다. 이 무렵 대덕연구단지는 외국처럼 조경이 잘되어 있었다. 곳곳에 넓은 잔디와 꽃과 나무들 그리고 도로 등이 잘 정돈되어 있었고, 예쁜 2층 집들과 스포츠시설, 테니스장들이 갖추어졌고, 많은 정부 기관과 민간 연구소들이 모여 있었다. 또한 대덕연구단지 내의 공기는 서울과 달리 맑고 깨끗했다. 그 시절 이공계 졸업생이라면 누구나 이곳 대덕연구단지 연구원으로 오기를 열망하는 선망의 대상이 되는 곳이었다. 또한 처녀들의 신랑 후보감으로 대덕연구단지 연구원은 매우 인기가 높았다.

하나님의 기적 같은 은총으로 좋은 환경과 여유로운 제2의 삶이 내 나이 31살에 대덕연구단지에서 시작되었다. 우리는 안양 집을 팔고 연구단지 내의 13평짜리 주공아파트를 구입하였다. 그리고 우리 아파트 바로 옆에 있는 대덕장로교회에 등록했고 지금까지 출석하고 있다. 지금까지 연구원(1998년부터 한국원자력연구원으로 이름 변경됨)에 근무하면서 강제로 야근한 적은 거의 없다. 그리고 근무조건이 자유로웠다. 그러나 나는 나의 분야에 대한 연구 성과를 올리기 위해 그리고 국가의 발전을 위해 스스로 야근을 하며 나름대로 열심히 노력했다. 약속했던 것처럼 대덕교회에서 유년부 교사를 시작했고, 좀 더 교회활동에 많은 시간을 배정할 수 있었다. 나는 이렇게 기적처럼 하나님의 크신 은총으로 하나님을 잘 섬길 수 있는 그리고 수요예배를 참석할 수 있는 보다 더 좋은 직장인 한국원자력연구소로 옮길 수 있었다.

KAIST 토목공학과 박사과정 졸업

하나님의 기적과 같은 은총으로 1992년 2월 KAIST 토목공학과 박사과정에 입학하였고, 1996년 8월에 4년 반 만에 졸업하였다. 한국원자력연구소 연구원은 1987년 내가 입소한 당시 대부분 석사 이상이고 박사도 15% 이상은 되었다(지금은 80% 이상이 박사). 그래서 나도 연구원에 다니면서 석사과정을 졸업하고 싶었다. 그래서 모교인 한양대 석사과정을 다니고 싶었지만, 연구소 법규상 대전지역 내에 위치한 대학원만 허용되었기에 충남대 석사과정에 입학하여 1991년 8월에 졸업했다. 나는 다시 박사과정 진학을 원했다. 이때 마침 서울의 KAIST가 1990년 대전으로 이전하여 박사과정을 개설하였다. 우리 연구원에서는 KAIST와 계약을 맺고 대학원 과정 이수를 허용했다. 그러나 1990년대 초 KAIST 대학원에 입학하는 것은 제법 어려웠다. 박사과정 시험으로는 학부 학점, 영어시험, 면접이 있었다. 그래서 많은 연구원들이 KAIST 진학을 원했지만, 입학시험에 실패하는 사람들도 많았다.

나는 지난 1983년 11월 KAIST 토목공학과 석사과정에 응시했지만 불합격했었다. 나는 그때 하나님께 많은 원망을 하였다. 모든 기도를 들어주시겠다고 성경에서는 말씀해 놓고 나의 간절한 기도를 들어주시지 않은 하나님을 원망했고, 내 기도에 대한 하나님의 응답에 대하여 많은 회의를 가졌었다. 그리고 그 후 8년이 빠르게 흘러갔다. 1991년 12월 나는 이번에는 KAIST 토목공학과 박사과정에 응시했다. 영어시험은 필기시험으로 그런대로 잘 치렀다. 나중에 영어성적을 알아보았는데 꽤 좋은 성적을 받았다. 그리고 학부 성적도 연세대와 한양대에서 우수한 편이었다. 그리고 면접도 좋은 분위기 속에 치러졌는데, 입학 후 지하수 및 토양 오염 이동체계를 연구하겠다고 면접심사관들에게 이야기했다.

합격자 발표가 나던 날 합격자 명단은 KAIST 대강당 옆 벽면에 수험번호와 이름을 적은 대자보를 통해 발표되었다. 나는 떨리는 마음으로 합격자 명단을 살폈고 그곳에서 나의 이름을 확인했다. 나는 뜨거운 감사의 눈물을 흘렸다. 전능하신 하나님께서는 나의 간절한 기도를 결국 들어 주셨다. 비록 기도한 대로는 아니지만 내가 필요한 것들을 적절하게 그리고 적합한 시기에 들어 주셨다. 하나님께서는 모든 것이 협력하여 선을 이루게 해주셨다. 비록 부족하고 수없이 죄악을 범하는 삶을 살고 있지만 나의 잘못들을 수없이 용서해 주시고 그러면서 나의 신앙을 한 단계 한 단계씩 올려놓으시며 인도하시는 하나님께 감사의 기도를 드렸다. 정말 그렇게 원하며 간절히 기도해왔던 나의 기도를 들어 주신 하나님께 더욱 충성을 다하리라 결심했다. 아내도 무척 기뻐하며 축하해 주었고 부모님도 함께 기뻐해 주셨다.

그러나 KAIST 박사과정을 졸업하기까지 많은 고난을 겪어야 했다. 나는 그 당시 인기가 좋았던 토목공학과 환경전공을 선택하여 구○○ 교수님을 지도교수로 택했다. 우선 나는 1977년도 연세대 1학년 시절 화학과목을 수료한 후 15년 만에 처음으로 화학과목인 water chemistry를 수강하면서 기초지식 부족으로 학업을 따라가기가 너무나 힘이 들었고, 남들보다 두 배 이상의 공부를 해야만 했다. 또한 다른 박사과정 과목들을 수료하는데 화학적 기초실력과 실험능력이 부족하여 남들보다 많은 시간을 투자해야 했다.

내 인생에서 가장 열심히 공부했던 시절이 KAIST 박사과정 시절이었던 것 같다. 연구원에서 오후 6시까지 일하고 KAIST 24시간 운영하는 도서관으로 갔다. 보통 새벽 2시까지는 KAIST 도서관에서 공부했다. 연구원에서는 틈나는 대로 공부했고 토요일 주일에도 공부를 하지 않을 수 없었다. 가끔 새벽 2시까지 도서관에서 공부할 때 너무 외로웠다. 외로움과의 싸움이었다. 아내와 자식들이 너무 보고 싶었다. 그러나 나의 꿈을 포기할 수 없기에 외로움을 참아내었다. 마지막 박사 논문을 쓰는 2년간은 누워서 잔 시간이 평균 4시간이고, 나머지 시간은 틈틈이 책상에 엎드려 부족한 잠을 보충했다. 그러나 늘 나는 잠이 부족하였다. 박사과정 졸업 직후 나의 간 수치가 한계값의 3배 이상으로 상승하였다. 아마 공부를 더 지속했다면 건강을 아주 잃을 뻔했다. 나의 간 수치를 정상으로 내리는 데만 3년이라는 긴 시간의 휴식이 필요했다.

아무튼 많은 역경 속에서 기도로 하나님을 붙들며 나는 전진 전진하였다. 그리고 중간에 몇 번이고 KAIST 학업을 포기하고 싶었지만, 하나님께서 지혜와 용기를 주셔서 잘 이겨내었다. 결국 나는 1996년 8월 입학 후 4년 반 만에 박사학위를 취득했고, 이것은 누구보다도 빠른 시간 내에 토목환경공학 박사학위를 취득한 경우였다. 지도교수님으로부터 나의 졸업논문에 최종 사인을 받고 교수님 방문을 나오는 순간 온갖 회한이 스쳐 지나갔다. 참으로 길고 어려운 고통의 시간들이었다. 나는 집으로 달려가 아내에게 알렸고 아내와 함께 감사의 기도를 드렸다.

박사과정 졸업식에는 부모님과 가족, 친척, 그리고 은평성결교회 임영철 장로님이 참석하여 함께 기뻐해 주셨다. 임영철 장로님은 내가 서울 은평성결교회에서 유년부 교사 총무를 할 때 부장을 하셨던 분으로 지금까지 신앙의 인연을 맺어온 분이며 내가 존경하는 장로님이시다. 우리는 KAIST 오리연못가에서 사진을 찍고 모든 손님과 같이 부근 식당에서 맛있는 점심을 같이했다. 그때 크게 기뻐하던 아버지의 모습이 지금도 눈에 선하다.

그리고 일 년 후 1997년 6월, 나는 대전 과학재단 PostDoc 지원사업의 지원 대상자로 5:1의 경쟁을 뚫고 하나님의 은혜로 선정되었다. 과학재단의 재정적 지원과 연구원 월급으로 미국 U.C. 버클리대학으로 가족과 함께 1년 동안 PostDoc을 떠날 수 있었다. 이때 내 생애 처음으로 해외로 나갔다. U.C. 버클리대학은 샌프란시스코 옆에 위치했고 일 년 내내 가을과 같은 날씨를 유지했다. 미국 U.C. 버클리대학 토목환경공학과는 그 당시 학력평가 토목환경공학과 부분 세계 랭킹 1위였다. 나는 그곳에서 이스라엘 출신 지하수 및 토양 오염 환경전공 교수님을 지도교수로 만났다. 영어는 나에게 참으로 어려운 과목이다. 정말 많은 시간 영어공부에 투자했지만, 아직도 내 영어는 서투르고 잘 알아듣지를 못한다. U.C. 버클리에서 공업수학과 통계학적 지하수 유동해석 2과목을 수강했다. 그 시절 정말 영어 때문에 강의를 수강하는 것이 어려웠다. 나는 주말이면 가족과 함께 LA, 라스베가스, 그랜드캐니언 등 주위의 많은 곳을 여행했다. 우리가 살던 아파트에서 바다 멀리 샌프란시스코 금문교 다리가 보였고 날씨는 일 년 내내 가을과 같았다. 그 시절 정말 미국은 선진국이었고 모든 시설은 깨끗하고 멋졌다. 그러나 인종차별도 느꼈다. 그래서 좀 더 우리나라 우리조국을 사랑하게 되었다.

　나는 날 때부터 IQ가 보통 사람 수준이었지만 하나님의 은총으로 좋은 학교만을 다녔고 그래서 좋은 친구들을 많이 만났다. 그리고 최고학부인 KAIST 토목환경공학과를 졸업하였고, 하나님의 축복으로 세계적인 미국 버클리대학에서 PostDoc을 마치기까지 무려 40세가 되도록 많은 공부를 하였다. 내가 배운 것은 많은데 실제 연구에 활용한 것들은 그리 많은 것 같지 않다. 배움에 투자한 돈과 시간에 비해 사회에 공헌한 것이 너무 적다. 그러기에 우리는 가능한 한 좁고 깊게 배워 한 분야에 전문가가 되는 시스템을 만들어야 한다. 좁고 깊게 배워야 진짜 전문가가 될 수 있고 나라의 경제적 발전도 가져올 수 있다. 이것저것 조금씩 넓고 얇게 배운다면, 배운 것은 많지만 실제로 사회에 적용할 고급 기술이 없다면 얼마나 국가적인 손실이겠는가?

　나는 이 나라를 사랑한다. 그리고 이 나라가 이렇게 발전한 이유는 많은 선한 기독교인들의 희생과 기도 때문이라고 생각한다. 또 역대 대통령들이 과학기술을 잘 발전시켜왔기 때문이다. 그리고 앞으로 이 나라가 일본이나 미국보다 더 멋진 살기 좋은 나라가 되기를 간절히 소원한다.

하나님께서 내게 주신 10가지 기적 같은 축복

대덕교회 안수집사와 연구원 신우회 회장으로 봉사

하나님의 크신 은총으로 2007년 대덕장로교회 안수집사로 장립되었고, 2010년에는 한국원자력연구원 신우회 회장으로 선출되어 봉사하였다. 우리 가족은 한국원자력연구소에 합격하여 대전에 내려온 1987년 5월부터 지금까지 대덕장로교회를 출석하고 있다. 그러나 중간에 잠시 3년 동안은 대덕구 중리동 아파트로 이사했기에 그곳에 있는 중리장로교회에 출석했다.

대덕장로교회는 우리가 사는 주공아파트에서 걸어서 10분 이내에 도착할 수 있다. 처음 그곳에 출석하기 시작했을 때는 출석교인이 약 300명이 채 안 되었다. 그때 담임목사는 지금의 이중삼 목사님이셨다. 출석교인들의 직업은 연구원과 교수가 80% 이상이었다. 교회 분위기는 평화롭고 화기애애했다. 사람들은 친절했고 성경도 많이 읽어 믿음들이 좋았다. 목사님의 설교도 나름대로 좋았다. 예배 후 교회 뜰에서 다과를 나누며 성도들 간에 친교하는 시간도 좋았다. 조용한 교회 앞 전원에서 여유롭게 차 한 잔을 마시며 신앙적인 이야기를 나누며 친교했다. 교회 출석교인들 중에 나의 정출연연구원이란 사회적 신분은 그리 높지 않은 편이었다. 아니 중간 정도였다. 출석교인 중에는 대덕단지 정출원연구원의 간부들도 많았고, KAIST 교수나 의사와 변호사도 많았다. 그 당시 나는 젊었기에 이런 사회적인 신분은 별로 문제가 되지는 않았다.

그러나 후에 나이가 들면서 많은 후배 어린 집사들이 생기면서는 약간씩 나의 사회적 지위가 의식이 되었다. 오랫동안 나는 연구원에서도 보직이 없는 평범한 연구원이었고, 교회에서도 학벌이나 직업도 평균 정도에 해당되었다. 그러기에 사회적 신분이 낮은 민감한 사람들이 대덕교회에서 나이가 들어 신앙 생활하는 것은 꽤 어려움이 따르리라 예측됐다. 그러나 교회 분위기는 좋았고 대체로 개인의 사회적 신분은 중요하지 않았다. 단지 늙어가며 생긴 나의 자격지심이었을 뿐일 것이다. 신앙심이 두터운 신자들일수록 편견은 없었다. 나는 지난 젊은 날의 뼈저린 시련들을 통해 하나님과 약속한 것들을 지키기 위해 열심히 시간 나는 대로 봉사하고 전도하고 유년부 어린 학생들을 가르쳤다.

나는 연세대학에 들어간 직후 서울 은평교회에서 유년부 교사로 교회 봉사를 시작했다. 그리고 1988년부터 대덕교회 유년부 교사로 봉사하기 시작했고, 안수집사가 된 2007년까지 유년부 교사로 봉사했다. 우리 대덕교회 출석교인수는 서서히 성장했다. 내가 3년간 대덕교회를 떠났다가 다시 돌아온 1993년도에는 벌써 교인이 성인만 700~800명으로 성장했다. 지금의 큰 교회를 짓고 이사 가기 직전에는 출석교인 1,000명을 약간 넘었다. 그 당시는 대덕연구단지 연구원에서 연구원을 많이 뽑았기 때문일 것이다. 그리고 지금은 약 1,600명이 주일 낮 예배에 출석하고 있다. 이렇게 교회가 성장하는 이유로는 담임목사인 이중삼 목사님의 굳은 믿음과 보이지 않는 많은 목회의 노하우가 큰 몫을 차지할 것이며, 또한 출석교인 특히 항존직 중에서 믿음이 좋고 성령으로 변화된 분들이 많기 때문이라고 생각한다.

아무튼 최근 대덕교회에서 항존직이 되는 것은 매우 어려웠다. 나도 50세가 되도록 안수집사 후보에도 오르지 못했다. 그래서 나는 한때 실망도 했다. 교회집사가 된 지 20년 가까이 되는데 안수집사 후보에도 이름이 오르지 못하고, 오히려 나보다 늦게 교회에 나오기 시작했던 사람 중에 몇몇은 장로로 선출된 사람도 있기에 혼자 툴툴 불평한 적도 있다. 그러나 이것은 어쩔 수 없었다. 대덕교회 항존직 선출은 교인들의 직접 선거에 의한 아주 공평한 방법을 사용했기 때문이다. 그러기에 사회적 지위가 높지만 교만하거나 열심 없는 교인들은 절대 항존직으로 선출되지 못하였다. 오히려 이것이 교회에서 직접 항존직 후보자를 선임하는 것보다 훨씬 공평했다. 왜냐하면 이런 경우 장로가 되기 위해 교회에 충성하고 교인들을 섬기는 것보다 오히려 교역자에게 선물 공세를 하는 부작용이 있기 때문이다. 아무튼 그래도 나름 열심히 대덕교회를 섬겨 왔는데 50세가 되도록 안수집사 후보 이름에도 오르지 못한 것에 낙심을 했었다.

그러나 하나님의 은총으로 또 하나의 기적이 일어났다. 보통 안수집사는 두 번째 항존직 투표에서 선출됐다. 즉 대부분 첫 번째에는 추천 대상자 중 50% 이하 중하위권에 이름을 올리고, 두 번째 선거에서 50% 이내에 들어 선출된다. 그러나 나는 이전에 항존직 선거에서는 후보에 이름조차 올리지 못했는데도 불구하고 하나님의 기적과 같은 은총으로 단 한 번에 안수집사로 선출되었다. 하나님께서 더욱 열심히 복음 전파에 매진하도록 나를 선택해주신 것으로 생각된다. 아무튼 내 나이 50세가 되어서, 대덕교회를 새로 건축한 성전으로 이전한 그해에 새 성전에서 처음으로 항존직을 선출할 때, 안수집사로 선출되었다. 나는 하나님께 감사기도를 드렸다. 사회적 지위도 별로 별 볼 일 없고 여러 가지로 부족한 나에게 훌륭한 교회의 안수집사로 선출해 주심에 하나님께 영광을 돌리고 교인들에게 감사했다. 그리고 더욱 교회를 위해 헌신할 것을 다짐했다.

나는 안수집사로 장립된 후 이듬해인 2008년도부터 대학시절부터 30여 년간 봉사해 온 교회학교 교사를 그만두고 대덕교회 주차 안내 봉사를 시작했고, 2018년까지 계속 봉사했다. 대덕교회에서의 주차관리는 매우 중요하다. 왜냐하면 4부 예배를 드리는데 교회 지하 주차공간이 160대뿐이어서 주차공간이 턱없이 부족하기 때문이다. 그래서 인근에 있는 첨단상가와 복지관 그리고 대덕중학교를 빌려 주차장으로 활용하고 있는데, 성도들의 편안한 주차를 위해 많은 주차요원과 주차안내가 필요하다.

요즘에는 30~40대의 젊은 신자들은 세상살이가 너무 바빠서인지 교회 봉사하는 이들이 너무 적다. 그 옛날 내가 대학을 다니던 1970년도만 해도 교회 모든 봉사자의 상당수가 청년들과 중년 집사님들이었다. 여의도에서 열렸던 부활절 새벽예배에는 수십만의 신자들이 참석하곤 했는데, 요즘은 개신교 기독교인이 점점 줄어들고 있고 저녁예배 참석률도 급감하고 있다. 그러기에 국내선교는 매우 중요하고 급박한 시점에 와 있다.

한편, 한국원자력연구소로 직장을 옮긴 후 나는 나름대로 바빴다. 한 번의 재수 끝에 1990년 9월에 선임연구원이 되기까지의 승진 공부와 충남대학교 석사과정 수강을 병행해야 했기에 해야 할 공부와 업무량이 많았다. 한국원자력연구소 밀알회는 기독교인 신우회로 1984년에 창립했고 약 170명의 회원을 가졌다. 그리고 회원에게는 월회비로 4,000~10,000원을 받아 운영비와 연구원 선교비로 사용하고 있다. 나는 밀알회 가입을 서너 번 권유 받았지만 바쁘다는 이유로 회피했다. 그러나 미국 버클리대 포스트닥을 마치고 돌아온 직후 밀알회 회원으로 가입했다. 그때만 해도 또 책임연구원 승급에 걸려있어 밀알예배에 거의 참석하지 못했다. 내가 밀알회 예배에 본격적으로 참석하기 시작한 것은 4수 만에 책임연구원으로 승급된 2001년 9월부터였다.

나는 일반회원으로 매주 화요일 12시 밀알회 예배에 참석하다가 2003년도 즈음에 밀알회 친교부장을 맡았다. 그리고 2008년에 밀알회 총무를 맡았고, 2009년에는 수석 부회장이 되었고, 2010년에는 드디어 하나님의 은총으로 한국원자력연구원 신우회 회장으로 선출되었다. 나는 하하나님께 감사드렸다. 이 직임은 내가 한번 열심히 해보고 싶은 직책이었다. 나는 나름대로 원자력연구원 밀알회 회장으로서 밀알회를 위해 열심히 일을 했다. 내가 밀알회 회장이 되었을 직후에 밀알회 예배 참석자는 20명이 채 안 되었다. 그래서 밀알회 회장으로서 나의 목표는 예배 참석인원을 배가시키는 것으로 정했다. 나는 매주 화요일 오전 20군데 이상 전화심방을 했다. 때로는 망신과 무안을 당하기도 했지만 상관하지 않았다. 예배에 나오든 말든 상관없이 전화심방을 계속했다. 그러나 이것은 놀라운 효과를 나타내어 예배 인원 배가에 결정적인 역할을 했다. 그리고 고등학교 후배인 밀알회 김ㅇㅇ 고문과 함께 신입사원들을 상대로 기독신자를 파악하여 밀알예배 참석을 권유하고 식사를 대접하기도 하였다. 그리고 2010년 12월 회장 임기가 끝날 때쯤 밀알회 예배 참석인원이 목표치인 2배로 증가했다. 하나님께서 나와 우리 모든 밀알 임원들의 기도에 응답해주신 것이다. 요즘 밀알회 예배에는 젊은 연구원들이 많이 참석하고 있다.

  나는 일 년간의 밀알회 고문직을 마치고 예전처럼 올해는 다시 친교부장을 맡았다. 밀알회를 통해 한국원자력연구원 내의 기독신자들의 믿음이 성장하고, 연구원 내의 믿지 않는 많은 영혼들을 구원할 수 있기를 간절히 기도드린다. 나같이 부족한 사람이 밀알회 회장이 될 수 있었던 것도 하나님의 놀라운 은총이었다. 더구나 내 때부터 자원하여 밀알회 회장 임기를 2년에서 1년으로 줄였기에 열심히 밀알회 발전을 위해 기도하며 열심을 다하는 회원이면 누구나 밀알회 회장이 될 기회를 가진다. 그것 때문인지는 모르지만 요즘 많은 연구원 내 기독교인들이 밀알회원으로 가입하여 좀 더 열심히 연구원 복음화를 위해 힘쓰고 밀알회의 발전을 위해 활약하고 있다.

방사성 토양제염기술 개발 및 기술 이전

2011년 나에겐 또 하나의 기적과 같은 하나님의 은총이 일어났다. 나는 지난 1998년 버클리 대학에 포스닥을 다녀온 후부터 지금까지 원자력시설 가동 시 발생한 방사능 오염 토양으로부터 핵종을 제거하여 방사성 토양폐기물을 감축하기 위한 방사성 토양제염기술에 대해 한국원자력연구원에서 연구해왔다. 그리고 뜻밖에 2006년부터 원자력연구원 내의 우라늄 변환시설을 해체하며 일만 드럼 이상의 우라늄으로 오염된 토양/콘크리트가 발생하였다. 그래서 연구원에 보관된 일만 드럼 이상의 방사능 오염토양을 제염하기 위해 2010년부터 오염토양 제염시설 구축과제 책임자로 방사능 오염토양을 값싸게 제염하기 위한 방사성 토양제염기술을 개발하고 실제규모 방사성 토양제염장치를 구축해 오고 있었다. 그런데 2011년 3월 일본에서 갑자기 발생한 쓰나미와 지진으로 인해 후쿠시마 지역 일대가 세슘으로 오염되어 어마어마한 양의 세슘 오염토양 및 소각재가 발생하였다. 그 당시 우리 과제에서는 우라늄 토양제염이 가능한 실증규모 토양제염장치를 가동하고 있었으므로 이것을 좀 더 개선하면 세슘 오염토양제염에도 활용할 수 있었다.

그동안 일본은 방사능 오염토양제염에 대한 연구가 전무한 상태였다. 미국이나 유럽의 방사성 토양제염기술은 오염현장표면에서 지하 수 미터 아래에 오염된 지중오염토양을 제염하는 기술을 개발해왔으나 제염효율이 낮았다. 그래서 그들의 기술 및 장치로는 굴착된 방사성 토양과 소각재를 경제성을 가진 높은 효율로 제염할 수는 없었다. 반면에 우리 기술로는 5주 내에 우라늄과 코발트는 98%, ageing 안된 세슘은 95% 정도 제거가 가능했다. 세슘의 ageing 효과를 감소하기 위해서는 세슘으로 오염된 토양을 드럼에 넣고 온도와 습도를 일정하게 유지해 주어야 한다.

우리 원자력연구원 홍보부에서는 내가 개발한 실증규모 방사성 토양제염장치를 홍보하자고 내게 제안해왔다. 내가 십 년 이상 개발한 방사성 토양제염기술은 홍보팀의 도움으로 KBS, MBC, SBS, YTN TV와 조선, 동아, 중앙, 한겨레 등 26개 신문에 대대적으로 홍보되었고 며칠 뒤 일본 후지TV에서도 방송되었다. 나의 실증규모 방사성 토양제염기술이 보도된 후 많은 기업에서 나의 토양제염장치에 관심을 보이며 전화 및 직접 방문하였다.

나는 일본 후쿠시마 오염지역 복원에 나의 장치를 적용할 방안을 모색하기 시작했다. 이때 일본 도쿄전력은 미국의 SHAW회사와 공동으로 후쿠시마 원자력발전소 주변 복원사업을 수행하고 있었는데, SHAW회사는 한국의 (주)한국전력기술(KEPCO E&C)과 MOU를 맺은 협력회사였다. 미국의 SHAW회사가 후쿠시마 오염토양을 복원할 수 있는 장치를 찾던 중, 내가 10년 이상 발표해온 국제논문(SCI 논문)들을 발견하고 협력회사인 (주)한국전력기술에 내가 개발한 토양제염장치를 조사해달라고 요청했다. 그리고 2011년 8월 (주)한국전력기술에서 나에게 내가 개발한 방사성 토양제염기술을 이전받고 싶다는 연락이 왔다. (주)한국전력기술 이외에도 현대건설, 현대로템, 대림산업 등 여러 곳에서 나의 기술에 대해 관심은 가지고 있었으나 눈치만 보고 있었을 때였다.

나는 우여곡절 끝에 3개월간의 협상을 통해 하나님의 기적과 같은 은총으로 (주)한국전력기술에 방사성 토양제염기술을 이전하게 되었고, 토양제염기술 주 개발자이기에 기술 이전료 14.4억 원 중에 3.5 억 원을 받았고, 7.2억 원은 한국원자력연구원에 주었고, 나머지 3.7억 원은 과제 참여연구원들에게 분배했다. 내가 받은 금액은 한국원자력연구원 설립 이후 연구원들이 지금까지 기술 이전비로 받은 사례 중 두 번째로 많은 금액이었다. 나는 원자력연구원에 입사하여 내 생애에 가장 큰 영광을 얻게 되었다. 원자력연구원에 입소하여 처음으로 명예와 더불어 상당한 상금도 얻게 되었다. 이것은 내가 노력해서 이룬 일이 아니었다. 하나님의 놀랍고 정확한 계획 속에 기적같이 일어난 일이었다. 하나님의 은총은 기적처럼 나같이 못난 사람에게도 찾아들었다.

그동안 나의 연구원에서의 일들은 항상 꼬였었다. 연구원의 일들이 될 듯 될 듯 하면서 풀리질 않았다. 늘 무능한 연구원으로 낙인이 찍혀있었다. 아직 그릇이 되지 않았고 하나님이 정하신 때가 아니었기 때문이었다. 그러나 나는 2012년 1월 2일 연구원 입사한 지 25년 만에 대강당 시무식에서 많은 연구원 앞에서 원장님으로부터 특별상과 치하를 받았다. 하나님께 감사를 드렸다. 나는 머리는 좋지 못했지만 낙망하지 않고 누구보다 열심히 내 전공분야를 연구하고 실험하고 개척해왔기에 하나님의 은총으로 이렇게 자랑스러운 자리에 설 수 있었다는 것에 하나님께 감사했다. 그러므로 나와 같은 모든 보통 사람들도 하나님 앞에 최선을 다한다면, 하나님이 정하신 때가 되면 공평하신 하나님께서 반드시 높여 주실 것임을 믿는다.

2011년 12월~2012년 1월 동안 (주)한국전력기술과 함께 개발한 방사성 토양복원장치를 일본에 수출하기 위해 후쿠시마현 내의 고리야마 시에 파일럿규모 방사성 제염장치를 설치하고, 후쿠시마에서 발생한 방사성 소각재와 토양을 채취하여 실증제염실험을 수행하였다. 그리고 성공적인 토양제염 결과를 얻었다. 세슘은 ageing effect가 있어서 소각재나 토양에 오랫동안 머물러 있으면 온도와 습도 변화에 의해 소각재/토양입자와 화학적으로 강력히 결합되므로 소각재/토양입자로부터 세슘을 제거하기 위해 더 많은 비용이 소요되므로 가능한 한 신속히 제염하는 것이 경제적으로 유리하다. 그러므로 일본 정부는 우리의 기술과 장치를 도입하여 신속히 방사성 소각재와 토양을 제염하여 복원하는 것이 경제적으로 유리하다고 생각했다. 아무튼 토양제염장치 수출사업이 성공하기를 기도했다. 그래서 일본의 방사능 오염지역을 경제적인 가격으로 신속히 복원하여 일본 후쿠시마 주변 거주 국민의 건강을 지켜주게 되기를 소망했다.

그러나 일본 정부의 생각은 달랐다. 후쿠시마에 오염된 방사성 토양의 총규모가 너무 커서 이것들을 제염하여 토양폐기물 부피를 줄이기 위해서는 제염경비가 아무리 저렴한 토양제염장치를 사용한다고 할지라도 수십조의 비용이 예측되기에, 후쿠시마 지역 내의 부유한 주민 10~20%만 다른 지역으로 자연 이주하였고, 일본 정부는 학교 운동장과 집주변 토양에 대해서만 표면에서부터 5cm씩 파내어 대형비닐봉투에 넣었고 그렇게 수합된 방사성 토양 비닐봉투들은 후쿠시마 한 지역에 쌓아놓았다. 그리고 이것 외에 대부분의 나머지 지역에 대한 방사성 토양제염사업에 대해서는 아무런 조치를 시행하지 않고 있다. 세슘은 반감기가 30년이기에 약 300~400년만 경과하면 자동적으로 허용농도 이하로 방사능이 저하하기에 경제가 어려운 일본 정부는 토양제염비용을 투입하지 않고 300~400년 동안 기다리며 자연 방사능 감축만을 기다리기로 작정한 것 같다. 이로 인해 이주하지 못한 후쿠시마 주민들의 건강은 상당히 피해당할 것임을 충분히 인지면서도 경제적 이득을 위해 무시하고 있는 것 같다.

어느덧 내 나이 65세이다. 이제 일할 수 있는 기간은 기껏해야 15년이다. 그 옛날 20세에 극심한 공황장애로 요양했던 대한수도원에서 나의 병만 고쳐주면 목회자가 되어 주님을 위해 헌신하겠다고 몇 번이고 맹세했던 것을 지키기 위해, 63세의 늦은 나이에 침례교신학대학원에 입학했다. 나의 선교의 대상은 한국, 일본, 북한이다. 나는 하루속히 선교를 위한 자서전을 써서 젊은 사람들이 읽고 하나님 안에 소망을 갖게 하고 싶다. 우리가 하나님 앞에 최선을 다하면 하나님이 계획하신 때에 기적과 같은 은총이 반드시 우리에게 찾아든다는 사실을 알리고 싶다. 이 기적과 같은 은총을 체험한 사람은 나뿐 아니라 이 지구상에 무수히 많다. 특히 잘못된 가치관과 잘못된 열등의식을 가진 젊은이들에게 설교를 통해 올바른 가치관과 올바른 열등의식을 심어주고 싶다. 또한, 저들을 회심시켜 하나님을 발견하도록 도와주고 세상적인 삶을 포기하고 천국에 들어가기 위한 새로운 삶을 살 수 있도록 하나님께 인도하기 위한 일에 나의 여생을 바치고 싶다. 그동안 20여 년 이상 SEM 선교와 병원선교를 통해 얻은 경험을 십 분 살려 한국, 일본, 북한 선교에 주력하고 싶다.

이를 위해 나는 먼저 나의 신앙자서전을 수정 보완 완성하겠고, 이 책을 근거로 강연 및 설교를 할 예정이다. 그리고 국내 선교 그리고 일본과 북한 선교를 위해 몸과 시간과 물질을 헌신할 것이다. 물론 나는 부족한 사람이고 보통 사람이다. 내가 감히 이런 자서전을 쓸 자격이 안 된다는 것도 안다. 나의 아내와 가족들은 자서전의 발행을 적극 만류하고 있다. 그러나 나는 기도한다. 그리고 이 책의 발행을 강행하려고 한다. 내 나이 65세다. 이 나이에 세상 사람들에게 나의 보잘것없는 세상 것들을 자랑해보았자 무슨 이득이 있겠는가? 곧 죽을 텐데 말이다. 내가 이 책을 쓰는 목적은 다음 세대들이 나보다 나은 신앙과 올바른 가치관을 갖고 좀 더 하나님을 위한 귀한 삶을 살게 하고자 함이며, 이 책을 읽고 몇 사람이라도 하나님을 발견하여 구원을 얻게 하고자 함이다. 이 땅의 젊은이들에게 바른 가치관과 지혜를 심어주고 싶고, 이 세상은 하나님과 동행할 때 살만한 곳이고, 우리가 기도할 때 하나님은 늘 우리와 함께하시며 우리의 기도에 반드시 응답하심을 전해주고 싶다.

東亞日報
2011년 06월 21일 화요일
A27면 4단어 10.6 × 14.0 cm

방사성 오염 토양과 콘크리트 한달 안에 최대 98%까지 정화

한국원자력연 장치 개발
日 후쿠시마 원전 사용 예정

국내 연구진이 방사성 물질로 오염된 토양과 콘크리트를 한 달 안에 최대 98%까지 정화할 수 있는 장치(사진)를 개발했다. 한국원자력연구원 제염해체기술개발부 김계남 책임연구원은 방사성 물질을 효율적으로 제거하면서도 폐쇄 시 2차 오염을 발생시키지 않는 복합 동전기 제염장비 장치를 개발했다고 20일 밝혔다.

이 장치는 토양과 콘크리트에 들어 있는 방사성 물질 중 우라늄과 코발트는 98%, 세슘은 96%까지 한 달 안에 제거할 수 있다. 1년 동안 200L 용량의 드럼통 50개를 처리할 수 있으며 6개월간 80% 정도 제염했던 기존 제품에 비해 성능이 개선된 것이다.

먼저 오염된 토양이나 콘크리트에 질산 용액을 넣어 방사성 물질을 녹인다. 질산 용액을 정전시킨 뒤 여과하여 방사성 물질을 분리한다. 이 과정을 통해 토양 속에 있는 방사성 물질의 80%까지 제거할 수 있다. 그 다음 토양 또는 콘크리트에 한 달간 전기를 걸어 잔여분의 방사성 물질을 금속에 모은다. 처리된 방사성 물질은 별도로 폐기한다.

이 장치는 일본 후쿠시마 제1원전의 제염작업에도 쓰일 것으로 보인다. 이와 관련해 일본 홋카이도대와 김강대와 연구진이 공동 연구할 예정이며 8월 원자력연구원을 방문할 예정이다.

최세민 동아사이언스 기자 luyi@donga.com

한국원자력연구원 제공

朝鮮日報
2011년 06월 21일 화
B10면 경제종합
5.3 × 24.4 cm

사이언스 TIP

방사능 오염된 흙 98%까지 정화한다

방사성 물질 제거장치 국내 개발

토양이나 콘크리트에 오염된 우라늄이나 세슘 같은 방사성 물질을 한 달 안에 최대 98%까지 제거할 수 있는 장치가 국내에서 개발됐다.

한국원자력연구원 김계남 박사 연구진이 화학반응과 전기분해를 결합해 1개월 안에 토양이나 콘크리트에 있는 세슘의 96%, 코발트와 우라늄은 98%까지 제거하는 장치를 개발했다고 20일 밝혔다. 미국 등 해외에서 쓰여온 장치는 보통 6개월에 80% 정도의 방사성 물질을 제거하는 것으로 알려졌다.

방사능 오염 지역을 정화할 때는 일반적으로는 다량의 질산을 토양이나 콘크리트에 넣어 방사성 물질을 제거한다. 연구진은 여기에 전극을 넣어 (+)전기를 띠는 방사성 물질을 음극으로 이동시켜 분리하는 방법을 추가했다. 이를 통해 방사성 물질 처리 시간을 줄이고 효율을 크게 높였다.

이번에 개발된 장치는 가로·세로·높이가 각각 1.5, 1.8, 1.6m로 연간 200L 드럼 50개를 처리할 수 있다. 장치 20개를 운영하면 연간 약 2만L(1000t)의 방사성 물질 오염 토양 또는 콘크리트를 정화할 수 있다고 연구진은 밝혔다. 김 박사는 "일본 후쿠시마 원전 주변의 대규모 방사능 오염 지역이나 산업단지의 중금속 오염 지역의 정화에도 활용이 가능하다"며 "일본 홋카이도대 연구진과 공동 연구 맺약을 협의하고 있다"고 밝혔다.

이영완 기자

중앙일보 경제

원자력연, 고효율 방사성 오염 물질 제거 장치 개발

[대용·하재근기자 대응기사]

[1개월내 우라늄, 코발트 98%, 세슘 96% 제거 가능]

우라늄, 세슘, 코발트 등 토양과 콘크리트에 포함된 방사성 물질을 1개월 안에 최대 98%까지 제거할 수 있는 장치가 국내 연구진에 의해 개발돼 일본 후쿠시마 원전 사고 등으로 인한 대규모 방사능 오염 지역의 정화에 적극 활용될 수 있을 것으로 기대된다.

한국원자력연구원(원장 양명승) 제염해체기술개발부 김계남 박사팀은 방사능으로 오염된 토양 또는 콘크리트에서 방사성 물질을 효율적으로 제거하면서도 폐쇄 참여 방사성폐기물 이차 오염을 최소로 줄일 수 있는 복합 동전기 제염(오염 제거) 장치를 개발했다고 20일 밝혔다.

김 박사팀이 방사성 오염된 토양 및 콘크리트에서 방사성 물질을 제거하는 세척법은 토양 등 오염된 물질을 질산 뒤 산용액에 담가 담가두었다가 건져 수증기압이 낮은 (+)전극 때는 방사성 물질을 음극으로 이동시키는 기능을 적용한다.

[장치 구조도]
정화 장치는 오염된 토양(또는 콘크리트 분쇄물)을 1.0 몰(mole) 농도의 질산으로 세척하는 침전시 경량을 가한 뒤 비커슬 탑먼으로 설비된 전체관을 넣어 단위 면적당 20 W, 14 V의 직류 전압을 가해 1개월간에 세슘은 96%, 우라늄과 코발트는 98%를 제거하는 원리이다.

하나님께서 내게 주신 10가지 기적 같은 축복 87

전자신문 2012년 09월 05일 수요일 018면 기획시리즈 25.1 × 12.2 ㎝

원자력연이 한국전력기술에 이전한 '복합동전기 제염설비'가 대표 사례

한국원자력연구원이 한국전력기술에 이전한 복합동전기 제염설비.

이전료 10억 이상 받은 기술

정부출연연구기관에서 '대박'으로 평가받는 10억원 이상의 이전료를 받은 기술은 어떤 게 있을까.

많지는 않지만 기관마다 한두 건씩은 보유하고 있는 것으로 조사됐다.

대표적인 이전 사례로는 한국원자력연구원이 한국전력기술에 이전한 '복합동전기 제염설비'를 꼽을 수 있다. 이 기술은 토양에 포함된 방사성 물질 중 세슘은 96%, 코발트와 우라늄은 98%까지 제거 가능하다. 또 처리기간은 기존 6개월에서 대폭 줄였고, 제염 효율은 획기적으로 향상시켰다. 정액 기술료 14억4000만원과 매출액의 1.0~1.5%를 경상기술료로 받는 조건이다.

원전 디지털 원자로 안전계통 기술도 대박이 났다. 이 기술은 두산중공업과 포스코ICT에 넘기는 조건으로 고정기술료 24억원, 경상기술료로 매출액의 3%로 계약이 이뤄졌다. 디지털 안전등급 제어기기 기술도 포스콘에 고정기술료 21억7000만원, 경상기술료로 매출액의 3%를 받는 조건으로 이전했다.

기초·원천 연구가 중심이라 기술이전이 나오기 어려운 한국항공우주연구원에서도 틸트로터 무인 항공기 핵심기술을 이전하는 계가를 올렸다. 지난해 대한항공에 이전되는 조건으로 선급기술료 10억원을 받았다. 틸트로터는 헬기처럼 수직 이착륙하는 기술이다.

한국화학연구원이 지난 2010년 SK 울산공장에 지은 중질 나프타 접촉분해 공정용 고수율 내구성 촉매기술로 21억6000만원의 선급기술료를 받았다. 현재 이 공장은 완공돼 가동 중이다.

한국생산기술연구원은 에코 마그네슘 합금 기술로 선급금 50억원에, 앞으로 15년간 232억원을 받기로 하는 조건으로 기술이전에 성공했다. 에치엠케이가 이 조건으로 기술을 이전받아갔다. 선급금 50억원은 출연연에서도 거의 사례를 찾기 어려울 정도로 드물다. 그만큼 이전 기업이 기술 상품성에 확신을 갖고 있다는 얘기다.

또 에코 알루미늄 합금기술을 부품전문 제조업체인 지엔에스와 아이원에 이전하고 선급금 20억원을 받았다. 웨이퍼 잉곳 제조 기술은 아르케솔라에 10억원의 선급금을 받고 이전했다.

한국표준과학연구원이 독일 BMP에 넘긴 심자도 측정장치가 선급기술료 10억원을 넘겼다.

대전=박희범기자

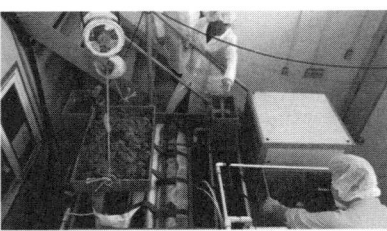

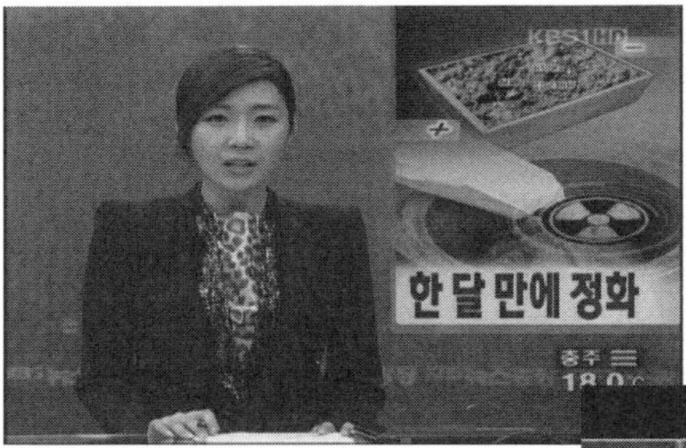

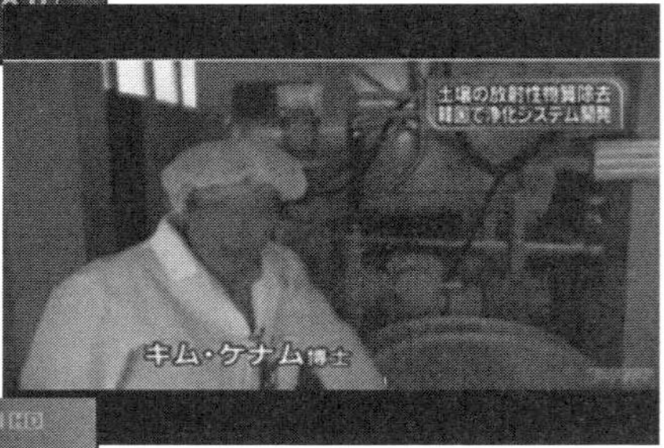

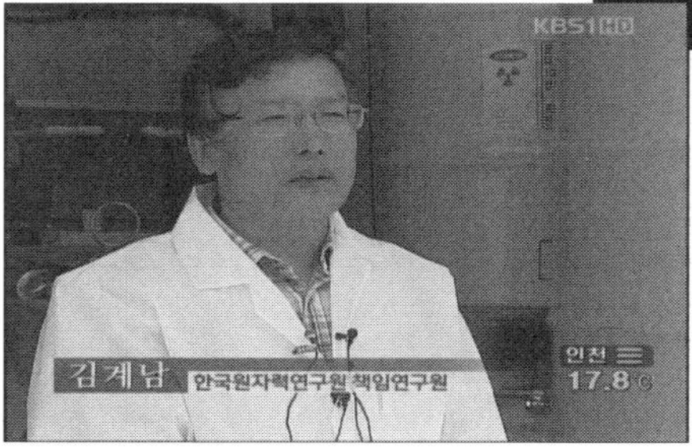

한국원자력연구원 연구원으로서의 명예를 회복

내가 한국원자력연구원 실장급 과제책임자가 되고 싶은 이유는 그래도 30년 이상 연구원으로 일하며 내 연구분야에서 최선을 다하여 결실 맺은 나의 연구실적들이 세계에 내놓아도 손색이 없는 연구 결과물임을 보여주고 싶고, 한 분야의 경험 많은 연구책임자로 후학들을 지도할 수 있는 모범적인 연구원으로 기억되고 싶었기 때문이다. 그러기에 나는 다른 보직보다 실장급 과제책임자가 그토록 되고 싶었다. 그동안 몇 번 그 문 앞에서 좌절되었던 실장 임명이 하나님의 은총으로 2012년 1월에 드디어 이루어졌다. 방사성 토양제염장치 개발로 실장급 과제책임자가 되었다.

그동안 얼마나 하나님을 원망했던가? 누구보다 많은 SCI급 논문을 쓰고, 핵종으로 오염된 토양먼지와 방사성폐액에 뒤범벅되며 토양제염장치를 24시간 가동시키기 위해 토·일요일에도 출근하여 장치가동 상태를 체크하고, 평일에도 거의 새벽 4~5시에 출근하여 해외 논문들을 분석하며 장기간의 노력 끝에 방사성 토양제염기술을 개발했건만 나는 변변한 상장 하나 받지 못했다. 뿐만 아니라 후배 연구원들에게 무시당하는 하찮은 연구원으로 낙인찍혔고, 2011년 초만 해도 전혀 반전의 가능성이 없었다. 나는 높은 경쟁률을 뚫고 당당히 한국원자력연구원에 입사했건만 연구원 내에서는 왠지 누구보다 인정을 받지 못하는 것 같았다.

나는 처음에 연구소 구조부 수문기술실에 입사했다. 선임연구원 승급도 재수 만에 겨우 승진되었다. 1998년도 첫 번째 책임연구원으로 승급 대상이 되었을 97~98년 동안 나는 미국 버클리대학 포스트닥 기간이었다. 보통 포스트닥 기간 동안에는 불이익을 주지 않기 위해 이 기간에는 인사평가를 안 하는 것이 연구원 규정이었건만 1998년 당시 내가 속한 과제의 실장님은 이 규정을 모른 채 실수로 나에 대한 인사평가를 실시했고, 책임승급대상자임에도 불구하고 미국 포스트닥의 혜택을 받았다고 최하위점수인 D를 주었다. 인사평가는 3년 평균 점수로 책임연구원 승급을 결정하는데 이 점수가 3년 내내 영향을 미치어 1998년도 인사평가 점수가 포함되지 않은 사수 만에야 겨우 책임연구원으로 승급할 수 있었다.

책임연구원 승급을 위해 삼수를 하고 책임연구원 승급자 명단이 발표되었던 2000년 2월 어느 날 나는 또다시 책임연구원 승급에 누락되었음을 발견했다. 그날은 많은 눈이 내렸다. 남들은 거의 재수하면 책임급으로 승급이 되었건만 삼수를 했음에도 또다시 승급에 실패하고 다시 사수를 해야만 되었을 때 눈이 펑펑 내렸고 나의 두 눈에는 눈물이 쏟아졌다. 연구원을 그만두고 싶었고 가족과 연구원 동료와 후배들에게 너무 창피하고 미안했다. '왜 난 이리 운이 없을까? 하나님은 왜 나의 기도를 들어 주지 않으실까?' 얼마나 원망했는지 모른다.

보통 재수하면 되는데 사수 만에야 나는 겨우 책임연구원이 되었다. 2001년 9월, 사수 만에 책임연구원으로 승급했다. 더 이상 소원이 없었다. 연구원을 쫓겨나지 않은 것이 다행이라고 생각했고, 아무튼 책임연구원으로 승급한 것이 너무 좋았다. 그러나 세월이 흘러 나는 어느덧 고참 연구원이 되어, 나이 어린 실장 밑에서 일하며 후배 연구원으로부터 적당히 무시당하는 하찮은 책임연구원이 되어있었다. 그러나 나는 그럼에도 불구하고 열심히 연구에 매진했다. 책임연구원이 된 후 나는 10년간 우리 부서 내에서 SCI 논문 게재 건수가 늘 최우수였다. 연구부서에서 개발한 방사성 토양제염장치를 사업화하기 위해 연구부서에서 사업부서로 부서를 옮기고, 오염 토양/콘크리트 제염시설 구축과제의 과제

계획서를 만드는 등 거의 실장급 과제책임자가 될 뻔했었지만 여러 가지 불운이 겹쳐 다른 동료에게 실장 직책이 넘어갔다. 그리고 2010년 나는 실장급이 아닌 방사성 토양제염과제 과제책임자가 되었다.

나는 연구원 실장급 과제책임자의 직책도 삼수 만에 실현되었다. 2011년 3월까지 만해도 이제는 나이도 많고 실장급 과제책임자가 된다는 것은 상상도 하지 못했다. 그러나 그해 3월부터 하나님의 미리 정하신 놀라운 계획들이 정확한 시간에 맞추어 하나씩 하나씩 나에게 일어났다. 감히 상상조차 불가능했던 기적들이 10개월간에 걸쳐 일어났다. 하나님의 은총은 기적같이 나에게 찾아들어 나는 2012년 1월 드디어 실장급 과제책임자가 되었다. 뿐만 아니라 모든 연구원이 부러워하는 거액의 기술 이전료까지 받았다. 나에겐 어마어마한 상금이었다. 또한, TV와 신문에 나의 연구개발 내용이 대서특필 보도되었다. 하나님께서는 나의 모든 기도를 100% 이상 응답해 주셨다. 하나님의 기적 같은 은혜로 한국원자력연구원 연구원으로서의 명예를 한 번에 회복할 수 있었다. 그리고 2015년 8월 방사성 토양제염장치를 실제규모로 확장하고 우라늄 오염토양 내의 우라늄을 방출기준 이하로 제거하는 실증실험에 성공했다. 이를 위해 토양제염장치를 24시간 가동하며 수년간 어려움이 많았으나 장치를 계속 개선하여 왔었다.

이 은혜에 조금이나마 보답하기 위해 남은 나의 인생 20년 동안 한국, 일본, 북한을 위한 선교에 전력을 다하려 한다. 이 일이 나의 지금까지의 인생 여정에서 10번이나 기적 같은 은총들을 내려주신 하나님께 조금이나마 보답하는 길이라 생각한다.

하나님의 은총으로 한국원자력연구원에 재직하면서 많은 SCI 논문 게재 실적 때문에, 2015년 UST 과학기술연합 대학원대학 양자에너지화학공학과 정교수로 임용되었다. 이 대학의 정교수는 심사를 통해 대전 연구단지 연구원들과 서울 KIST 연구원 중에 SCI 논문실적이 우수한 연구원들을 임명했다. 나는 3년간 이 대학의 석·박사 학생들을 가르치고 논문을 지도할 수 있었다. 이 대학원에서 가르친 내용은 주로 내가 그동안 연구해 온 오염물질 이동 모델링, 토양제염, 유체역학 등이었다.

그러나 나는 2016년 12월 이후 3.2년 동안 방사성 토양폐기물 제염실험 중에 발생한 자체처분폐기물 방출로 인해 큰 어려움을 겪었다. 탈원전 정권하에서 한국원자력연구원 주변 환경단체들로부터 한국원자력연구원 방사성 폐기물처리기술개발부 소속 5명의 연구원들이 어려움을 당한 이유는 다음과 같다.

방사성폐기물 처리 실제규모장치의 제염효율 실증 실험 시에 많은 자체처분 폐기물(일반폐기물과 같은 정도로 방사능이 거의 없지만 단지 방사능 실험구역 내에서 발생된 폐기물임)이 발생했다. 한국원자력연구원 내에는 이런 자체처분 폐기물을 저장할 공간이 없었다. 그러기에 원자력안전기술원에 제염된 자체처분 대상 토양폐기물을 밖으로 처분할 수 있도록 서류를 제출하였지만 최종 허가를 받지 못했다. 한편, 이 문제는 10여 년 전으로 거슬러 올라간다. 그때 서울 연구용원자로 해체 시에도 많은 자체처분 폐기물이 발생하였는데, 한국원자력연구원과 원자력안전기술원 간부들 간에 협의하여 간편한 자체처분 방출 방안을 마련했어야 했다. 그 당시 이 방안을 마련하지 못했기에 장기간 보관 중이던 서울 연구용원자로 해체 시에 발생한 금, 은, 동 등 70톤의 자체처분 폐기물이 밖으로 방출되어 큰 문제를 일으켰지만, 다행히 10년이라는 공소시효가 경과하여 이 일에 관여된 연구원들에 대한 법적 제재는 피하였다.

우리 방사성폐기물 감축 기술개발부에서 해체 방사성 폐기물 제염실험 중에 소량의 자체처분 폐기물이 방출되었으며, 이것은 한국원자력연구원 내에 자체처분 폐기물 저장고의 부족으로 발생한 관례적인 일이었다. 이 방출 내용이 원자력연구원에서 일하던 용역직원들에 의해 환경단체에 고발되었고, 탈원전 정권하의 원자력연구원 주변 환경단체들은 신문과 방송에 대서특필함으로 우리 부서에서 방사성 폐기물 감축을 위해 가장 열심히 연구에 매진하던 5명의 연구원들에게 수년간 큰 어려움을 주었다. 정치권력의 힘은 참으로 무서운 것임을 다시 한번 실감했다.

내년부터 해체연구원이 설립된다. 원자력발전소 1기의 해체 비용은 약 8,000억 원이며 이 중 60% 이상이 해체폐기물 처분비용이기에 막대한 처분비용을 줄이기 위해 해체폐기물을 감축할 수 있는 기술을 개발하는 것이 해체연구소 주요임무 중의 하나가 될 것이다. 그러나 해체폐기물을 제염할 때 다량의 자체처분 폐기물이 발생하기에 우선적으로 이 자체처분 폐기물을 간편히 방출시킬 규정이 우선적으로 제정되어야 한다. 그러나 탈원전 정권하에서 원자력안전기술원과 한국원자력연구원 간부들은 아무도 나서지 않고 있다. 지금 각 원자력발전소와 한국원자력연구원 그리고 앞으로 설립될 해체연구소에서는 앞으로 원자력시설을 운영하며, 또는 폐기물 감축 기술 개발 도중에, 그리고 개발된 제염장치 가동으로 인해 제염된 토양과 콘크리트 등 다량의 자체처분 폐기물이 발생할 것이다. 그러므로 이 규정의 선제적 제정 없이는 원자력시설 해체 시 발생하는 대량의 방사성 폐기물에 대한 방사성 폐기물 감축 기술에 관한 연구는 불가능하다. 한편, 원자력안전기술원에서의 방사성 토양제염 실험 중지 명령으로 2017년 이후 실제 방사성 토양을 사용한 제염 연구가 중단되었다.

우리 실에서 개발한 방사성 토양제염 장치의 규모 확장, 자동화, 제염 효율 증진 등을 개선해 나가면서 먼저 연구원에 보관된 우라늄 오염 토양/콘크리트를 감축함으로 수천억 원의 처분비용을 절감할 수 있으며, 앞으로 원자력발전 단가를 줄일 수 있어 국가 경제발전에 크게 기여할 수 있건만, 탈원전 정권하에 있는 지금은 나라의 장래를 망칠 수밖에 없는 상황이다.

   3. 2년간의 큰 시련을 겪으면서 하나님께서는 내가 20살에 서원기도 드린 것을 지키라고 마음속 깊이 다그치셨다. 그러기에 꼭 지킬 것이 아니면 서원기도는 결코 해서는 안 된다. 나는 강원도 철원의 대한수도원을 다시 방문하여 하나님의 응답을 보여달라고 간청했지만, 하나님은 침묵하셨다. 나의 본래의 계획은 퇴직 후에 개발한 토양제염장치를 계속 개선하여 좀 더 우수한 방사성 토양제염장치를 개발하여 국가에 유익을 주는 것이었다. 그러나 하나님의 나에 대한 계획은 다른 것이었고, 나는 결국 하나님의 계획을 따를 수밖에 없었다. 하나님의 기적과 같은 은총으로 2019년 8월 한국침례대학교 신학대학원 신학과에 입학했다. 나는 지금 2022년 6월 말 한국침례신학 대학원 3학년 마지막 학기를 마치었고, 졸업시험인 신구약성경고사도 합격하여 이제 2022년 8월 11일이면 졸업이다. 나의 나이가 많기에 지금 다니고 있는 새누리 2 침례교회의 협동목회자로 재직하며 자비량으로 한두 달에 한 번 정도 단독목회를 하는 어려운 시골교회를 지원해줄 계획이다.

   2019년 8월 침례신학대학원을 지원할 때 목사님의 추천서가 필요했다. 그래서 대덕장로교회 담임목사인 유재경 목사님을 찾아가 추천서 작성을 부탁했고, 목사님은 바쁜 와중 중에도 기꺼이 추천서를 써주심에 감사를 드린다. 대덕장로교회는 내가 대전에 내려와 정착하며 1987년 5월부터 33년간 다녔던 교회이며, 많은 신앙의 선배님과 후배들이 있다. 가능하다면 앞으로 목회활동 동안 이들의 지원을 하나님께 간구드린다. 또한 한국원자력연구원 퇴직 후 2019년 가을부터 한국침례신학대학 대학원 야간에 3년간 다닐 때 신대원에서 설교학을 가르쳐주셨던 문상기 교수님과 구약학을 가르쳐주셨던 우택주 교수님께서 이 책을 꼼꼼히 읽으시고 교정을 해주심에 감사드린다. 특히 문상기 교수님께서는 본서에 대한 추천서까지 써주셨다. 그리고 이보욱 목사님과 김승수 박사님, 양재환 교수님은 모두 한국원자력연구원 신우회 밀알회에서 수년간 함께 활동했던 분들로 추천서를 써줌에 심심한 감사를 드린다.

2부

신앙고백 수기

인생의 최후 승리자는 누구인가?

인간은 누구나 다 죽는다. 죽은 다음 부활하여 하나님의 심판대 앞에 선다. 누가 인생의 최후 승리자일까? 나는 대덕한빛교회 원로목사였던 이재화 목사 같은 사람이라고 생각한다. 그분은 키도 작고 인물도 걸출하지 못하고, 교단에서도 높은 자리를 탐하지 않으셨다. 그는 부자도 아니었고 IQ도 높은 사람이 아니었다. 그는 평범하고 부지런하고 성실한 목사님이셨다.

그러나 늘 겸손했고 청렴했고 경건한 삶을 사셨다. 평생 6개의 교회를 개척하고 후임 목회자에게 넘겨주셨으며 무수한 고생도 마다하지 않으셨다. 돌아가셨을 때는 자녀들이 그가 살던 작은 아파트도 교회에 헌금으로 바쳤다. 이름 없이 평범하게 살다 돌아가신 분 중에 이런 분들이 많이 있을 것이다. 회사원으로, 교사로, 소상공인으로 한평생 근면하게 살며 가족을 지키며 교회를 돕고 이웃을 사랑하며 가능한 청빈하고 경건하게 살아가려고 애쓰시다 돌아가신 분들이 인생의 승리자들이다. 최후의 심판대 앞에서 하나님께서 이들을 칭찬하실 것이다.

잘못된 언론에서는 세상적인 사람들을 훌륭한 사람들로 호도한다. "대통령, 장관, 국회의원, 대기업 회장, 성공한 사업가 등이 행복하고 훌륭한 사람이다."라고 역설한다. 그러나 권모술수에 능한 이들 중에 몇 명이나 천국에 들어갈 수 있을까? 정말 성공한 사업가, 부유한 의사, 교수, 판검사, 변호사, 세무사, 고급공무원들이 훌륭하고 존경받아야 할 사람들일까?

우리나라에서 국가 발전을 위해 공학과 이학 그리고 의학 분야에 연구개발자들을 재정적으로 우대하는 정책을 펴서 이들 분야에 많은 젊은이들이 지원하게 해야 하며, 의사의 연봉은 다른 선진국들 정도의 수준 즉 일반 직장인 연봉의 4배를 넘지 않도록 줄여야 하고 막대한 국가 예산을 집행하는 공무원은 철저히 감시하여 커미션을 받지 못하게 함으로 국가 부패지수를 줄여야 한다. 교수들도 대학에서 지급되는 월급 외의 수입에 대해서는 철저한 검증시스템이 필요하다. 또한, 고위직 은퇴 변호사에 대한 전관예우도 없어져야 하며 회계법인들에 대한 수입도 검증시스템을 도입하여 재벌과의 불법 유착을 막아야 한다. 그리하여 각 가구당 빈부격차를 줄여야 한다. 대한민국 국민이라면 아무리 가난해도 의료보험과 최소생활비만은 정부가 보장해 주어야 한다. 가능한 가구당 빈부의 차가 심해지지 않도록 정부는 정책들을 잘 수립하여 모든 국민이 생활비의 어려움 없이 행복한 삶을 누릴 수 있게 해야 하며, 과학기술을 발전시켜 선진국 대열로 나갈 수 있는 환경을 마련해야 한다.

  우리는 장기적으로, 단기적으로 우리의 삶을 설계해야 한다. 물론 장기적 계획은 하나님 심판대 앞에 섰을 때 의인으로 판정받아 천국에 들어가는 것이다. 인생에서 우리가 존경하는 사람들을 하나님 심판대 앞에 세워보라. 박정희, 전두환, 김일성, 김정일과 같이 무소불위의 권력자들이 하나님 앞에 섰을 때를 상상해보자. 아마도 이들 모두 천국에 들어가기는 힘들지 않을까 생각한다. 정주영, 이병철, 김우중, 이건희, 이들이 하나님 심판대 앞에 섰을 때 누가 구원을 받을 수 있을지 확신이 가질 않는다. 그러나 바울, 스데반, 주기철, 손양원, 한경직, 김수환, 안중근, 옥한흠, 하용조 그리고 이름 없이 죽어간 수많은 선인들은 하나님 심판대 앞에서 구원을 얻었으리라 생각한다. 그러기에 우리는 장기적으로 하나님 심판대 앞에서 의인으로 인정받기 위한 삶의 계획을 설계해야 한다.

또한 단기적으로 하루하루 늘 기도로 성령 충만하여 현실 속에서 최선을 다하여 직장에서 주어진 업무에 충성하고, 주변의 이웃을 돕는 일에도 선한 사마리아 사람처럼 최선을 다해 나가야 한다고 생각한다. 자기에게 주어진 재능과 능력을 최대한으로 살려 하나님께 영광 드리는 삶을 살아가야 한다. 주변의 어려움에 처한 이들에게 전화, 방문, 물질로 격려하며, 하나님 안에서 소망을 심어주는 일도 중요하다고 생각한다. 물론 나라와 민족을 위한 기도도 빠뜨리지 말아야 한다.

　정말 훌륭한 사람은 평범한 소시민이며, 하나님께서 주신 능력 안에서 최선을 다하고 겸손하며, 청빈하고, 경건하며, 이웃을 도우며 살아가는 사람들이 존경받을 수 있는 하나님 뜻에 합한 나라를 세워나가는 것이 필요하다고 생각한다. 그러기에 젊은이들은 이런 이들에게 열등의식을 가져야 한다. 썩어질 것에 대한 열등의식을 갖는 사람은 어리석은 사람이다. 주어진 삶의 어떤 환경에서도 철저히 절제하고 자족하며, 이웃을 섬기는 분들을 인생의 모델로 정하고 본받으려고 노력해야 한다.

이 세상에서 가장 중요한 것

　이 세상에서 가장 중요한 것은 천국에 들어가는 것이다. 세상에서 아무리 출세하고 부귀영화를 누렸어도 죽은 후에 지옥에 떨어진다면 실패한 인생이다. 이것은 성경의 나사로와 부자의 비유를 통해 명백히 하나님은 우리에게 말씀해주고 계신다(눅 16:19-31). 그러나 어리석고 욕심 사람들은 이 세상 살 동안만을 생각한다. 세상 사람들은 99세까지 팔팔하게 살다 3일 앓고 죽는 것이 축복이라고 말한다(9988234). 좋은 예는 김일성일 것이다. 그는 80세 넘어까지 팔팔하게 살며 부귀영화를 누리다가 갑자기 죽었기 때문이다. 그러나 최후의 심판을 받고 영원한 지옥 불에 떨어졌다면 그는 불행하고 어리석은 사람일 것이다. 오히려 가난하지만 착하게 산 나사로가 행복한 사람이다. 하나님이 계시다면 하나님 앞에 선하게 사는 것이 가장 중요한 것이라고 생각한다. 신약의 새 계명(마 22:37-39)에도 있듯이 하나님을 사랑하고 이웃을 사랑하는 것은 하나님이 우리에게 향하신 명령이다. 지혜로운 사람은 죽음을 대비하며 죽음 너머의 세계를 준비하며 사는 사람들이다.

이 세상에서 가장 무섭고 떨리는 것은 하나님의 심판대 앞에 서는 일이다. 상상해보라. 아무리 암 선고를 받았다 한들 또는 대학시험이나 취직시험 합격자 발표 날이라 한들 이것보다는 더 떨리지는 않을 것이다. 하나님 심판대 앞에서 하나님의 인정을 받을 수 있는 사람이 가장 지혜롭고 행복한 삶을 산 사람이다. 가장 대표적인 사람이 바울, 세례 요한, 스데반, 그리고 예수님 제자들일 것이다. 이렇게 우리의 생각이 바뀌면 우리는 힘든 세상이지만 얼마든지 행복할 수 있다. 감옥에서조차 바울처럼 평강과 기쁨이 넘칠 수 있을 것이다. 이렇게 하나님을 인정하는 삶이 좀 더 멋진 인생이 아니겠는가? 이것이 좀 더 인생의 진실이며 깊이가 아니겠는가? 그렇기에 지구상의 80% 이상이 신을 인정하고 30% 이상이 기독교를 믿는다고 생각한다.

그러므로 많은 사람 중에 우리를 선택하시고 구원의 은총을 허락하신 주님께 감사를 드려야 하며, 구원의 은총 하나만으로도 넉넉히 이 세상을 감사하며 기뻐하며 살아갈 수 있어야 한다.

기독교인의 죽음의 의미

 기독교인의 죽음은 단지 무대를 지상에서 천국으로 이동하는 것뿐이다. 그러기에 자살을 해서는 안 된다. 하나님이 하늘에서 기다리시다가 우리가 믿음 없이 자살한 죄에 대하여 물으실 것이다. 어제 김주찬 목사님의 탈북 간증을 들었다. 중국을 거쳐 남한으로 가려다가 라오스에서 잡혀 다시 북한으로 북송되어 모진 고문과 혹독한 감옥생활을 하였고, 다시 감옥에서 탈출하다가 잡혀 죽지 않을 만큼 매질을 당하며 몇 번이고 자살을 생각했다는 것이다. 하지만 생각을 바꾸어 그 옛날 욥이 시련을 받았듯이 자신을 믿음 안에 단련시키기 위한 하나님의 혹독한 훈련 과정이라고 생각하며 자살의 유혹을 이겨내었고 마침내 하나님의 놀라운 섭리로 남한 땅에 도착할 수 있었다는 줄거리의 간증이었다. 하나님께서는 우리에게 시련을 주시되 견딜 만한 고난을 주신다고 하였다. 우리는 기도로 그리고 믿음으로 자살의 유혹을 이겨내야 한다.

 세상을 살면서 우리는 시련 중에 하나님을 만나고 성령체험을 통해 거듭난 신자가 된다. 이때부터 하나님을 가까이하고 하나님과 동행하는 사람은 이 세상의 삶이 때로는 천국의 삶과 같다고 생각할 수 있다. 하나님과 동행하는 곳이 천국이다. 세상 살 동안 하나님과 동행하며 성령 충만한 삶을 살다 하늘나라에 가면 이 세상과 비슷한 삶이 전개되리라 믿는다. 그러기에 우리가 예수를 구세주로 받아들이고 우리의 모든 죄를 회개하고 늘 성령과 동행하는 삶을 살아간다면 이 세상의 삶도 장차 우리가 들어갈 천국의 삶과 같이 감사와 기쁨이 충만한 삶이 될 수 있을 것이다.

 기독교의 핵심은 부활이다. 죽음은 우리 인생의 끝이 아니다. 우리는 죽는 순간 하나님의 심판대 앞에 서게 되며, 거기서 우리의 믿음과 세상에서의 행적에 대한 심판을 받고 천국에 들어갈 여부가 결정된다. 사람에게 가장 중요한 것은 죽음이다. 모든 인간이 죽기 때문이다. 자살을 한다고 문제가 달라지지 않는다. 지금 당면한 세상이 주는 고통이 너무 커서 도저히 견뎌낼 수 없기에 그 고통을 잊기 위해 자살을 택하면 믿음이 없는 사람이다. 현재의 고통까지 하나님이 관리하고 계심을 믿어야 한다. 자살 후 하나님 심판대 앞에 섰을 때, 하나님께서는 자살한 죄에 대한 징계를 하실 것이다. 그러기에 우리는 자살하지 말고 현실의 고통을 믿음과 기도로 극복해야 한다. 소망을 하나님께만 두고, 현재 우리에게 처한 가혹한 시련을 믿음으로 이겨내야 한다. 하나님께 간절히 도움을 요청하면 반드시 하나님께서 함께해 주시고 성령의 능력을 통해 그 고통을 이겨낼 수 있는 힘과 지혜를 주실 것이다.

인간은 누구나 죽으므로 사는 날 동안 하나님 앞에 바르게 살아야 한다. 하나님을 사랑하고 이웃을 사랑하며 살아야 한다. 모든 시기와 질투를 버리고 가난한 이웃을 도와야 한다. 이렇게 살 때 우리가 죽은 후 하나님께서는 우리에게 천국 문을 활짝 열어 주시겠다고 약속하셨다. 그러므로 죽음은 육신의 장막이 무너진 것이요 육신의 고통이 끝난 것일 뿐, 모든 것이 끝난 것은 아니다. 죽음은 육신의 장막을 벗고 영원한 천국으로 이동하는 통로이며, 하나님께 내 영혼을 맡기는 것이다. 이런 의미에서 죽음은 세상과 천국을 이어 주는 문이다.

빈부의 격차를 줄이고 가난한 이웃을 도와야 한다

　정부는 국민의 빈부격차를 최대한 줄이는 정책을 마련해야 한다. 한국 내에서 돈을 가장 많이 버는 집단은 어디인가? 내가 아는 한 성공한 사업가, 의사, 변호사, 회계사, 고급공무원, 재벌 회장, 고소득 교수, 그리고 대형교회 부자 목사이다. 이들의 연간 수입을 상식적인 수준으로 줄이는 정책을 수행해야 한다. 대신에 과학기술(의학 기술 포함)의 개발을 위해 치열한 경쟁체계를 마련하고, 많은 우수한 인재들이 참여할 수 있도록 과감한 재정적 지원과 시스템을 구축하여야 비로소 국가가 경제적 발전을 이루고 국민 전체가 잘살 수 있다. 이를 위해선 먼저 대통령부터 각료, 장관, 국회의원, 판검사들이 청렴해야 한다. 윗물이 깨끗해야 아랫물도 깨끗해진다. 그리고 정부는 좋은 정책들을 고안, 수립하여 공정하고 공평하게 수행해야 한다. 사법권의 집행도 모든 사람에게 공평하고 엄정해야 한다. 현 정권에서 권력을 가진 사람들과 재판권을 가진 검사와 판사 출신들만 보호하고 봐준다면 나라는 분열될 수밖에 없다. 나라가 분열되는 것은 대통령과 정부와 사법부가 법 집행을 공정하고 공평하게 시행하지 않기 때문이다.

　한편 부자들은 가난한 이웃들을 도와야 한다. 2021년 현재 100억이 넘는 부자들이 어느 날 갑자기 죽는 경우, 한국의 상속법규에 따르면 그들 재산의 50% 정도를 상속세로 국가에 귀속됨을 명심하고, 재산의 상당한 정도를 죽기 전에 가난한 이웃을 돕지 않는다면 천국에 들어가는 것은 어렵지 않을까 생각해본다. 성경에서는 부자는 천국에 들어가기 어렵다고 분명히 말하고 있다. 그 이유는 누가복음 12장 16-21절의 내용처럼, 대부분 부자는 자기를 위해 곳간에 재물만 한평생 쌓아놓다가 어느 날 갑자기 하나님의 부름을 받아 죽게 되기 때문이다. 그러므로 부자는 검소하게 생활하고, 경건하며, 자식들에게는 적당한 유산만을 남겨주고, 남은 돈은 가난한 사람들을 도와야 천국 문을 열 수 있으리라 생각한다. 이것은 한국 평균 재산 이상을 가진 중산층들도 마찬가지다.

　부자들은 지금 건강하므로 무한히 지상에 살 수 있으리라 생각하지만 죽음은 김일성, 김정일, 박정희, 전두환, 이건희, 조용기처럼 갑자기 한순간에 들이닥친다. 대부분 부자는 가진 재산의 대부분을 남기고 죽는다. 인생은 짧고 우리는 곧 하나님의 심판대 앞에 선다. 세상을 지배하는 사탄은 부와 권세와 교만과 쾌락으로 우리를 유혹하지만, 이 유혹에 절대 넘어가서는 안 된다. 이 유혹에 넘어가는 사람들은 결코 천국 문을 열 수 없다. 우리 인간의 삶의 목적은 하나님의 영광을 위해 거룩하고, 경건하며, 검소하고, 겸손하며, 부지런히 봉사하는 삶을 살아가야 한다. 선한 사마리아 사람처럼 불쌍한 이웃을 돕고 섬기는 삶을 살아야 한다.

현 정권은 역사의 심판을 두려워해야 한다

　모든 정권은 경제성장률(임기 후의 성장치 포함), 자유지수, 부패지수, 빈부격차지수(지니계수)로 평가할 수 있다. 이 네 개의 지수는 매년 국제기구에서 국가별로 평가하고 있다. 문재인 정권은 어떠한가? 경제성장률은 낮아지고 있고, 언론의 자유도도 낮아지고 있고, 부패지수도 좋아지지 않고 있고, 빈부격차지수는 커지고 있다. 과연 정권이 교체된 후 역사의 준엄한 심판대 앞에서 지난 문정권은 내세울 것이 무엇인지 모르겠다. 해방 이후 2020년까지 75년 동안 경제는 괄목할 만큼 성장했고,

자유지수도 향상했다. 그러나 수십 년간 부패지수와 빈부격차지수는 거의 그대로 머물러 있다. 현 정권은 몇 개월밖에 안 남았다. 위의 4가지 지수와 출산율을 향상시키기 위해 남은 기간 최선을 다하여 역사가 현 정권으로 좋게 평가하기를 간절히 소망한다.

 물론 문정권도 잘한 정책들이 있다. 그러나 몇 가지 문제점을 들 수 있다. 우선, 연구개발에 너무 투자가 적었다. 우리나라 대통령의 임기가 5년이기에 모든 대통령은 재임기간 성과를 올리려 한다. 그러기에 연구개발에 대한 투자가 너무 적다. 박정희 정권과 전두환 정권에서 연구개발 분야에 투자를 많이 하고 국가 연구원을 설립하여 이만큼 경제가 좋아졌고, 이명박 정권의 4대강 댐 건설과 하천 개선 공사는 그래도 홍수 시에 효과를 보며 모든 마을의 하천이 깨끗하게 정화되었다. 5년 단기의 대통령들은 미래를 보고 연구개발에 과감한 투자를 함으로써 우수한 인재들이 몰릴 수 있는 시스템을 구축해야 한다.

 또한 여성들도 점차 좋은 직업을 가지며 능력 있는 부부가 함께 경제활동에 참여하여 빈부격차를 줄여야 한다. 이 부분도 무언가 대책을 수립해야 하며, 상식 이상의 고소득 계층 직업군에 대한 임금체계 개선이 필요하다. 반면에 자유경제체계는 확고히 보장되어야 한다. 현 정권의 가장 큰 문제는 출생률이다. 출생률이 2020년 27만 명이라 하니 어이가 없다. 어정쩡한 미투로 젊은 남녀의 사이를 가르지 말고 젊은 남녀가 결혼하여 아이를 많이 낳을 수 있는 정책을 개발 시행해야 한다.

 한편, 언론의 자유는 가능한 한 막지 말고 보장하여 한국에 대한 언론의 자유지수를 좀 더 높여야 한다. 특히 현 정부의 각료들은 대부분 박정희, 전두환, 노태우 정권하에서 민주 투쟁을 한 대가로 국회의원과 장관, 청와대 수석으로 국민의 지지를 받아 임명되었는데, 이들이 또다시 자유언론을 억압한다면 얼마나 아이러니한 일인가? 국민이 분열하는 이유는 정부와 사법부가 공정하게 법 집행을 하지 않기 때문이다. 자기 진영과 남의 진영에 대한 잣대가 다르기 때문이다. 친정부 세력만 방송활동을 하고 비판하는 사람들은 모두 방송에서 쫓아낸다면 박근혜 정권과 무엇이 다른 것인가? 현 정권은 장차 정권교체 후 반드시 심판받을 것을 두려워해야 한다. 특히 빈부격차나 자유지수에 대한 책임은 사법부와 검찰에 상당히 있다. 이 두 기관이 더 이상 정부와 대형재벌에 아부하지 말고 공정하고 청렴할 때 나라가 공평해지고 발전하게 될 것이다.

한국교회 목회자들은 회개하고 청빈해야 한다

한국교회가 이렇게 사회로부터 불신임을 받은 것은 교회가 커지며 목회자들이 세속화되었기 때문이다. 300명 이상이 되는 교회의 담임 목사들은 너무 많은 헌금을 교회에서 본인의 사례비로 가져간다. 그리고 고급차를 교회 헌금으로 운행하며, 해외여행 경비와 호텔 숙박비를 교회 헌금으로 지불한다. 각종 다른 교회 특별 집회에서 받은 사례비를 교회에 신고도 없이 본인의 수입으로 가져간다. 목회자들은 교회 헌금을 잘못 사용하여 왔다. 교회 헌금의 30% 이상은 가난한 이웃과 선교를 위해 무조건 배정해야 하고 이중 절반은 주변의 가난한 이웃을 도와야 한다. 이 일을 실천하지 않았기에 한국교회는 사회로부터 배척을 당하고 있다. 목회자는 교회의 형편에 맞추어 목회 사례비를 가져가야 한다. 그러나 대부분 너무 많은 목회 사례비를 가져가고 있다. 부자 목회자들의 물질적인 욕심이 한국교회를 망쳤다. 목회자들은 분수에 맞게 가능한 한 적게 목회 사례비를 받아 가야 한다.

천주교회 신부들을 보라. 이들은 결혼도 하지 않고 최소 생활비만의 사례비를 받는다. 순결함과 청빈함의 모델이 되고 있다. 반면에 중대형 교회 목회자들은 고급자동차에 많은 재산을 모으려고 안달을 떨며 살고 있지 않은가? 작고하신 영락교회 한경직 목사님을 보라. 목사님들의 본을 보여주셨지 않은가? 목회자들의 검소한 생활만이 한국 사회에서 기독교의 부흥을 다시 일으킬 수 있다. 세상적인 것에 욕심을 두었던 사람들의 말로를 보라. 모두 비참해지지 않았는가? 우리는 주어진 달란트에 감사하며 절제하며 겸손하게 거룩한 삶을 살아가야 한다. 교회에서 20% 이상 가난한 이웃을 돕지 못한다면 십일조를 성당처럼 이십일조로 줄이고 성도 스스로 주변의 가난한 이웃과 친척들을 돕도록 해야 한다. 기독교인들이 대부분 이기주의라는 사회의 관념에서 벗어나야 한다. 물론 신앙이 깊은 사람들은 교회에 십일조를 드리는 것을 차치하고서라도 그 외에 자신의 재산의 상당액을 주변 이웃과 친척들을 돕는 데 사용한다. 교회의 직분도 헌금을 많이 드리는 성도나 사회적 직분이 높은 사람들을 장로로 임명하기보다는 오히려 일정한 조건 즉 십일조를 한다거나 10년 이상 교회의 힘든 부서에서 봉사하거나 교회 각종 예배 참석률 등을 고려하여 일정한 자격요건을 갖추면 필요한 수만큼 제비뽑기로 임명하는 방식도 재고하여야 한다. 불공정한 교회 직분 임명으로 인해 교인들 사이에 시기와 다툼을 유발시키지 말아야 한다.

하나님은 우리의 권력, 재물, 거룩, 건강을 평가하신다

　모든 인간은 직장을 가지고 있으니 직장은 하나의 권력이다. 대통령은 4가지 지표, 즉 경제성장, 사회 민주화, 부패도, 빈부격차에 가장 크게 기여할 수 있는 자리이다. 그러나 대통령이 독재하고 부패한 정치를 한다면 결국 하나님의 심판을 받을 것이다. 우리의 직장은 작은 권력이다. 나의 경우, 연구원으로서 새로운 기술을 개발하여 경제성장에 기여할 수 있고, 광장에서의 민주화 모임에 참석하여 민주화의 작은 부분을 담당할 수 있고, 직장에서 뇌물을 주지도 받지도 않으므로 부패도에 기여할 수 있고, 의사 등 특정 집단의 고수익체계에 저항함으로 빈부격차를 줄일 수 있다.

　재물에 대하여는 부자들은 거액의 돈으로 이웃을 도울 수 있고, 평범한 시민들도 작은 규모일지라도 가난한 이웃을 도와야 하고 이웃 손님 대접에 힘써야 한다. 부자가 많은 돈을 쌓아놓은 채 으스대며 자랑하다 어느 날 갑자기 죽는다면, 하나님의 심판을 받을 것이다. 죽기 전에 미리미리 가난한 이웃에게 나누어주는 것이 현명하며, 그것이 하나님의 뜻이다.

　또한, 인간 특히 남성이 거룩하게 사는 것은 참으로 어렵다. 그럼에도 불구하고 성적 타락으로 이끄는 것들을 멀리하고 가능한 한 피해야 하며, 매일 성경을 읽고 기도드릴 때 어느 정도 거룩한 삶을 살아갈 수 있을 것이다. 독재자 대다수는 성적으로 문란한 생활을 하였기에 이것에 대한 하나님의 심판이 있을 것이다.

　건강을 지키기 위해 우리는 소식과 운동을 해야 한다. 소식과 운동은 절제력과 노력이 필요하다. 소식과 운동을 등한시하면 결국 큰 병을 얻어 큰 고통을 당하게 된다. 사람에게 흔한 혈압과 당뇨는 소식과 운동 그리고 건강한 식품을 섭취함으로 건강을 유지할 수 있다.

위의 4가지 지표를 지키기 위해서는 부지런함과 성실함이 필요하다. 최선을 다해 4가지를 지킴으로 이생에서 행복을 누리고 하나님 앞에 섰을 때 좀 더 당당해질 수 있으리라 생각한다. 행복한 삶을 살기 위해선 절제와 자족이 필요한데 이것조차 하나님께 간절히 기도함으로 얻을 수 있는 능력이기에 믿음의 기도 또한 매우 중요하다.

성도는 더 이상 죄를 짓지 않는 사람이다

선한목자교회 유기성 목사님은 온전한 성도는 더 이상 죄를 짓지 않는 사람이라고 설교하셨다. 골로새서 1장 28절에 "우리가 그를 전파하여 각 사람을 권하고 모든 지혜로 각 사람을 가르침은 각 사람을 그리스도 안에서 완전한 자로 세우려 함이니"라고 했고, 4장 12절에 "그리스도 예수의 종인 너희에게서 온 에바브라가 너희에게 문안하느니라 그가 항상 너희를 위하여 애써 기도하여 너희로 하나님의 모든 뜻 가운데서 완전하고 확신 있게 서기를 구하나니"라고 하며 완전한 행실을 말씀하고 있다.

대홍수에도 죽음을 당하지 않았던 노아, 그리고 죽음을 보지 않고 천국에 갔던 엘리야와 에녹, 순결했던 요셉과 밧세바와의 사건 이후의 다윗의 삶, 그리고 사도 바울의 삶은 어떤 삶이었을까? 거의 완전에 가까운 거룩한 삶이며, 항상 하나님과 동행하는 삶이었을 것이다. 유기성 목사님이 말씀했던 수준의 온전한 삶이었을 것이다.

우리에게 죽음은 결코 멀리 있지 않다. 곧 최후의 심판대 앞에 설 것이다. 하나님의 심판대 앞에 서기 전에 우리는 날마다 성령과 동행하여 하나님께서 주시는 능력과 힘으로 모든 세상 욕심과 음란을 제거하고, 우리의 삶을 거룩하고 순결한 삶으로 변화시켜야 한다고 생각한다.

마태복음 5장 29절에 "만일 네 오른 눈이 너로 실족케 하거든 빼어 내버리라 네 백체 중 하나가 없어지고 온몸이 지옥에 던져지지 않는 것이 유익하며"라고 하여, 우리의 정결의 목표를 마음의 간음까지 두신 예수님 말씀을 깊이 명심해야 한다. 이 땅에서의 삶과 천국에서의 삶은 연결된 것이라 생각한다. 그러기에 지금 이 시간 이후 이 땅에서의 삶을 천국의 삶으로 만들어가는 사람이 지혜로운 사람이라 생각한다. 왜냐하면 언제 주님이 다시 오실지 그때와 시간을 모르므로 항상 준비하며 살아가야 하기 때문이다. 그러나 죄를 짓고 살지 않는다고 완전한 사람이 된 것은 아니다. 결코 하나님 보시기에 완전한 사람은 없다. 다만 성령과 동행하므로 죄를 지을 수 없는 것이다. 오늘 한나의 기도처럼 하나님을 신뢰하고 성령과 동행하는 삶을 살아가시기를 소원한다.

하나님의 축복과 기복신앙의 차이

하나님의 영이 사울에게 함께할 때 사울의 군대는 암몬 왕 나하스의 군대와 싸워 크게 이겼다(삼상 11장). 그것을 계기로 사울은 정식으로 이스라엘의 초대 왕으로 등극하게 되었다. 하나님의 영 즉 성령이 우리와 함께하실 때 하나님은 내 편이 되어 주셔서 우리의 일을 도와준다. 우리는 새벽마다 하나님께 기도를 드린다. 그중에 상당한 부분은 우리 가족의 취업이나 진학 또는 직장에서의 승진, 사업의 성공과 건강에 관해 구체적으로 기도를 드린다. 성경에 나오는 욥, 아브라함, 야곱, 요셉, 모세, 다윗 등과 같은 인물들은 하나님으로부터 많은 세상적인 축복을 받은 사람들이다. 우리는 세상적인 능력이 있어야 우리의 연약한 이웃들을 도울 수 있고 선교와 구제도 할 수 있다. 이것은 기복신앙과는 다른 것이다. 기복신앙은 하나님의 뜻이 아니라 자신의 소원성취와 입신양명을 추구하는 것이다. 자신만의 이기적인 욕심을 채우기 위해 불법한 수단을 사용해서라도 하나님께 복을 달라고 구하는 것이다.

그러므로 우리는 하나님께 기도할 때 하나님의 선한 뜻에 합당하게 우리의 일상에서 꼭 필요한 것들을 간절히 구해야 한다. 물질적인 것들 외에도 하나님 앞에 거룩하고 성결하게 살게 해달라고 기도할 수도 있다. 아무튼 사울은 절대 위기의 순간에 하나님께 간절히 기도하였고 하나님의 영이 사울을 도와 암몬 왕 나하스의 군대를 물리칠 수 있었다.

기독교 철학의 필요성

나는 이제껏 철학은 비과학적이고 추상적인 것으로 생각해 왔었다. 그러나 철학에 대한 내 생각이 바뀌었다. 철학의 주된 역할은 개념을 명료화시키며 개념의 정당화와 증거에 대한 비판적인 성찰에 관심을 갖는 것이고, 철학적 탐구는 사려 깊은 사람들에 의해 계속적으로 논의되는 중대한 문제에 관한 진리 추구에 중점을 두고 있으며, 철학적 분석과 해설은 체계적인 원칙들에 대한 호소를 포함하고, 철학은 존재의 본질이나 실재에 관심을 가지고 있다는 사실을 인정하게 되었다. 한발 더 나아가 철학의 가치로는 편견과 국지주의로부터의 해방, 실천적인 가치, 기독교 신앙의 이해 등임을 어느 정도 인정하게 되었다. 또한 철학은 우리가 신과 신이 만든 세계를 이해하는 데 도움을 주며, 철학적 논증과 개념들이 기독교 신학의 발전에 크고 중요한 역할을 했다는 것을 상당히 수긍하게 되었다.

철학의 기본 작업은 명료화이며, 이것은 모호함과 그릇된 사고를 배제하는 데 중요하고, 철학자는 진리를 위한 논증에 관심을 가지며, 철학이 진리를 탐구하는 것이라면 논쟁은 그 탐구를 지도하는 전략임에 동의한다. 철학에서는 그릇된 사고를 배제하고 진리를 위해 논증 방법을 활용하고 논쟁을 통해 진리에 접근한다고 생각한다.

철학에서 기독교의 임무라면 "누가 철학과 헛된 속임수로 너희를 노략할까 주의하라"(골 2:8)라고 말한 사도 바울의 말에 근거하여 불행하게도 어떤 기독교인은 이 말은 철학 연구에 대한 금지 명령이라고 여겨왔다. 그러나 이 말은 철학에 대한 금지규정이 아니라 거짓 철학에 대한 주의 사항이다. 왜냐하면 바울은 "헛된 책략과 인간의 전통을 좇는 것도 마찬가지라"고 덧붙이고 있기 때문이다. 바울은 특별한 거짓 철학에 대해 경고하고 있는 주장에 동감한다. 대부분 기독교인은 전도할 때 골로새서 2장 8절을 근거로 무신론자들과의 이론 논쟁을 자꾸 피하려 하는데 이것보다는 좀 더 철저히 바른 기독교 철학을 정립하여 체계적인 이론으로 대응해야 한다고 생각한다.

어거스틴은 신앙은 신의 계시를 완벽하게 이해하는 데 필수조건인 이유로, 기독교 진리에 대한 완전한 이해는 신앙을 간직하는 행위에 의해 가능하며, 타락한 인간의 죄가 신앙을 간직하는 일이 이루어지기 전에는 진리를 보는 능력을 흐리게 만든다는 주장에 동의한다. 즉 죄가 신의 계시를 우리가 이해하는 것을 방해한다는 견해에 어느 정도 수긍한다. 또한 아퀴나스는 계시의 도움을 받아 인간은 신에 관한 확실한 진리를 이해할 수 있으며, 경우에 따라서는 그 진리들을 철학적으로 증명해낼 수 있고, 신이 존재한다는 믿음이 필요한 이유로는 인간 지성에 의한 탐구는 대부분 그 안에 허위가 내포되어 있기 때문에 이것이 바로 신에 관한 요지부동의 확신과 순수한 진리가 신앙에 의해 인간에게 계시되어야만 하는 근거라는 주장을 어느 정도 지지한다. 즉 인간 지성에 의한 탐구는 허위를 내포할 수 있기에 신앙에 의한 요지부동한 순수진리가 필요하다는 것에 동의한다.

어거스틴은 마성은 신속에서 안식을 찾을 때까지는 쉬지 못했다고 말했고, 니체는 지금의 나의 삶은 그것이 지금 내가 이해하는 것과는 다른 것이 되었으면 하는 희망에 있다고 말했다. 사르트르는 나는 신이 필요했고, 나는 종교를 향하여 손을 뻗었고, 나는 종교를 열망했으며, 종교는 치료약이었다고 말했다. 카우프만은 종교는 자기 자신을 초월하고자 하는 인간의 열망 속에 뿌리박고 있고, 그가 우상을 숭배하든 자기 자신을 완전하게 하려고 애를 쓰든 간에 인간은 신과 결부된 원숭이라고 말했다. 앞의 말들은 험난한 인생을 살면서 수많은 고통을 겪으며 인간이 진정으로 신의 필요성이 절박함을 고백한 말들이라 생각한다.

인간은 신을 필요로 하며 인간의 필요는 신이 존재한다는 인간의 소망보다 신이 실재하는가에 관한 더 좋은 지표가 된다는 것에 동의한다. 즉 인간에게 신이 필요하다는 것은 신의 존재는 단순 소망이 아니라 실재함의 좋은 지표가 된다고 생각하고, 인간이 궁극적인 존재를 필요로 한다면, 궁극적인 존재는 실재한다고 논증하는 것이 옳다고 생각한다. 또한 신에 대한 모든 경험을 단순히 진정한 것으로 받아들일 수는 없지만, 종교경험은 철학적인 이성적인 추론에 어느 정도 근거가 된다고 생각한다.

기독교인은 두 가지 부류로 나눌 수 있는데, 초자연적인 계시와 자연적인 계시를 모두 정당화하려고 노력하는 사람과 초자연적 계시만을 정당화하려는 사람이다. 여기서 초자연적인 계시는 성경 말씀이며, 자연적 계시는 우주 만물을 보며 마음으로 느끼는 양심이다. 예수님은 성육신을 통해 초자연적 계시와 자연적 계시 모두를 중요하게 여기셨다. 한편, 가치의 우선순위로 신이 개인보다 선행되고, 우리 가족은 다른 가족보다 먼저이며, 인격이 사물에 앞선다는 것에 동감하며, 모든 사람은 무엇이 높은 명령이고 무엇이 낮은 명령인가를 성경을 통해 찾아야만 하지만 인간의 상식과 양심을 통해서도 어느 정도 판단 가능하다고 생각한다. 또한, 성경에는 목숨을 구하기 위해 고의적으로 기만한 사람들의 경우가 나온다. 오바댜는 목숨을 구하기 위하여 백 명의 선지자를 숨겼다. 엘리사는 목숨을 구하기 위해 그의 체포자를 속였다. 라합은 목숨을 구하기 위해 정탐꾼을 숨겼다. 히브리인 산파는 사내아이들의 목숨을 구하기 위해 왕에게 거짓말을 했다. 목숨이 거짓말보다 소중하다는 것을 알 수 있다.

나의 기독교 철학은 다음과 같다. "우리가 세상에 태어남은 이론적으로 설명할 수 없는 기적이며, 늙어 언제 어떻게 죽을지 모르기에 죽는 것도 기적이다. 현대의 인간 과학이 아무리 발달했을지라도 정자, 난자, 씨앗, 그리고 성장하는 아기를 만들 수 없고, 지구는 스스로 자전하면서 태양 둘레를 정확히 공전한다는 것도 신의 존재를 인정하지 않고는 설명할 수 없다. 우리의 삶은 한 편의 소설과 같다. 인생은 도저히 이론적으로 설명할 수 없기에 나는 지금도 살아계셔서 나와 동행하시며 나의 기도에 응답하시는 하나님을 믿는다."

613계명을 지켜야 하나?

　십계명을 구약성경 레위기, 민수기, 신명기에서 613계명으로 세분했다. 레위기 11장에 보면, 짐승 중에 굽이 갈라져 쪽발이 되고 새김질하는 것과 물고기는 지느러미와 비늘 있는 것만 먹으라고 하였다. 새김질은 하지만 굽이 갈라지지 않은 낙타와 오소리와 토끼, 그리고 굽은 갈라졌으나 새김질을 하지 못하는 돼지를 먹어서는 안 된다. 돼지를 먹지 못하게 한 중요한 이유는 중동처럼 덥고 건조한 지역의 경우 돼지고기가 부패하기 쉽고 이것을 잘못 먹으면 식중독에 걸릴 확률이 높기 때문이라고 생각된다. 또한 정착하지 않고 이곳저곳으로 이동해야 하는 유목 생활에서 돼지는 적합하지 않다. 또 금지된 어패류와 갑각류들은 기생충의 숙주 역할을 할 뿐 아니라 특정 조건에서 단백질이 쉽게 부패하며 강한 독소를 내뿜는다. 그리고 그 강력한 독소는 히브리 공동체 전체를 붕괴시킬 만큼 큰 파괴력을 가질 수 있었다.

　예를 들어 고등어 같은 등푸른생선의 경우, 퓨린(purine) 함량이 높으므로 섭취 시 체내 요산 농도가 증가하여 통풍이 악화될 수 있으므로 가급적 섭취하지 말아야 한다. 또한 신선하지 않은 등푸른생선은 히스타민(histamine)을 생성해 알레르기를 일으킬 수 있으므로 보관 및 섭취에 주의해야 한다. 알레르기 반응이 음성이면서 음식에 가려움 증상이 생기는 만성 두드러기 환자의 경우에는 등푸른생선과 돼지고기와 소시지 오렌지 시금치 땅콩 녹차 등의 섭취를 모두 주의해야 한다. 이 음식들 모두 히스타민이 많기 때문이다. 특히 비늘 없는 참치, 고등어, 삼치, 꽁치 등에 히스타민의 함량이 높다. 과거 냉장 시설이 지극히 부족했던 우리나라에서 고등어 등 생선 알레르기 환자들이 많았던 것도 바로 생선의 히스타민 생성 때문이었다.

만성 두드러기 환자는 히스타민 농도에 따라 다양한 증상이 나타난다. 체중(kg)을 기준으로 20~50mg의 히스타민을 섭취하면 두통, 100~150mg은 홍조를 일으킨다. 심한 경우 재채기, 구토, 설사, 두드러기, 호흡곤란, 심혈관계 문제를 야기할 수 있다. 체질이 약한 사람이 어린 시절 고등어만 먹으면 문제가 발생했던 것도 바로 이런 이유 때문이었다. 100~225mg의 히스타민이 치명적인 중독을 나타낸 보고도 있다. 히스타민은 두드러기 외에도 천식, 비염 등 알레르기 질환을 유발하는 체내의 화학매개체로, 장내 히스타민 분해 능력이 부족한 사람의 경우 남들보다 예민한 반응을 나타낸다. 그러므로 만성 두드러기 환자는 히스타민 분비를 억제하는 항히스타민제를 사용해야 하며, 가능하면 히스타민 함유량이 많은 음식 섭취를 피하는 것이 좋다. 히스타민은 가열해도 없어지지 않기 때문에 신선하지 않은 생선은 섭취하지 말고, 저장 시에는 냉장 또는 냉동상태로 보관하여야 한다.

광야 생활에 익숙한 이스라엘 민족이 신선한 어패류를 지혜롭게 보관하고 섭취한다는 일은 결코 쉬운 일이 아니었다. 그럼에도 불구하고 주변 이방인들은 어족 자원에 대해 제한을 두지 않고 섭취하였다. 심지어 악어 등 특정 수중 생물들을 숭배하기까지 했다. 하나님은 히브리 민족에게 이방인들과 구별하여 영육 간에 경건을 실천하고 거룩하게 성별할 것을 요구하고 있다. 무분별한 어족 생물의 섭취는 분명 히브리 공동체의 영적, 육적 건강을 심각하게 훼손할 위험이 있었다. 비늘과 지느러미가 없다면 그리스도인들도 먹을 수 없는가? 그리스도인들은 육적 광야를 배회하는 자들이 아니다. 따라서 지금은 정통 유대인들과 일부 성서 근본주의자들을 제외하면 이들에게 금지되었던 어패류 섭취를 제한하는 신앙인은 없다. '이 법은 십계명과 같은 영구법이 아니다.' 광야에서 생활하며 가나안 지역에 입성하는 이스라엘 민족에게 적용되었던 법이다. 만일 이 법을 지금도 적용한다면 우리는 모든 오징어, 굴, 조개류, 고등어, 갈치도 먹지 못하고, 새우젓 등 온갖 젓갈이 들어간 김치도 입에 대면 안 될 것이다.

돼지와 마찬가지로 시간이 흐르면서 이들 어패류를 위생적으로 관리하고 섭취할 수 있는 방법을 인류 스스로 터득하면서 섭취에 제한을 두지 않게 되었다. 율법의 저주에서 우리를 속량하신 그리스도의 십자가 은혜 아래 식물은 이제 아주 작은 유익에 불과한 것이 되었다. 사도 바울은 식물이 우리를 하나님 앞에 세우지 못한다고 분명히 규정하였다(고전 8:8). 비록 바다를 끼고 있던 민족이기는 하지만 히브리 민족은 해양 어업에 익숙한 민족은 아니었다. 가나안 주변에 함께 거주하던 블레셋이나 두로와 시돈이 바다에 익숙한 민족인 것과 대비된다. 이렇게 히브리인들은 어업에 종사하는 것을 천하게 여겼다. 다른 민족과 달리 토라의 법이 히브리인들에게 어업을 천한 일로 여기게 하였음이 틀림없다.

그런 관점에서 예수님의 주요 제자들의 생업이 갈릴리 어부였다는 사실은 의미심장하다. 예수님은 이 세상 형통한 자들을 위해 오신 게 아니었다. 예수님은 수고하고 무거운 짐 진 세상에서 약하고 천한 자들의 왕으로 이 땅을 찾아오셨다. 기득권자들의 도시인 화려한 예루살렘과 달리 옛적 변방 스불론 땅과 납달리 땅은 멸시의 대명사였다. 그리스도가 오시므로 하나님은 해변 길과 요단 저편 이방의 갈릴리를 영화롭게 하셨다(사 9:1). 그리스도 안에서 우리 그리스도인들은 율법의 저주에서 자유함을 얻게 되었다(갈 3:13-14).

마태복음 5장에서 "율법의 일점일획도 결코 없어지지 아니하고 이루리라. 누구든지 이 계명 중에 지극히 작은 것 하나라도 버리고 가르치는 자는 천국에서 지극히 작다"고 하였다. 613계명은 유대교에서 지키는 율법으로 유대민족의 출애굽 과정에서 광야를 떠돌아다니던 시절, 모세가 시내산에서 하나님께로부터 받은 십계명을 세분화한 것이다. 유대인들이 지키는 613계명을 유대인들처럼 그대로 지키라는 것이 아니라 십계명의 의미를 생각하며 신약에서 예수께서 가르치신 하나님을 사랑하고 사람을 사랑하라는 계명을 지키라는 것이라고 생각한다.

성공이 아니라 섬김이다

엘리자베스 쉐핑 선교사는 독일계 미국인 간호사로 1912년 32세 나이에 한국으로 왔다. 그녀의 한국 이름은 '서서평'이었고, 검정 고무신을 신고 한복을 입고 된장찌개를 먹으며 한국인으로, 한국인의 친구로 살았다. 간호 선교사로 새로운 삶을 맞는 기대 가득한 시점이었지만 그녀에게 조선인들의 현실은 참담하기만 했다. 그녀가 처음 맡은 일은 전라도에서 간호사 양성과 기독교 선교활동이었고, 서울의 세브란스 병원에서 근무하기도 했다. 그러나 3.1운동이 터지자 조선인들을 치료해 주고 독립운동가들의 옥바라지를 해주었다는 이유로 일제는 서울에서의 활동을 금지했다. 1920년대에 다시 전라도로 내려가 봉사활동을 했다. 그곳에서 방문 간호와 공중위생에 힘썼으며 인신매매나 공창폐지운동에도 참여했다. 길을 가다가도 머리가 지저분한 여성을 보면 손수 빗질해 주고, 속옷이 보이거나 가슴을 내놓고 다니는 여성이 있다면 옷매무새를 고쳐주었다고 한다.

서서평은 한국 나병 환자에게도 큰 도움을 주었다. 조선 시대의 나병 환자는 병의 전염성 때문에 따돌림받고 멸시당했다. 서서평이 만든 나병 환자 시설도 주변 주민들의 반발 때문에 시외로 옮겨 새로 만들어야 했다. 그러나 서서평은 포기하지 않고 환자들을 보살피고 보듬어 새로운 희망을 품게 도왔다. 그녀가 목사님과 서울에 상경했을 때는 나병 환자들과 모여서 대행진을 벌인 적도 있다. 이로 인해 일제총독부는 결국 소록도에 나병 환자 단독시설을 허락하고 지금의 국유지인 전남 소록도가 있을 수 있었다.

또한 일제강점기에 의료혜택을 받지 못했던 전라도 궁핍한 지역의 미혼모, 고아, 노숙인 등 가난하고 병약한 사람들을 보살폈다. 입양하여 키운 고아가 14명, 오갈 곳 없는 과부를 가족처럼 품어 집에서 같이 지낸 사람이 38명이었다. 약한 자들을 위해 많은 헌신과 섬김을 베풀다가 만성 풍토병과 과로로 1934년 54세 나이에 숨졌다.

그녀는 자신의 몸마저 의학 연구용 시신으로 기증하면서 자신의 모든 것을 아낌없이 내어주었다. 그녀가 떠난 남루한 방에 남은 것은 낡은 옷가지 몇 벌과 반쪽이 된 담요, 동전 일곱 전, 강냉이 두 홉, 그리고 그의 좌우명이 적힌 메모지 한 장이었다. 거기에는 이렇게 적혀 있었다. '성공이 아니라 섬김이다.' 그녀는 우리 주님을 본받아 섬김의 삶을 살았다. 우리가 지금 걷고 있는 길은 성공을 위한 길인지 섬김의 길인지 돌아보아야겠다.

한국교회가 사회로부터 외면을 받고 있다. 한국 사회의 개신교에 대한 신뢰도는 세 주요 종교 중 가톨릭, 불교 다음으로 가장 낮다. 성경에는 하나님을 사랑하고 이웃을 사랑하라고 말씀하셨고 크고자 하거든 남을 섬기라고 말씀하셨다. 그러나 한국교회는 여태껏 수직적 사랑에만 치우쳤다. 각자 자신만 하나님으로부터 신령한 은총을 받기에만 갈급해 왔다. 그러나 이제는 수평적 사랑을 수행해야 할 시기다. 주일예배, 새벽 기도회, 성경통독을 통해 받은 신령한 은혜와 성령의 능력을 우리 이웃에게 베풀어 주어야 할 때다. 오늘 제자들의 발을 씻겨주신 예수님의 섬김의 자세로 한국교회는 돌아가야 한다.

교회 성도들은 자신들만 잘 먹고 잘산다고 비난하는 교회 밖의 이웃들의 목소리에 귀를 기울여야 한다. 교회 재정을 최대한 절약하여 코로나로 쓰러져가는 이웃을 도와야 한다. 성도들의 곡간에 쌓아둔 곡식들을 갑작스런 하늘의 부름을 받기 전에 곡간 문을 열고 양식이 떨어지고 병마로 고통받는 이웃에게 나누어 주어야 한다. 이것이 세족식을 통한 우리를 향하신 예수님의 메시지이며 명령이다. 하나님의 명령에 순종하는 성도에게 성령이 동행하시며 우리를 하늘나라로 인도하실 것이다.

존경해야 할 분

우리가 존경해야 할 분은 누구인가? 많은 권력을 가진 대통령인가? 아니면 많은 재산을 가진 이건희와 정주영과 같은 대기업 회장인가? 진정한 인간에 대한 평가는 오직 하나님만이 하실 수 있다고 생각한다. 내가 훌륭하다고 생각하는 사람은 신약성경에 나오는 스데반과 같은 사람이다. 구약성경에 나오는 밧세바의 남편 우리아 장군과 같은 사람이다. 우리나라의 안중근과 유관순, 조만식, 이승훈, 주기철, 손양원 같은 사람이다. 또한 우리 주위에 이름 없이 하나님께 충실히 살아가는 우리의 부모님과 같은 경건한 보통 사람들과 농촌에서 가난하게 목회하는 목회자들과 가난한 타국에서 선교하는 선교사들이다.

스데반은 교회 집사였으며 열심히 선교하다 유대인들에게 돌팔매질을 당해 순교한 사람이다. 그 젊은 나이에 얼마나 성령 충만했으면, 목숨까지 두려워하지 않고 돌팔매질을 당하며 얼굴이 피로 만신창이가 되고 몸이 으스러지는 돌팔매질을 이겨냈을까. 아! 감히 나로서는 지금 이 나이에도 도저히 이겨낼 수 없는 시련인데 꿋꿋이 견디며 죽어간 젊은 스데반 집사는 정말 성인이다.

우리아 장군은 나중에 다윗의 아내가 된 밧세바의 남편이다. 다윗은 정말 세상적으로 잘 나가고 있을 때 어느 날 밤 아리따운 한 여인이 목욕하는 모습을 보고 그 여인을 취할 욕정을 품었다. 그리고 부하를 시켜 그녀가 우리아 장군의 아내이며 지금 우리아가 전쟁터에 있다는 사실을 알아낸다. 그는 부하를 시켜 밧세바를 침실로 데려와 남편 몰래 동침한다. 그러나 불행하게도 그 밤에 밧세바는 덜컥 임신하게 된다. 다윗은 이 임신 사실을 숨기기 위해 전쟁터에 전갈을 보내어 우리아를 데려와 밧세바와 합방하게 하려 했지만 우리아는 전쟁터에 죽어가는 부하를 생각하며 밧세바와의 합방을 거부하고 홀로 밤을 보낸 후 다시 전쟁터로 돌아갔다. 다윗은 밧세바와의 잘못된 간통 사실을 숨기기 위해 마침내 우리아를 전쟁터의 최전방으로 보내 죽게 만든다. 우리아는 정말 충신이지만 자기 아내를 다윗에게 빼앗겼고 비참하게 전쟁터에서 다윗의 계략으로 죽임을 당했다. 세상적으로만 생각하면 우리아는 정말 불쌍한 인간에 불과하지만 하나님께서는 이런 충실한 우리아를 높이 평가하셨고 성경에 그의 이름을 기록하여 대대로 많은 자손에게 그의 이름을 높여주셨다. 하나님 안에서 보면 우리아는 정말 훌륭한 사람이다.

안중근은 일본통치하에서 적장 이토 히로부미를 총으로 저격하고 일본군에게 잡히어 감옥에서 얼마나 괴롭고 무서웠을까? 누가 이 나라 대한민국을 이만큼 사랑할 수 있을까? 어떤 대통령도 장관도 국회의원도 이만큼은 아니다. 안중근은 천주교 신자였다고 한다. 감옥에서 형장의 이슬로 사라지기까지 얼마나 하나님께 간절히 기도했을까? 이 시련을 극복할 수 있게 해달라고 말이다. 감옥에서 사형당하기 전까지의 안중근의 모습을 그려보자. 발가벗겨지고 추운 감옥에서 매질과 고문 그리고 간수들로부터 온갖 멸시를 당하고 끝내는 사형 당하기까지의 그의 고통을 상상해보자.

그러나 인간은 누구나 죽는다. 대부분 인간은 오래 살려고 몸부림치지만 끝내는 누구나 늙고 병들어 죽는다. 이것보다 남을 위해, 나라를 위해, 혹은 하나님을 위해 젊어 목숨을 바친다면, 늙어 몸에 병을 얻어 죽음이 두렵고 무서워서 목숨을 구걸하다 하늘나라로 끌려가는 삶보다 아름답고 멋지지 아니한가? 이 지구상에는 사는 사람보다 죽은 사람들이 훨씬 많고, 인간은 반드시 죽기 때문에 우리는 멋진 죽음에 대하여 깊이 생각해 보아야 한다.

가장 큰 죄악은 교만이며 죄악을 용서받을 길은 회개이다

구약 말라기 4장 1절에 "만군의 여호와가 이르노라 용광로 불같은 날이 이르리니 교만한 자와 악을 행하는 자는 다 지푸라기 같을 것이라 그 이르는 날에 그들을 살라 그 뿌리와 가지를 남기지 아니할 것이로되"라고 하여 교만하거나 악을 행하지 말라고 하였다. 자신이 대통령, 장관, 국회의원, 판검사, 의사, 그리고 부자라고 목에 힘을 주며 교만해서는 안 된다. 높은 자리에 오를수록 더욱 겸손해야 한다. 세상 권세는 오래가지 못하고 우리는 곧 늙기 때문이다.

부자는 자기 곡간을 열고 죽기 전에 많은 재물을 이웃에게 나누어 주어야 한다. 많은 재물을 남겨둔 채 어느 날 갑자기 하나님의 심판대 앞에 선다면 남겨진 재물에 대한 죄를 반드시 물으실 것이다. 하나님께서는 우리가 이기적인 삶을 살지 않고 모든 사람을 용서하고 가족과 이웃을 위해 자신의 재산과 생명까지 드릴 수 있는 삶을 살기를 원하신다. 하나님께서는 어려운 이웃을 돕고 섬기며 살라고 하셨다. 하나님이 제일 싫어하는 사람은 교만한 사람이다. 교만한 사람은 전능하신 하나님을 두려워하지 않고 이웃을 섬길 수 없기 때문이다.

젊은이는 세상의 강렬한 유혹에 빠지기 쉽다. 다윗, 요나, 야곱, 바울, 베드로처럼 죄악에 빠졌을 때 철저히 회개하여 우리의 죄악에 대한 용서를 받고 성령을 힘입고 돌이켜 새로운 출발을 하여야 한다. 늘 하나님과 동행하기 위해 순간순간 하나님을 기억하며 그의 뜻에 순종하고 감사하는 삶을 살아야 한다.

현 교회의 문제점들

나는 모태신앙이다. 대학시절 1970년 후반 여의도에서 있었던 부활주일 예배와 빌리그래함 목사 초청 예배 시 인산인해를 이루었던 예배 상황을 기억하고 있다. 그 당시 기독교인은 놀라운 속도로 증가하고 있었다. 그러나 2000년을 넘어서면서 기독교인의 증가세는 멈추었고, 감소세로 돌아섰다. 또 한국의 주요 종교 중 사회로부터의 신뢰도가 가장 낮고 사회를 선도하기는커녕 비호감 그룹으로 낙인찍혀 가고 있다. 그 이유는 다음과 같다고 생각한다.

- 중대형교회 헌금 사용이 투명하지 못하고 많은 목회자들의 헌금유용으로 재벌 목사들이 탄생함.

- 담임목사의 독선적 생각에 의한 교회 행정/재정 운영 및 교인들에 대해 권위의식을 가짐.
- 호화로운 교회 건축 및 유지비 지출로 재정 낭비.
- 교회 직분 임명을 이용한 헌금 유도 및 보여주기식 봉사 경쟁(교인 간 경쟁, 질투, 미움 등 갈등 유발).
- 교회 헌금이 고아와 과부 등 가난한 이웃 구제와 국내외 선교비 지출에 20% 미만으로 배정.
- 교인들의 인색함과 이기주의.
- 교회와 교인이 사회를 선도하지 못하고, 대형교회 목회자들은 교회의 부정을 감추기 위해 잘못된 정권의 눈치를 보며 바른말 하지 못함.
- 주일예배 한 번만 참석하는 겉보기 교인 양산.
- 모든 교인에 대한 체계적인 성경공부와 기도생활 및 봉사생활 참여 부족.
- 실제 사회생활에서 성령 충만한 삶에 도움이 되는 설교 부족.
- 목회자 수준 미달과 대량 배출.
- 일부 목회자들의 성적 타락 및 각 교단 내에서 감투싸움.
- 코로나19를 이유로 예배참석, 성경읽기, 기도 등을 게을리함.

인간이 태어날 때 주어지는 세 가지 달란트

사람은 태어날 때부터 부모로부터 세 가지 달란트를 가지고 태어난다. 재산, 아이큐, 인물이다. 이것들 없이는 세상을 살 수 없다. 태어날 때 드물지만 부모가 수백억 원 이상을 가지고 있는 이른바 금수저인 사람도 있다. 이들은 여유롭게 한평생 돈 걱정 없이 살아갈 수 있다. 태어날 때 아이큐가 좋아서 책을 한 번 보면 사진을 찍듯이 머리에 새기고 이해력이 뛰어나 조금만 노력해도 우수한 성적을 내는 사람이 있다. 또한 태어날 때부터 인물이 좋아서 화장이나 비싼 옷으로 치장하지 않아도 얼굴과 몸매가 빛이 나는 사람이 있다. 우리는 한평생 살아가며 쉬지 않고 일하여 돈을 모으고, 도서관에서는 열심히 공부하여 좋은 성적을 받으려고 애쓰며, 몸매를 날씬하게 하기 위해 음식을 조절하며 운동을 열심히 한다.

이렇게 우리는 이 세 가지를 얻기 위해 최선을 다하며 살아가고 있다. 그러나 이것들을 우상화해서는 안 된다. 이것들은 인간이 살아가는 동안만 필요한 것들이다. 죽은 후에 하나님 심판대 앞에 섰을 때 이 세 가지는 아무 쓸데 없는 쓰레기에 불과하다. 세상 살아가는 동안에만 필요한 재물을 우상화하지 말라는 것이다. 세상 학벌에 너무 목매지 말라는 것이며, 훈남 훈녀의 외모지상주의를 너무 추구하고 우상화하지 말라는 의미이다.

이 세 가지를 가졌다며 오만하고 절제 없이 자기 본능대로 살아간다면 지옥 불에 떨어질 수밖에 없다. 그러나 나사로처럼 세 가지를 갖지 못했을지라도 하나님을 두려워하며 겸손하며 거룩하게 살아간다면 천국에 들어갈 수 있다. 비록 작은 달란트를 가지고 태어났어도 자족하고, 늘 기도하며 경건하게 하나님과 동행한다면 힘든 세상살이가 끝날 때 엘리야나 에녹처럼 고통스럽지 않게 천국 문을 열 수 있을 것이다.

인간은 기억력/이해력/창조력/기술력을 가지고 태어난다

IQ가 높은 사람은 기억력/이해력이 높은 사람으로 조금만 노력해도 높은 학업성적을 올릴 수 있기에 중·고등학교와 대학교에서 좋은 성적을 받을 수 있다. 그러기에 이들은 학창 시절 많은 사람의 부러움을 받으며 살아갈 수 있다. 그러나 전구를 발명한 에디슨이나 기관차를 발명한 스티븐슨, 비행기를 발견한 라이트 형제, 방사능을 발견한 마리 퀴리, 마이크로소프트를 개발한 빌 게이츠와 같은 사람들은 창조력이 높은 사람들이다. 이들에 의해 세계는 실제적인 과학이 발달하게 되었다. 그리고 햄버거, 냉면, 만두, 피자, 짜장면, 라면 등 새로운 음식을 만들거나 공장에서 일하며 기술을 배워 자신의 공장을 세운 사람들과 축구, 야구, 노래, 연기 등의 특별한 재능을 가진 사람들은 기술력이 뛰어난 사람들이다. 이들 중에 100억 이상의 자산가들이 많이 있다.

우리나라에 1,000억 이상을 가진 사람들은 대부분 사업가들이며 창조력과 기술력이 뛰어난 사람들로 일류대학을 나오지 않은 사람들도 많다. IQ가 높은 의사, 변호사, 변리사, 회계사, 교수 중에는 50억 이상을 가진 졸부들이 많다. 이들은 개인 전문업체를 운영하며 돈을 벌었다. 그러나 부패하지 않은 정직한 판검사, 고급공무원, 군 장성 들은 30억 넘는 재산을 모으기가 힘들다. 한국에서 대부분 부자는 정직하지 않는 방법들을 사용하기에 천국에 들어가기가 어려울 것 같다. 그러므로 너무 부자가 되려고 애쓰는 것은 어리석은 짓이다.

우리나라에서 2021년 2월 현재 가구당 자산이 약 28억 이상이면 1%의 자산가에 속하며. 약 22억 이상이면 2%의 자산가에 속한다. 그러나 중요한 것 중 하나는 10억 이상에 대한 상속세가 40%이고, 30억 이상에 대한 상속세가 50% 이상이기 때문에 30억 이상을 가진 자산가들은 본인 사망 시 평균 40% 이상을 세금으로 나라에 반납해야 하므로 죽기 전에 가난한 이웃과 국가 발전을 위해 가진 재산을 많이 기부하는 것이 지혜로운 결단이다.

그러나 재산은 많지 않아도 시골에서 좋은 공기를 마시며 부지런히 농사를 지으며 건강을 유지하고 일상의 소소한 것에 감사하며, 나름 행복한 가정을 꾸려가는 선한 사람들도 있으므로 반드시 재산만이 행복의 기준이 될 수는 없다. 그 대신에 절제와 자족 할 수 있는 사람이 행복한 사람이라고 생각한다. 이러한 절제와 자족할 수 있는 능력도 하나님께 기도함으로 얻을 수 있기에 범사에 하나님을 의뢰하는 사람이 가장 행복한 사람이다.

마이클 잭슨과 휘트니 휴스턴의 죽음

세계적으로 유명한 미국의 가수 마이클 잭슨이 2011년 52세로 사망했고, 휘트니 휴스턴은 2012년 48세로 사망했다. 그들은 둘 다 태어날 때부터 천재적인 음악성을 가지고 태어났고 상당히 오랜 기간 인기를 누려왔었다. 그들은 많은 돈과 명성을 얻었기에 세계 어디를 가든지 환영을 받았다. 누구보다 세상적으로 출세한 사람들이었다. 그러나 그들의 최후는 비참해 보인다. 그들은 세상 쾌락과 낭만을 즐기며 술과 마약에 찌든 생활을 한 것 같다. 성경에 보면 세상에서 가장 중요한 것이 천국에 가는 것인데 그들은 정작 천국에 가기 위해 얼마나 노력했던가? 오직 세상의 인기와 재물 쌓기 위해 육체적 쾌락과 낭만만을 추구하다 결국 죽음을 맞이했다면 저들의 삶은 비참한 것에 불과하다.

　우리가 목숨이 붙어 있는 한 세상 것들은 중요하다. 세상 것들은 돈, 권력, 지위, 명성, 쾌락, 낭만 등이다. 그러나 우리의 궁극적인 삶의 목표는 천국에 들어가는 것이 되어야 한다. 세상 것들은 우리의 죽음과 동시에 끝난다. 그러나 하나님의 영광을 위해 노력하며 희생 봉사하고 때론 자기의 생명까지 바친 성인들이 얼마나 많은가? 우리는 죽음 뒤에 하나님의 심판대 앞에 서야 한다. 우리는 비록 마이클 잭슨과 휘트니 휴스턴처럼 천부의 재능을 갖고 태어나지는 못했지만 우리는 세상에서 가장 중요한 것이 무엇인지 알기에 이들보다 행복하게 살 수 있고 죽어 하나님 심판대 앞에서 이들보다 나은 모습을 하나님께 보여 줄 수 있다. 그러므로 우리는 세상 살 동안 너무 세상에서 출세한 사람들을 부러워할 필요는 없다. 우리에게 하나님께서 주어진 능력만으로도 얼마든지 하나님 안에서 행복한 삶을 살아갈 수 있기 때문이다.

　내가 존경하는 강영우 박사님은 비록 앞을 보지 못하는 맹인이셨지만, 역경을 믿음으로 이겨내고 하나님 안에서 최선을 다하므로 미국 피츠버그대학에서 박사학위를 취득한 후 미국 국가 장애위원회 차관보 지위까지 오르셨다. 그분은 암에 걸리셨지만, 더욱 주님을 가까이하며, 지난 세월 동안 하나님의 은총 속에 날마다 주님과 동행하며 행복한 삶을 살았다고 진심으로 고백했다. 그러므로 우리가 세상 역경을 통해 하나님을 발견할 때 행복할 수 있으며, 이웃을 위한 봉사와 희생의 삶을 살아갈 수 있다.

한국에서 원자력발전은 계속되어야 한다

우리나라는 에너지 자원이 없다. 화력발전으로 사용되는 가스와 석유는 해외에서 수입하며 이들 자원도 언젠가는 고갈될 것이다. 중동전쟁이라도 일어나면 원유가가 오르고 전기료는 치솟을 수밖에 없다. 태양광과 풍력에 의한 전기생산은 원자력발전보다 3배 이상 비싸다. 우크라이나의 체르노빌 원전과 일본 후쿠시마 원전 폭발 사고가 발생했지만, 우크라이나나 일본의 경제에 치명적인 영향을 주지는 못했다. 이 두 나라는 원전 폭발로 주변의 넓은 지역(원자력발전소 주변 바람 부는 방향 30km 정도 지역)이 세슘으로 오염되었지만, 일본 후쿠시마에서는 학교 운동장, 광장 등 어린이들이 뛰어놀 수 있는 지역과 거주지역 주변의 땅에 대해서만 표면을 5cm 정도 파내어서 하나의 정해진 곳으로 운반하여 그들 굴착된 지역만은 방사능농도를 안전하게 낮추었다. 또한 원전 주변 고농도로 오염된 토양들을 파내어 파낸 방사성 토양들을 지정된 곳에 모아두었다. 그러므로 나머지 후쿠시마 대부분 지역의 방사능 수치는 유럽 기준치의 수십 배이다.

일본 정부는 세월이 지나가기만을 기다리고 있다. 일본 정부는 수십조 원의 고비용 때문에 어마어마한 양의 방사성 토양을 감축하기 위한 방사성 토양제염 사업은 수행하지 않고 있다. 다행히 세슘은 반감기가 30년이라서 약 300~400년이 경과하면 토양의 방사능은 정상 가까이 회복되기 때문이다. 그러나 이 지역에 사는 사람들의 건강은 300~400년 동안 주변의 세슘으로 오염된 땅에서 나오는 방사능에 의해 어느 정도 해로운 영향을 받을 것은 분명하다.

일본은 히로시마와 나가사키에 원자폭탄 투하로 우라늄 오염지역에서 수십 년간 생활해왔지만 커다란 영향은 없었다는 생각을 갖고 있는 듯하다. 후쿠시마의 원자력발전소가 폭발되었지만, 방사선을 잘 관리하면 그들의 건강에는 큰 이상이 없으리라고 생각하는 것 같다. 나도 20년 간 방사능 허용기준의 10~100배의 방사능 오염토양을 가지고 먼지를 흡입하며 제염실험을 수행했지만, 건강에 큰 이상은 없었다.

  그러나 일본 영토 중 쓰나미가 자주 발생하는 지역, 즉 태평양 바다 인접지역에서는 원자력발전소를 세워서는 안 된다. 지진만으로 원자력발전소가 폭발할 가능성은 매우 적다. 그러나 쓰나미는 원자력발전소 폭발의 원인이 될 수 있다. 그러나 지금처럼 원전 자동 폐쇄기술이 발전된 시대에서는 비록 쓰나미가 발생했다 해도 자동적으로 원전 가동을 중지시키는 시스템을 이중 삼중으로 설치한다면 결코 원전폭발은 일어나지 않을 것이다. 우리나라의 경우 우기가 길고 태양의 각도가 비스듬하게 들어오기 때문에 태양광의 경제성은 매우 떨어진다.

  결론적으로 우리나라에서는 원자력발전을 35% 정도는 가동해야 국가 발전에 큰 역할을 할 수 있다. 그리고 이중 삼중으로 지진이나 쓰나미 발생 시 자동 원전 가동중지 시스템을 개발 구축함으로 원전의 안전을 확고히 해야 한다. 한편, 원전 가동 시 발생하는 방사성 폐기물의 감축기술을 개발하여 발생된 방사능 폐기물에 대하여는 방사성 폐기물 처리 장치를 사용하여 최대한으로 그 양을 줄인 후 발생된 방사성폐기물은 경주에 있는 방사성폐기물 처분시설에 넣어 안전하게 보관하여 관리함으로 원자력발전의 안전성과 경제성을 높여야 한다.

  일본이나 우크라이나처럼 국가 경제를 위해 수백 년간 피해지역 주민의 건강을 해치는 국가 방책들은 수립하지 말아야 한다. 특히 세슘 오염토양은 ageing 효과가 크기 때문에 발생 후 즉시 토양제염장치를 이용하여 제염하여야 토양제염 비용을 최소화할 수 있다.

죽음 앞에 생명을 구걸하지 말고 믿음으로 죽음을 이겨내자

인간은 누구나 다 죽는다. 나도 죽음의 때도 점점 가까이 오고 있다. 젊어서 믿음으로 생명을 내던지고 천국으로 들어갔던 윤동주, 유관순, 안중근, 윤봉길, 주기철, 손양원, 스데반, 우리아가 부럽다. 죽음을 앞둔 순간 그들의 고독과 공포는 얼마나 컸을까? 그럼에도 불구하고 그들은 믿음으로 죽음의 공포를 이겨냈고 죽음 앞에 비굴하지 않았다. 나는 요사이 내 나이 또래의 많은 사람이 암으로 죽어가는 모습을 보고 있다. 암은 정말 무서운 질병이다. 우리나라 사람의 60%가 암으로 죽어간다고 한다.

우리 어머니는 죽음 앞에서도 강한 믿음의 소유자시다. 얼마든지 죽음을 혼자서 감당할 믿음을 소유하신 분이시다. 물론 어머니도 세상적인 면에서 문제를 가지셨다. 편애, 불공정함, 잔소리, 며느리들에 대한 냉정함 등 문제는 있으시다. 그래서 손자들과의 관계도 소원해지셨다. 나는 부모님 사후 유산, 부동산과 동산 한 푼도 받지 못했고, 생활 형편이 어려운 형과 동생이 모두 나누어 가졌다. 게다가 형은 1998년도 사업 실패로 인해 나에게 빌려 간 오천만 원도 그의 계속된 경제적 어려움으로 인해 갚지 못했다. 어떻게 생각하면 형을 편애하는 어머니가 얄밉고 싫다. 그러나 내가 부모 입장에 선다면 못사는 자식에게 유산을 나누어 주고 싶은 것이 부모의 마음일 것이다.

그럼에도 불구하고 나는 어머니의 신앙은 존경한다. 어머니는 어릴 때부터 깨끗한 종이돈을 모아 두셨다가 주일 아침 나와 동생 계양이가 교회에 갈 때 꼭 챙겨주곤 하셨다. 그리고 정성을 다해 십일조를 교회에 드렸다. 나이가 드신 후 어머니는 몇 번 의사로부터 사형선고를 받았지만 그때마다 생명을 주님께 맡기고 간절히 기도함으로 기적적으로 하나님으로부터 치료함을 받으셨다. 우리 어머니는 죽음을 믿음으로 극복한 사람이다

　내가 존경하는 사람 중의 한 분은 대전 한빛장로교회 원로목사인 이재화 목사님이시다. 이분은 92세에 돌아가셨다. 돌아가시기 약 4개월 전에 우리 집에서 우리 부부와 함께 식사를 같이하셨다. 남을 위한 기도를 얼마나 하셨는지 92세의 연세에도 기억력이 매우 좋으셨다. 많은 사람의 이름과 그들의 기도제목을 기억하셨다. 이분은 교회 지역 장로회 총회장도 한 번도 역임하지 않은 분이셨다. 그러나 6개의 교회를 개척하고 성장시킨 뒤 후배 목사님들에게 물려준 넉넉한 분이셨다. 가끔 유성구 갑천에서 운동 중 만날 때마다 반갑고 해맑게 웃으시던 그분은 내 인생에서 내가 직접 만나 본 성자셨다. 이분 또한 죽음을 결코 두려워하지 않으셨다. 돌아가시기 전 약 3개월 동안만 병상에서 앓다가 행복한 죽음을 맞이하셨다.

　제일 부끄러운 죽음은 김정일, 후세인, 히틀러같이 오직 세상 것들, 즉 돈, 지위, 권력, 쾌락을 추구했던 사람들이다. 그들은 세상 것들을 위해서라면, 살인도 모략도 거짓말도 무자비함도 마다하지 않았다. 이들이야말로 어리석은 사람들이다. 가장 중요한 천국 가는 것을 준비하지 못하고 죽음을 맞이할 때까지 썩어 없어질 세상 것들만을 추구하고 의지했던 어리석은 사람들이다.

　요즘 많은 젊은이가 돈을 좋아한다. 돈이라면 무슨 짓이든 다 한다. 생명까지도 바치려 한다. 그리고 세상적으로 출세한 사람들을 부러워한다. 아, 이들의 어리석음을 어떻게 하면 돌이키게 할 수 있을까? 세상을 사랑하는 사람은 롯의 아내처럼 세상 물질의 아쉬움을 떨쳐내지 못하고 세상 것들을 뒤돌아보다가 결국 소금기둥이 되어 영원한 지옥불로 떨어

짐을 왜 알지 못할까?

성령 충만함, 이것만이 세상을 이길 유일한 방법이다(롬 8장). 성령 충만함만이 세상 죄악, 즉 성적 죄악과 물질적 죄악을 이겨낼 수 있다. 성령 충만함만이 죽음을 구걸하지 않고 믿음으로 천국 문을 열 수 있는 유일한 방법이다. 성령 충만함을 받기 위해선 늘 성경을 가까이하고 기도하며 묵상하기를 쉬지 않아야 한다. 사탄의 세력이 우리의 생각과 마음에 들어오지 못하도록 쉬지 않는 기도가 필요하다. 아 하나님이시여 연약한 죄인이 죽음을 두려워하지 않게 하시고, 우리 어머니처럼 굳건한 믿음으로 죽음을 넘어 영원한 천국 문을 열 수 있도록 도와주옵소서.

하나님을 위해 목숨을 걸어야 한다

요즘 다시 새벽 기도회를 다니고 있다. 영하 10도의 추위를 뚫고 새벽 기도회를 다니는 것은 쉽지 않다. 그래서 나는 하나님을 위해 남은 삶 동안 목숨을 걸겠다고 결심했다. 재산을 모으기 위해 목숨을 건 사람도 있다. 부자가 천국에 가지 못하는 것은 재산이 많기 때문이 아니라 재산만 곡간에 모아두고 가난한 사람들을 위해서는 쓰지 않은 채 죽었기 때문이다. 세상 지위를 위해 목숨을 건 사람이 있다. 이것을 위해선 시기와 질투, 권모술수를 써야 한다. 시기와 질투, 권모술수는 하나님이 제일 싫어하는 것이다. 건강을 위해 목숨을 건 사람이 있다. 아무리 건강을 위해 음식을 조절하고 운동을 하며 몸부림친다 할지라도 남성은 90세를 넘어 살기 힘들며 100세 전에 거의 죽는다.

돌이켜보면 사도 바울은 젊었을 때부터 하나님을 위해 목숨을 걸었다. 자신의 세상 재산, 지위, 건강을 하찮은 쓰레기에 불과하다고 생각했다. 그리고 영원한 하늘나라를 위해 살다가 영원한 생명을 얻었다. 참으로 사도 바울은 지혜로운 사람이었다. 이 세상에서 무엇이 가장 소중한 것인 줄을 젊은 시절에 깨달았기 때문이다. 물론 하나님을 위해 목숨을 걸고 살면 세상살이를 위해 필요한 적당한 재산, 지위, 건강은 하나님께서 마련해 주신다.

우리는 보통 사람들을 행복하게 만들기 위한 꿈을 가지고 모든 말과 행동을 해야 한다. 특권지배층이 되기 위해 노력하지 말고 우리 인생의 목표를 보통 사람들을 행복하게 만들기 위한 꿈을 가지고 하루하루 최선을 다하며 살아가야 한다.

겸손은 하나님이 우리에게 요구하시는 덕목이다. 인간의 교만이야말로 커다란 죄악이다. 타고난 달란트는 적었지만, 돈을 절약하며 자신의 분야에서 최선을 다해 부자가 된 사람들이 우리 주위에 많이 있다. 그런 사람들이 조심할 것은 너무 재산 정도로 사람을 판단하지 말아야 한다는 것이다. 그리고 죽기 전에 가난한 사람들을 위해 자신의 재산을 사용해야 한다. 그러나 불행하게도 대부분 부자들은 죽는 날까지 재산만 모으다 모든 재산을 남겨둔 채 죽는다. 이런 부자는 하늘나라에 가기 어려울 것이다. 우리를 창조하고 세상을 운행하시는 분은 하나님이시다. 그러기에 지혜로운 사람은 바울처럼 하나님이 우리에게 바라시는 뜻을 간파하고 그 뜻대로 살아가는 사람이다.

김형석 교수님은 100세가 넘었지만, 아직 건강하시고 강의까지 하신다. 하나님 뜻에 따라 사시려고 노력하시며 살아오신 것 같다. 다만 김형석·안병욱의 철학의 집을 너무 화려하게 꾸미지 않았으면 하는 개인적인 바람이 있다. 이것은 일종의 우상이다. 돈이 많다면 김일성과 김정일 그리고 대기업 회장들처럼 자신들의 기념관을 만들 수는 있겠지만 너무 화려하게 만들지 않는 것이 지혜로운 것 같다. 오히려 보통 사람으로 태어나 하나님을 위해 목숨을 걸고 살다가 이름 없이 죽어간 무수한 훌륭한 사람들이 있기 때문이다. 가능한 한 후손들이 훌륭한 선배들의 업적을 기리기 위해 죽은 후 정부지원으로 기념관을 만들어 주는 것이 좋게 보인다. 김형석 교수님은 훌륭한 신앙이며 내가 존경하는 분이시다. 혹시 기념관을 세우더라도 화려하지 않고 수수하게 만들었으면 한다. 그리고 그들의 삶이 숭고하고 희생적이며 본받을 만하였다면 후손들이 판단하여 그것을 화려하게 가꾸어 나갈 것이다. 정말 훌륭한 사람은 민족을 위해 생명을 바친 안중근, 안창호, 조만식, 김구, 윤봉길, 유관순, 손양원, 주기철, 한경직, 김수환, 이순신과 같은 사람들이다. 그들의 기념관은 그들이 사망한 후 후손들이 그들의 숭고한 희생정신을 본받기 위해 꾸며나가면 될 것이다.

비를 멈춰주신 하나님

나는 교회주일학교 교사로 약 30년간 봉사했는데, 거의 매년 주일학교에서는 봄과 가을에 소풍을 갔다. 봄 소풍과 가을 소풍 날짜는 보통 한 달 전에 정한다, 그러나 봄과 가을에는 비가 자주 내린다. 그래서 나는 몇 주일 전부터 소풍 가는 날 좋은 일기를 달라고 기도하고, 비가 내린다고 예보된 날은 더욱 간절히 기도했다. 그때마다 하나님은 기적과 같이 비를 멈춰주셨다. 아마 10번 이상은 된 것 같다. 비가 오더라도 오후 늦게 내리거나 오전에만 아주 약하게 내려 소풍에는 전혀 지장이 없게 만드셨다.

하나님은 기적을 일으키시는 분이시다. 그 후 연구원 신우회 체육대회 날에도 몇 번 비를 멈추어 주셨다. 그러나 이런 일은 비를 멈추게 해달라고 간절히 기도할 때 일어났다. 기도하지 않으면 영락없이 일기 예보대로 주룩주룩 한나절 비가 내렸다. 나는 비를 멈추게 하시는 하나님을 믿는다. 하나님 앞에 의롭게 살려고 애쓰는 성령 충만한 사람들의 간절한 기도를 들어 주신다.

나의 어머님은 권사님이시다. 지금부터 약 14년 전 어머니는 기침을 많이 하셨다. 그때 기침에 피가 섞여 나왔다. 진찰한 병원 의사는 폐가 굳는 병으로 수술을 하면 좀 나아지겠지만, 어머니가 77세나 되셨으니 몸이 쇠약하여 수술을 받을 수 없다고 하며, 약을 줄 테니 약을 드시면 조금 나아질지 모르지만 앞으로 일 년 이상 살기가 어려우니 돌아가시기 전까지 잘 대접해드리라고 하는 것이 아닌가. 청천벽력과 같은 말이었지만 다른 방법이 없었다. 그러나 어머니는 죽음을 조금도 두려워하시지 않았고 새벽마다 치유를 위해 간절히 기도하셨다. 늙으신 몸이었지만 열심히 새벽예배와 모든 예배에 참석하시며 간절히 회복되기를 간구하셨다. 죽으면 죽으리라 오직 하나님만을 철저히 의지하는 믿음으로 간구하셨다. 성경에 적힌 대로 의인의 기도는 하나님이 잘 들어주시는 것 같다. 하나님께서는 기적적으로 어머님의 병을 고쳐주셨다. 일 년이 지났지만, 의사가 말했던 것처럼 어머니는 돌아가시지 않았고, 오히려 병이 나아 기침 속에 피가 보이질 않았다. 그리고 3년이 지났을 때 기침 횟수도 상당히 줄어들었고 모든 건강을 예전처럼 회복하셨다. 그리고 그로부터 약 8년이 지난 후 어머니는 이 질병이 원인이 되어 폐렴으로 돌아가셨다. 8년간 생명을 연장시켜 주신 것이다. 이와 같이 하나님은 성경 말씀대로 의인의 기도에 응답하시며, 하나님 앞에 합당한 우리의 기도에는 반드시 응답하심을 믿는다.

소돔과 고모라 성에 살던 이방민족 중의 의인

성경학자들에 의하면 소돔과 고모라 성의 인구는 약 5만 명이었다고 한다. 이 가운데 10명의 의인이 없으므로 하나님은 소돔과 고모라 성을 멸망시키셨다. 5만 명 가운데 10명의 의인이 없었다는 것은 이방민족인 소돔과 고모라 성에서 여호와 하나님을 믿음 없이 의인이 된다는 것은 심히 어려운 일임을 보여준다. 그러나 구약시대에 여호와 하나님을 믿지 않는 많은 이방인 중에도 의인은 존재했으며, 그들은 아마 로마서 2장에 나오는 것처럼 선한 양심을 따라 사는 사람들이었을 것이다. 마찬가지로 여호와 하나님을 알지 못하는 나라에 사는 이방 민족 중에도 선한 양심을 따라 사는 의인들이 있었기에 하나님께서는 그 나라를 멸망시키지 않으셨는지도 모르겠다. 아무튼 여호와 하나님을 모르는 많은 이방민족 중에 선한 양심을 따라 사는 의인의 수는 극히 적어 구원받을 만한 사람이 많지 않았으리라 생각한다.

그러므로 세계 방방곡곡에 선교를 통해 복음을 전하면 하나님은 모르지만 이런 양심에 따라 사는 사람들이 우선 하나님을 영접하고 그 외에도 많은 사람이 차례로 하나님을 영접하게 되므로 보다 많은 사람이 구원을 받을 수 있으리라 생각한다. 그러므로 보다 많은 사람을 구원시키기 위해 목숨을 걸고 복음을 전하는 일은 무엇보다 소중한 일이 아닌가?

자유의지와 구원 방법의 변천

하나님은 우리 인간에게 자유의지를 주셨다. 그러기에 인간의 행동에 따라 하나님의 인간에 대한 구원 방법도 불가피하게 아래와 같은 변화가 일어났다고 생각한다.

1. 태초에 하나님이 천지를 창조하시고, 아담과 하와를 창조하신 후 에덴동산 가운데 위치한 선악과만은 따먹지 말라 하셨는데, 따먹으면 반드시 죽는다고 하셨다. 그러나 하와는 뱀의 유혹에 넘어가서, 그리고 아담은 하와의 권유로 선악과를 따먹었다. 그래서 하나님은 이들을 에덴동산에서 쫓아내었고 결국 이들은 약속대로 죽게 하셨고 산후고통과 노동의 고통을 주셨다.

2. 하나님께서는 아담 이후 두 번째로 모세를 통해 십계명과 율법을 주어 이를 지키는 사람들에게 구원을 주리라 약속하셨다. 이 율법의 기본이 되는 것들은 인간의 양심을 통해 스스로 깨달을 수 있기에 이스라엘 사람이 아닌 이방인도 율법을 지킬 수 있다(롬 2:12-16). 그러나 세상 많은 사람은 세상의 유혹, 즉 부귀, 권세, 쾌락의 유혹에 져서 대부분 사람이 하나님의 율법을 지키지 못하고 세상 죄를 추구하므로 구원받을 사람이 극히 드물게 되었다. 즉 하나님을 믿는 믿음에 의해 율법을 지킴으로 구원받을 자가 매우 적게 되었다. 이 구약 율법에 의한 구원을 아직도 주장하는 종교는 유대교와 이슬람교라 생각한다. 그러나 이스라엘 민족만 본다면 그들은 여호와 하나님을 알고 있었으므로 그들은 하나님을 믿는 믿음으로 구원을 받았다고 생각한다.

3. 하나님을 발견하고 믿음으로 율법과 양심에 따라 구원받을 사람이 없으므로 하나님께서는 좀 더 많은 사람을 구원하시기 위해 세 번째이며 마지막으로 하나님의 독생자 예수 그리스도를 세상에 보내셨다. 하나님의 아들 예수 그리스도가 우리의 죄를 대신하여 십자가에 못 박혀 돌아가셨고, 이를 믿는 자는 모든 죄를 사함받고 의인으로 인정되어 구원을 받으리라 약속하셨다. 예수님이 십자가에 못 박혀 돌아가실 때 십자가에 달린 행악자 중 하나가 회개하고 예수를 믿겠다고 고백했을 때 그를 구원해주신 것처럼, 아무리 세상에서 큰 죄를 진 자라 할지라도 회개하고 죽음에서 살아나신 예수만 믿으면 구원을 받을 수 있다(눅 23:39-43). 그러나 아직도 많은 사람은 하나님을 찾지 않고 세상의 유혹, 즉 부귀, 권세, 쾌락의 유혹에 져서 세상 것만을 추구하며 예수 그리스도를 믿지 않고 있다. 수많은 지진과 쓰나미, 홍수, 전쟁, 기근, 코로나 등으로 세상 종말이 다가오지만 아직도 많은 사람이 하나님을 믿지 않고 보이는 세상만 믿기에 구원받을 자가 그리 많지 않을 것 같다. 그러기에 우리는 죽는 날까지 선교해야 하며 이것이 하나님 앞에 지구상에 사는 인간들이 할 수 있는 가장 가치 있는 일임을 확신한다.

"네가 만일 네 입으로 예수를 주(Lord)로 시인하며 또 하나님께서 그를 죽은 자 가운데서 살리신 것을 네 마음에 믿으면 구원을 받으리라. 사람이 마음으로 믿어 의에 이르고(justified) 입으로 시인하여 구원에 이르리라"(롬 10:9-10). "육신(sinful nature)을 따르는 자는 육신의 일을, 영(Spirit)을 따르는 자는 영의 일을 생각하나니 육신의 생각(mind)은 사망이요, 영으로 지배되는 생각은 생명과 평안이다"(롬 8:5-6).

요한복음 3장 3절에서 예수님께서는 사람이 거듭나야만 하늘나라를 볼 수 있다고 하셨다. 거듭난 사람은 누구인가? 성경이 하나님 말씀으로 믿어지며, 하나님이 세상을 사랑하사 우리의 죄를 대속시키기 위해 예수 그리스도를 보내심이 믿어지고, 성령이 자신과 동행함이 느껴지는 사람이 거듭난 사람이라고 생각한다. 수많은 기도 응답, 은사 체험, 묵상과 꿈을 통해 하나님이 함께하심에 대한 깊은 성령 체험을 하는 사람이 거듭난 사람이라고 생각한다.

과학기술 연구개발에 많은 젊은이가 참여해야 한다

한국이 앞으로 선진국으로 발전할 수 있는 길은 과학기술의 연구개발에 대한 혁신적인 투자이다. 요즘의 많은 인재들은 연봉이 많은 의사, 변호사, 회계사, 고급공무원 등으로만 집중되고 있다. 그러나 한 개인이 아닌 국가를 발전시킨 사람들은 과학기술을 개발한 사람들이다. 마이크로소프트의 빌 게이츠와 아이폰을 개발한 스티브 잡스, 구글 창시자인 래리 페이지와 세르게이 브린, 기관차를 발명한 스티븐슨, 비행기를 발명한 라이트 형제, 현미경을 발명한 얀센, 전구를 발명한 에디슨, 상대성이론의 아인슈타인, 방사선을 발견한 마리 퀴리 등이다.

원자력발전소는 1954년 6월 구소련에서 대규모 전력 생산을 목적으로 지어졌고, 원자력발전소의 최초의 상업 운전은 1956년 10월 영국에서 처음으로 시행되었다. 한국 정부는 과학기술 연구개발에 과감한 투자를 하여야 하며 많은 우수한 인재가 참여할 수 있는 여건과 환경을 조성해야 한다. 특별히 정권이 바뀔 때마다 모든 정부 출연 연구원 기관장을 정권 입맛에 맞는 사람으로 갈아치우는 어리석음이 연구발전에 큰 해독임을 인식해야 한다. 각 연구원의 기관장은 적어도 그 연구원에 10년 이상 근무한 사람으로 정권의 인맥과 관련 없이 재임기간 동안 연구실적을 남길 수 있는 인재로 임명해야 한다.

  내가 대학 다니던 시절인 박정희와 전두환 정권하에서 연구원들의 처우는 그런대로 괜찮은 편이었다. 그래서 많은 우수한 젊은이들이 이공대를 지원하여 국가 과학기술 발전에 기여해 왔다. 그러나 지금은 어떠한가? 언젠가부터 국가의 지원을 받아 공부한 서울대 공대나 카이스트 졸업생들이 다시 공부하여 의학전문대학원에 들어가거나 대학 중퇴 후 의학대학으로 다시 들어가지 않는가? 그러기에 의사, 변호사, 회계사만큼의 대우가 보장되지 않는 한 연구원에서는 우수한 인재들을 뽑을 수 없다. 우수한 연구원 없는 한국의 과학기술은 서서히 무너져 다시는 선진국의 대열에 들어갈 수 없게 될 것이다. 앞으로 들어설 새로운 정권에서는 우수한 인재들이 과학기술 연구개발에 참여할 수 있도록 새로운 임금체계를 조성하여야만 한국 경제의 미래에 희망이 있다고 생각한다. 지금과 같은 코로나 전염병 시대에 모더나 화이자와 같은 백신을 단기간에 개발할 수 있는 기술력을 가졌다면 다시 한번 한국은 도약할 수 있을 것이다.

전도는 먼저 행실이고 그다음이 말이다

  전도는 두 가지가 함께해야 한다. 먼저 자신의 행실로 본보기를 보여주어야 한다. 날마다 기도에 힘쓰므로 성령 충만하여서 경건하고 거룩한 삶을 살고 가능한 십일조는 교회에 헌금하고 그것 외에 여유가 되는 대로 주변의 가난한 이웃과 친족을 돕고, 교만하지 않고 많은 사람을 섬기며 친구가 되어주는 것을 몸소 실천하면서, 다음으로 병원, 교도소, 학교, 직장에서 또는 거리에서 전도해야 한다. 확성기로 말로만 전도하며 예수천당을 외치지만 그의 삶은 그리스도 예수의 말씀과는 다른 엉뚱한 삶을 살아간다면 참된 전도자가 될 수 없고 아무도 그의 말에 귀를 기울이지 않을 것이다. 말로는 전도하지만 삶은 엉망인 사람보다 말로는 전도하지 않아도 삶으로 예수의 말씀을 실천하는 사람이 훨씬 낫다고 생각한다.

현대를 살아가며 많은 세상 풍조가 변하고 있지만 성경 말씀은 결코 일점일획도 변하지 않을 것이라는 예수님의 말씀처럼 하늘나라에 소망을 두고 경건한 삶을 살아갈 때 성령이 우리에게 능력을 주시어 주변 이웃에게 그리스도의 향기를 전할 수 있다.

우리 개신교도는 신구약 성경을 믿는다. 반면에 유대교는 구약성서만 믿는다. 개신교도는 구약보다 신약을 중요시한다. 신명기에는 많은 율법과 안식일에 대해 기술했다. 개신교도는 예수님이 부활한 일요일을 안식일로 지킨다. 그리고 음식도 하나님께서 베드로에게 모든 음식을 가리지 말고 먹으라 하셨기에 그 말씀을 따른다. 형벌도 구약처럼 눈에는 눈, 이에는 이로 대처하는 법이 아니라 사랑과 용서의 법을 따른다. 물론 이 사회를 유지하기 위해선 국가의 법도 기본적으로 지켜야 한다.

성경에 아브라함, 이삭, 야곱, 요셉, 욥, 다윗, 솔로몬, 다말, 라합, 예수, 바울, 베드로, 가룟 유다, 삭개오, 세례 요한 등 많은 사람의 삶이 적혀 있듯이, 우리 개신교인 한 사람 한 사람의 삶은 중요한 것이며, 우리의 삶이 현대를 살아가는 모든 사람의 본보기가 되어야 한다. 그러기에 간증은 단점도 있지만 세상을 하나님의 말씀에 따라 살아가는 방향을 제시해 줄 수 있기에, CBS의 〈새롭게 하소서〉, 〈내가 매일 기쁘게〉와 같은 프로그램을 잘 선별하고 간증자들을 선정한다면 선교를 위한 좋은 방송이 되리라 생각한다. 이런 면에서 나와 같은 이런 신앙수기도 어거스틴의 《참회록》처럼 후손에게 삶에 좋은 참고가 되리라 생각한다.

가장 아름다운 여성

하나님이 보시기에 참으로 아름다운 여성은 누구일까? 영적으로 충만한 건강한 여성이라 생각한다. 마음에 성령을 모시고 사는 여성은 하나님이 주신 세상 조건(외모, IQ, 재능, 재물 등)에 감사하고, 하나님의 영광을 위해 날마다 최선을 다하며, 하나님이 주시는 평강과 영생을 사모하며 살아가고, 세상 쾌락과 잘못된 낭만을 구역질 내는 경건한 여성이다. 요즘 많은 남성들은 S라인의 예쁜 여성을 선호한다. 그러나 아무리 외형적으로 아름다운 여인이라 할지라도 외적인 미모를 가꾸는 데만 열심이지 영적으로 죽어 있다면 참으로 불쌍한 여성에 불과하다. 태어날 때부터 IQ가 높아서 좋은 학교를 졸업하고 좋은 직장에 다닌다 할지라도 영적으로 죽어 있다면, 이 또한 불행한 여성이다. 인생은 순식간에 지나가고 종말에 하나님 심판대 앞에 섰을 때 인간의 외모와 학식과 재물은 아무 소용이 없고 하나님 앞에 얼마나 선한 삶을 살았느냐가 중요하다. 얼마나 많은 사람을 주님 앞에 인도하기 위해 물적 육체적 정신적으로 힘써왔느냐가 중요하다.

나 또한 젊은 시절 똑똑하고 외형적으로 멋진 여성을 선호했다. 그러나 그것은 지혜롭지 못한 생각이었다. 물론 외형적인 것도 중요하지만 내적인 것이 좀 더 중요하다. 남성이나 여성이나 정말 멋진 사람은 주어진 세상 조건에 감사하며, 하나님을 위해 최선을 다하며, 성령과 동행하는 사람이라고 생각한다. 많은 사람은 잘못된 열등의식을 가지고 있다.

못생겨서, 공부 못해서, 가난해서 등등 이런 것들은 잘못된 열등의식이다. 정말 우리가 버려야 할 생각들이다.

인생은 너무 짧다. 우리에게 주어진 세상 조건들이 어떤 것이라 할지라도 자신의 세상 조건에 자족하며 감사하고 세상은 하나님이 운행하심을 굳게 믿어야 한다. 우리는 하나님의 영광을 위한 일에 최선을 다해 헌신하는 주님의 자녀들을 부러워하고, 그들에 대해 열등의식을 가져야 한다. 하나님의 영광을 위해 최선을 다하는 생활은 누구나 할 수 있지만 극히 적은 사람들만이 깨달아 참여하고 있다.

병원선교를 다니다가 2년 이상 콩팥과 당뇨 때문에 병원에 입원해 있는 46세의 여성을 만났다. 처음에는 복음을 받아들이려는 자세가 있었지만, 마지막 죽기 전에는 거의 하나님을 떠난 것 같았다. 하나님을 발견하고 영적으로 사는 것이 얼마나 중요한지를 깨달은 사람은 극히 드물다. 아무튼 하나님은 섹시하고 성적 매력을 가진 여성보다 건강하고 성결한 여성을 좋아하실 것 같다. 음식을 절제하고 규칙적으로 운동하여 자기 몸을 건강하게 하는 것도 하나님 앞에 바른 것이다.

우리는 이성에 대해 바른 평가를 하여야 한다. 요즘 결혼을 앞둔 젊은 이들은 너무 세상적인 것들에만 많은 점수를 주고 있다. 이것은 불행한 결혼을 자초할 수 있다. 영적으로 강건한 사람이 강하고 아름다운 사람이다. 그 옛날 에스더, 룻, 라합, 마리아처럼 말이다. 우리는 올바르게 이성을 판단하는 눈을 가져야 한다. 참 아름다운 여성은 미스코리아나 판사나 의사도 아니라 보통 사람이지만 겸손하며, 성결되고 영적으로 충만하여 하나님을 위해 목숨까지도 내놓을 수 있는 건강하고 경건한 여성이라고 생각한다.

내 아내는 지금 64세이다. 연애 시절에는 날씬한 몸매를 가졌었다. 그러나 50세를 넘으며 몸 관리를 제대로 못하여 6개월 전까지만 해도 65kg

까지 올라갔었다. 그러나 6개월 전부터 소식과 운동을 열심히 하여 지금은 57kg이다. 옛날의 멋진 몸매를 거의 다시 되찾고 있다. 멋진 몸매는 모든 여성이 소식과 운동으로 갖출 수 있다. 멋진 몸매를 가진 여성은 자신감이 있고 건강하기에 소식과 운동은 중요하다고 생각한다. 그러나 무엇보다 하나님과 동행하며 자기 가정을 넘어 이웃을 돕고 섬기는 것이 중요함을 알고, 주어진 현재의 조건에 자족하며 감사하고 기뻐할 수 있는 여성이 참으로 귀하다고 생각한다.

혈압과 당뇨 치료

나는 혈압이 200을 넘었던 때가 있었다. 또 평소에 자주 180을 넘곤 했다. 심한 스트레스를 받으면 혈압이 올라갔다. 삼겹살과 같은 고기와 아이스크림, 오징어, 새우 등 콜레스테롤이 높고 기름기 많은 음식을 좋아했다. 그래서 40대 중반을 넘어서부터는 혈압약을 복용하기 시작했다. 그리고 혈압약의 강도를 계속 높여왔었다. 그러던 어느 날 강도 높은 혈압약을 먹었더니 심장이 빨리 뛰는 소리가 크게 들려 잠을 이룰 수 없었고 큰 두려움을 느끼게 되었다. 그래서 그때부터 혈압약을 끊을 수 있는 방법을 찾았고, 하나님께 혈압이 떨어지게 해달라고 간절히 기도했다.

그 이후 황성수 박사님의 힐링스쿨을 알게 되었고, 그때부터 가능한 한 현미, 야채와 과일을 많이 먹고, 고기와 아이스크림, 오징어 같은 음식은 대폭 줄였다. 또한 소식을 하며 운동량을 늘였다. 조깅, 턱걸이, 윗몸일으키기, 풋샵 등을 매일 했다. 그리고 무엇보다 나의 몸의 건강을 달라고 하나님께 간절히 기도했다. 그 결과 지금 65세 나이에 복용하는 약

없이 건강하다(대머리 방지약인 프로스카만 먹는다). 10년간 먹던 혈압약도 끊었다. 혈압은 약 없이 135 정도 나온다. 몸무게를 72kg에서 65kg으로 줄였다. 건강도 간절히 기도할 때 하나님께서는 나에게 필요한 지식을 주셔서 실천하게 함으로 나의 기도에 응답해 주셨다. 나의 소원은 평생 혈압약 먹지 않고 사는 것이다. 그러기에 오늘도 기도하며 소식하고 운동한다.

나의 당뇨 수치도 한때 130 가까이 오른 적이 있어서 몇 년 동안 건강검진 재검을 받았었다. 그래서 기도했다. 나의 당뇨 수치를 낮추어달라고 간절히 기도했다. 그리고 당뇨에 관한 서적을 많이 읽었다. 당뇨 수치를 높이는 음식을 피하고 운동시간을 늘였다. 그리고 소식을 하여 몸무게를 줄였다. 그로부터 일 년 후 당뇨도 100 가까이 떨어졌다.

기도와 소식과 운동이 나의 혈압과 당뇨를 고쳤다. 그러나 그중에 가장 중요한 것은 기도다. 간절히 기도하면 하나님께서 지혜를 주셔서 건강히 살 수 있는 방법을 알려주신다. 그리고 새벽마다 건강을 위해 간절히 기도하면 내 온몸을 어루만지셔서 아픈 부분을 치료해주시는 하나님의 손길을 느낀다. 기도는 건강에 대한 마음의 자신감과 안정감을 준다.

십일조와 헌금

나와 내 동생이 교회 주일학교를 다닐 때 어머니는 생활하면서 생긴 빳빳한 지폐들을 모아두셨다가 우리에게 헌금으로 주시곤 하셨다. 또 부모님은 십일조와 교회 건축헌금에 최선을 다하셨다. 십일조에 대하여 신약성경에는 세 번 언급했다. 즉 누가복음 11:42와 18:12, 그리고 마태복음 23:23이다. 십일조는 세후 즉 세금을 제하고 실제로 받은 월급의 십분의 일이라고 생각한다. 그밖에 교회건축헌금과 절기헌금, 특별헌금은 본인이 판단하여 결정해야 한다. 이외에도 친척과 이웃 중에 가난한 사람을 돕고 동료들에게 식사 한 끼 대접하는 것도 아끼지 말아야 한다. 그 대신 허례허식은 줄여야 한다. 분수에 맞지 않는 고급차를 구입하는 것은 경계해야 하며, 외식비, 피복비, 해외여행경비 등은 가능한 한 줄여야 한다.

믿음이 없이 교회에 헌금하는 것은 참으로 어려운 일이다. 헌금과 구제는 하늘에 보화를 쌓는 일이다. 또한 나의 경험과 우리 부모님들의 경험을 비추어볼 때, 헌금은 축복의 근원이다. 힘써 헌금하면 그 이상으로 하나님께서 재정적 축복을 주신다. 또한 십일조 외에 가난한 친척과 이웃을 돕는 일에도 등한히 해서는 안 되며, 이웃을 먼저 대접하며 섬기는 것도 중요하다. 크리스천들은 인색하다는 통념에서 하루속히 벗어날 수 있도록 이웃에게 먼저 대접하는 모습을 보여야겠다. 평생 곡간에 돈만 모으다가 심판대 앞에 선다면 형벌만이 따를 것이다.

세상 축복과 인간의 무력함

우리는 하나님께서 세상을 운행하심을 인정해야 한다. 내일 내가 교통사고를 당할 수 있으며, 내일 내가 암에 걸리고, 실명할 수 있다는 사실을 염두에 두며 살아가야 한다. 우리가 할 수 있는 최선의 일은 하나님 뜻에 합당한 바른 삶의 방향을 정하고 그 방향을 향해 최선을 다하며 걸어갈 뿐이다. 보이지 않은 하나님의 세상을 인정해야 하며, 그것은 보이는 세상보다 훨씬 중요한 것이다. 참다운 신앙인은 어떤 조건 속에서도 감사할 수 있어야 한다. 암에 걸렸다 할지라도 믿음으로 감사할 수 있는 사람이 참 신앙인이다.

구약성경을 보면 많은 유대와 이스라엘 왕들이 나오지만 구원받은 왕은 드물다. 세상적인 축복을 받지 못한 채 고생만하다 천국에 간 사람들도 많이 나온다. 예수, 12 제자, 바울, 스데반, 나사로, 우리아 장군 등이 그렇다. 그러기에 세상 축복만 강조하는 설교는 잘못된 것이다. 이 세상에서 살다 죽어 하나님의 심판대 앞에서 구원받는 것이 가장 중요하다. 세상에서 최선의 노력을 다하지만 손해 보며, 섬기며, 용서하고, 자비를 베풀며 살아가면 된다. 오늘도 성령께서 나의 생각을 지키시어 성결된 삶을 살게 하시고, 기쁨이 충만한 삶을 살 수 있게 인도해 주시길 간구한다.

하나님은 세상의 모든 것을 친히 간섭하시고 하나님의 뜻대로 운행하신다. 인간의 힘은 연약하기에 우리는 단지 기도하며 최선을 다할 뿐이고, 모든 결정은 하나님이 하신다. 그러기에 우리는 현재의 모든 상황은 하나님의 뜻임을 인정하고 순종해야 하며, 어떠한 세상 조건에도 믿음으로 감사하며 기뻐해야 한다. 그러기에 최선의 지혜는 현재의 조건을 하나님께서 주신 것으로 인정하고 성령의 도움으로 감사하며 기쁨 충만하게 살아가는 것이다.

요즈음은 내가 볼 수 있다는 것, 그리고 걷고 먹을 수 있다는 것 등 소소한 즐거움에 감사한다. 주변에 많은 사람이 돌아가시기 전 몇 해 동안 병상에서 고통하시는 것을 본다. 이들에게 있는 많은 재산은 아무 소용이 없다. 그러기에 수명이 다할 때까지 건강을 잘 유지할 수 있는 것이 가장 큰 축복이라 생각한다. 하나님이 우리를 창조한 이유가 무엇인지를 깨달아 가며, 남은 삶에 최선을 다해 하나님이 우리에게 부여하신 일들을 수행하는 것이 지혜로운 삶이라 생각한다.

하늘에 쌓인 보화를 받는 방법

하늘에 계신 하나님은 무궁무진한 보화들을 갖고 계신다. 한평생 살아가며 아브라함, 이삭, 요셉, 야곱, 다윗, 욥, 바울, 베드로 등의 신앙 인물은 하늘로부터 많은 보화를 얻었다. 이 하늘에 쌓인 보화를 받는 방법은 기도뿐이다. 하나님께서는 "구하라 주실 것이요"라고 말씀하고 계신다. 하나님 앞에 합당한 기도를 끊임없이 드릴 때 하나님은 기적과 같이 하늘의 문을 열고 보화를 내려주신다.

세상은 하나님이 운행하시므로 하나님 앞에 선하게 사는 사람이 많은 보화를 받는다고 생각한다. 하나님을 온전히 믿고 선하게 살며 세상은 하나님에 의해 운행됨을 믿어야 한다. 하나님께서는 우리의 기도에 응답하시며 기적과 같은 축복 주시는 분이심을 믿어야 한다. 이런 믿음을 견고히 갖고 경건하게 하나님 말씀에 합하게 사는 사람들은 어떤 사람도 두려워하지 않는다. 이들에게 수많은 기적 같은 축복들이 현재에도 우리 주변에 얼마든지 일어나고 있음을 볼 수 있다.

하나님은 우리를 축복하시기 전에 우리의 믿음의 그릇을 보신다. 우리의 그릇이 크면 많은 것을 부어주시지만, 우리 믿음의 그릇이 작으면 어쩔 수 없이 조금밖에 주지 못하신다. 하나님은 우리에게 많은 축복을 부어주시기 원하지만 우리의 그릇이 준비되어있지 않으므로 그리 못하신다. 우리 주변에 하나님의 많은 축복을 받은 사람들을 눈여겨보라. 그들을 하나님께선 많은 징계를 통해 연단하셨고, 오직 하나님만 바라보며 살아갈 수 있도록 만드셨다. 그들이 얼마나 하나님 앞에 충성되며 철저하였는지를 우리는 발견할 수 있을 것이다. 그러기에 하나님의 축복을 받기 위해선 먼저 우리의 믿음의 그릇을 크게 만들어야 한다.

한평생 사는 동안 우리도 우리의 선진들처럼 하늘의 보화를 받아보자. 이런 보화에는 보이는 세상 것들도 있지만 보이지 않는 평강과 기쁨, 건강, 행복 등도 포함된다. 그러나 세상 부귀영화는 하늘나라에서의 부귀영화에 비하면 보잘것없기에 롯의 아내처럼 심판 날 세상 것들에 대한 아쉬움으로 뒤를 돌아보다 멸망하지 말아야 한다. 언제든 심판 날이 왔을 때, 하나님으로부터 받은 세상 것들은 쓰레기에 불과하다. 이것들은 세상 살 동안만 필요한 것들이기에 툴툴 털어 버릴 수 있는 결단력도 갖추어야 한다.

우리나라에 주신 하나님의 축복

나는 주기적으로 미국 CIA factbook과 Legatum prosperity Index를 본다. Factbook에는 각 나라의 GDP, 경제, 인구, 영토, 종교, 수출품, 정부 관료 등 모든 자료나 통계가 수 페이지에 걸쳐 수록되어 있고, 보통 2주에 한 번씩 update 된다. 또한 Legatum prosperity Index는 번영계수로 매년 세계 각 나라의 economy, education, health, social capital 등을 평가하여 종합순위를 매긴다.

우리나라는 1953년 전쟁 이후 약 68년간에 걸쳐 비약적인 발전을 하였다. 1950년대에는 아프리카 나라만큼 아시아에서도 못사는 나라였지만, 지금은 5,000만 이상의 인구를 가진 나라 중에서 미국 말고는 우리나라보다 확실히 잘사는 나라가 거의 없다. 일본, 독일, 프랑스, 영국은 개인 GDP가 우리나라보다 약 10% 내외 정도로 높기에 언제든 몇 년 내에 바뀔 수 있다. 또한 2021년도 번영지수(Legatum prosperity index) 순위는 29위로 이탈리아보다 2순위 높다.

이렇게 우리나라가 잘살게 된 것은 우리나라에는 약 30%(개신교+천주교)의 기독교인이 있고, 많은 선한 기독교인의 기도와 그들이 의롭고 부지런하게 살아왔기 때문이며, 죽음의 위험을 무릅쓰고 많은 재산을 헌납하며 미국 다음으로 전 세계에 많은 선교사를 파송했기 때문이라고 생각한다.

70년대 내가 대학에 다닐 때 부활절만 되면 여의도에 수십만 명의 개신교인들이 모여 부활예배를 드리곤 했다. 그때만 해도 많은 부흥목사들이 있었고 개신교인과 교회는 나날이 증가하고 교회마다 대학생들이 가득 찼었다. 비록 지금은 정체기에 있지만 우리나라가 정말 세계 제일의 나라로 하나님의 축복받는 나라가 되기 위해서는 다시 한번 비약적으로 선하고 거룩하고 거듭난 기독교인들이 증가하고, 좀 더 많은 이들이 세계 선교에 앞장서야 한다고 생각한다.

아프리카 국가들이 발전하지 못하는 이유는 교육과 기술개발이 없기 때문이다. 하루하루 벌어먹기에 바빠 교육과 기술에 투자하지 못하기 때문이다. 그러나 우리나라는 어려운 형편 속에서도 먼 미래를 바라보고 우리 부모님들은 자신들은 먹지는 못할망정 학교에 자식들을 보내어 기술과 경영을 가르쳤기에 이 나라가 이렇게 발전하게 되었다고 생각한다. 무엇보다 과학기술의 발전은 중요하기 때문에 많은 인재들이 이공대에 지원할 수 있도록 정부는 이공계 출신들에게 좀 더 혜택을 주어야 한다고 생각한다. 그래서 이렇게 살벌한 경쟁시대에 좀 더 능력 있는 인재들을 통해 세계 제일의 과학기술들을 개발해 낼 때 이 나라는 어떤 다른 나라들보다 경제에서 앞장설 수 있을 것이다.

또한 우리나라는 많은 자유 민주주의 신봉자들의 희생에 의해 선진국만큼의 자유 민주주의를 확립해가고 있다. 특히 박정희와 전두환 독재정권 시절 목숨을 아끼지 않고 대한민국의 민주화를 위해 희생했던 애국자들이 없었다면 이 나라의 민주화는 요원했을 것이다. 뿐만 아니라 많은 기독교인의 나라를 위한 간절한 기도로 위기 때마다 하나님이 적절한 시기에 이 나라의 정세를 바른 방향으로 향하도록 도와 주셨기에 아직도 독재치하에 있는 많은 나라에서 그렇게도 갈망했지만 확보하지 못했던 자유민주주의 국가체계를 우리는 확고히 다져가고 있다.

그러나 무엇보다 우리나라에는 많은 선한 기독교인이 있기에 하나님이 축복을 해주셨기 때문이다. 세계를 돌아보면 모든 잘살고 민주주의가 확고한 나라들은 하나님을 잘 섬겨 하나님의 축복을 받은 나라들이다. 단지 일본만이 예외일지는 모르겠지만, 현재 일본은 하나님의 징계를 받고 있는 것 같다. 후쿠시마 사고와 중국, 한국, 러시아 등과의 영토문제로 인한 갈등, 그리고 많은 지진과 해일로 고통당하고 있다. 요즘에는 코로나19로 1년 연기된 도쿄올림픽을 2021년 8월 개최하였지만 재정적으로는 실패한 올림픽이었고 아베 총리 집권 이후 일본 경제는 계속 추락하고 있다. 일본사람들이 아무리 부지런하고 많은 노력을 할지라도 하나님이 버리시면 일본은 한순간에 주저앉을 수밖에 없다. 그러므로 우리는 하나님의 축복을 받을 수 있도록 지혜롭게 최선을 다하며 살아가야 한다.

나에게 주신 하나님의 축복

나는 솔직히 하나님 앞에 부끄러운 자이다. 나는 요셉처럼 살지 못했고, 야곱처럼 얄팍하게 살았던 것 같다. 대학시절 내가 제일 싫어했던 성경의 인물은 바울이었다. 여러 번 감옥에 들어갔고, 그것도 모자라 숱하게 매를 맞고, 굶주리고, 헐벗은 생활을 했던 그가 정말 싫었다. 나는 오히려 하나님을 이용하여 야곱처럼 세상에서 부자가 되고 싶었고, 세상 것들을 많이 얻어 자랑하며 살고 싶었다. 하나님은 우리의 모든 기도를 들어 주신다고 약속했으니 끝없이 세상 것들을 구하며 세상적으로 출세하기 위해 열심히 교회에 나갔다. 그러나 하나님은 전능하신 분이시기에 세상적인 나의 이기적인 기도를 철저히 외면하셨다.

나는 세속적인 사람이며 쾌락과 낭만을 좋아했다. 젊은 시절 연구소 동료들과 술집에 다니며 어여쁜 아가씨들과 어울리기를 좋아했다. 나는 교회에 다녔지만 거룩하기는커녕 하나님 앞에 부끄럽고 초라한 모습의 사람이다. 그러나 이제 내 나이 벌써 65세나 되었다. 나의 삶을 돌이켜 볼 때, 아 나 같은 죄인에게 베푸신 하나님의 은총이 너무나 놀랍고 감사하다. 겉모습만 기독교 신자였던 나 같은 더러운 죄인에게 베풀어 주신 하나님의 용서와 은총은 너무나 컸다. 감히 더러운 입술로 간구했던 나의 기도에 대한 하나님의 응답은 너무나 크고 놀라웠다.

아 하나님이 나에게 베풀어 주신 은총에 비해 내가 하나님께 드린 것들은 너무 초라하고 보잘것없다. 그러기에 이제 남은 나의 삶 동안 나에게 베풀어 주신 하나님의 은총에 보답하려 한다. 내가 죽어 하늘나라에 갔을 때 하나님 앞에 부끄럽지 않기를 소망한다. 모든 지역 방방곡곡에 신사를 세워 섬기는 일본과 최악의 인권을 가진 북한을 선교하기 위해 물질과 시간과 정성을 드리려 한다. 보잘것없지만 죽는 날까지 나의 최선을 다하려 한다. 죄인이었던 나에게 베풀어 주신 엄청난 은혜를 조금이나마 보답하고 싶다.

하나님, 저에게 힘과 지혜를 주셔서 주님의 귀한 사역에 온 힘을 쏟을 수 있게 도와주옵소서. 영혼이 죽은 일본사람들과 최악의 빈곤과 억압 속에 허덕이는 북한 형제를 한 사람이라도 더 구원시키기 위해 나의 미력을 다하게 도와주옵소서.

세계종교

미국 CIA factbook을 보면, 세계종교 분포에 대해 알 수 있다. 2022년 1월 77.7억의 인구 중에 신을 믿는 사람이 약 80% 이상이며, 기독교 31.1%, 이슬람교 24.9%, 힌두교 15.2%, 불교 6.6%이다. 우리나라의 경우 기독교 27.6%, 불교 15.5%이다. 이슬람에서는 신약성경의 삼위일체를 부정하고, 독생자의 성육신을 부정하고, 사람과의 관계에서 하나님이 비인격적인 하나님으로, 그리고 내주하시는 하나님이 아니라 별도로 떨어져 있는 하나님, 철저한 주종관계, 폭력적 하나님으로 코란에서는 표현하고 있다. 그러나 기독교에서의 삼위일체 하나님, 그리스도께서 이 땅에 성육신하심과 인격적인 하나님을 인정하지 않는다면 신앙이 없는 것이라고 할 수 있을 것 같다. 또 하나님은 우리 안에 내주하셔서 항상 우리와 사랑으로 함께 하신다.

아시아 각국의 기독교인의 분포를 보면 중국 5%, 대만 3.9%, 홍콩 12%, 싱가포르 19%, 일본 1.5%이다. 아시아에서 기독교는 한국만 주춤

한 상황이며, 중국계들의 기독교인은 급속도로 증가하고 있고 동시에 경제와 민주화가 향상되고 있다. 중동은 이슬람교, 그리고 일본은 신사로 인해 기독교의 전파가 매우 어려운 곳이다. 인간의 생명은 짧고 반드시 죽는 존재이기에 대부분 인간은 양심을 통해 신을 인정하고 종교를 택하고 있다. 많은 종교 중에 참된 종교를 택하는 것은 무엇보다 중요하다고 생각한다. 북한은 종교를 탄압해왔기 때문에 경제도 민주화 정도도 모두 최악의 상태에 있다.

일본은 부지런히 열심히 일을 해왔기에 경제적인 부요함은 이루었지만 많은 우상을 섬기므로 하나님의 축복은 받지 못하는 것 같다. 그러기에 Legatum Institute가 조사한 번영지수(Prosperity Index)에 따르면 남북이 분단되어 국론 통일을 위해 어쩔 수 없이 약간의 개인 자유를 규제하는 한국(22위)보다도, 일본은 자유지수(Freedom Index)가 뒤처지고(27위), 요즈음은 경제적으로도 많은 어려움을 겪고 있다. 또 후쿠시마에서 발생한 쓰나미와 지진으로 인해 2만 명 이상이 한 번에 몰살당하는 고통을 겪었다. 이는 일본을 사랑하시는 하나님께서 속히 일본인들이 회개하고 하나님 앞에 돌아와야 한다는 경고의 메시지라고 생각한다. 요즘에도 일본은 대형 지진과 쓰나미의 발생에 대한 예측이 난무하고 있다. 또한 동경올림픽은 2021년 7-8월 코로나19 상황하에 거행되었지만 경제적 이익은 없는 것 같다. 그러기에 일본 국민은 요나 때의 니느웨성 사람들처럼 속히 하나님 앞에 돌아와서 하나님의 분노를 거두어 드려야 할 것이다.

진화론의 문제점과 천주교

진화론에 대한 문제점은 다음과 같다.
1. 무에서 유를 만들 수 없으며, 자라나는 아기를 만들 수 없다.
2. 인간에게는 도덕과 양심이 있다.
3. 물질에서 저절로 생명, 생물, 세포 등이 만들어질 수 없다.
4. 진화를 입증할 중간단계의 화석이 발견되지 않았다.
5. 모든 생명체는 설계자가 있고, 또한 설계되었다.
6. 지구는 생명체가 살아가기 위해 최적의 환경으로 설계되었다.
7. 오늘도 지구는 자전과 공전을 하며, 달은 지구 둘레를 돌고 있다.

칼빈의 말처럼 선행은 구원에 이르기 위한 수단이 아니라 구원받은 자에게 주시는 하나님의 선물이다. 따라서 신자는 선행을 실천하면서도 교만해지거나 자랑거리로 삼지 않아야 한다. 오히려 하나님이 주신 은혜를 깨달아 겸손해야 한다.

천주교회는 죄를 대죄와 소죄로 나눈다. 대죄는 일곱 가지 용서받지 못할 죄와 십계명을 범한 죄들이다. 일곱 가지 용서받지 못할 죄란 교만, 탐욕, 호색, 분냄, 탐식, 시기, 게으름 등이다. 말과 생각과 행동으로 범한 모든 성적인 범죄, 개신교회에 출석한 것, 개신교 성경을 읽은 것, 충분한 이유 없이 주일 아침 미사에 빠진 것 등이 실제로 대죄에 포함된다. 대죄는 고해성사를 통해서만 사죄받을 수 있다고 한다. 그러므로 가톨릭 신자의 고해성사는 자신의 구원을 위해 필수적인 의식이 된다.

인간 감각기관의 한계

　사람에게 오감(五感)은 시, 청, 후, 미, 촉, 이 다섯 가지 감각을 말하는 것이다. 사람은 이러한 감각기관으로 모든 것을 느끼며, 이 모든 것을 조절하는 기관은 뇌이다. 그런데 문제는 이 모든 감각에 한계가 있다는 것이다. 사람의 눈으로 볼 수 없는 미생물의 세계가 존재하고 있는데, 현미경을 사용하지 않고는 볼 수 없는 미생물이 무수하게 살아 움직이고 있지만 사람의 정상적인 시각으로는 볼 수 없다. 광활한 우주 안에 헤아릴 수 없이 많은 별이 존재하고 있지만 사람이 육안으로 볼 수 있는 것은 지극히 제한된 수량뿐이다(약 2,000개).
　소리도 마찬가지다. 사람에게는 가청주파수라는 것이 있다. 보통 사람이 들을 수 있는 소리의 범위는 대개 20~20,000Hz이다. 사람은 작은 주파수의 소리도 못 듣지만 엄청나게 큰 주파수의 소리도 들을 수 없다. 즉 사람이 볼 수 없는 사물, 들을 수 없는 소리, 맡을 수 없는 냄새는 얼마든지 존재할 수 있다는 것이다.
　분명히 존재하지만, 사람이 육안으로 볼 수 없는 또 다른 세계가 있는데, 그것은 영의 세계이다. 귀신이 들렸다고 하는 사람을 자세히 관찰하면, 인간의 상식으로는 도저히 이해할 수 없는 말이나 행동을 하고, 때로는 초인간적인 힘을 발휘하기도 하며, 어떤 경우에는 다른 사람의 속마음까지도 읽어내는 모습을 보게 된다.
　그러므로 세상 사람들처럼 하나님이 보이지 않고 음성이 들리지 않는다고 하여 하나님이 안 계시는 것이 아니다. 로마서 1장 20절에서는 "사람들은 창세로부터 그의 보이지 아니하는 것들 곧 그의 영원하신 능력과 신성이 그가 만드신 만물에 분명히 보여 알려졌나니 그러므로 그들이 핑계하지 못할지니라"라고 하였다. 그러기에 지구상의 80%가 신을 인정하고 있다. 그러나 보이는 세상 욕심과 정욕에 이끌리어 하나님을 부정할 뿐이다. 우리가 죽어서 하나님 심판대 앞에 섰을 때 그 누구도 하나님이 보이지 않아서 믿지 않았다고는 절대 핑계 댈 수 없다.

또 로마서 1장 28-31절을 보면 "그들이 마음에 하나님 두기를 싫어하매 하나님께서 그들을 그 상실한 마음대로 내버려 두사 합당하지 못한 일을 하게 하셨으니 곧 모든 불의, 추악, 탐욕, 악의가 가득한 자요 시기, 살인, 분쟁, 사기, 악독이 가득한 자요 수군수군하는 자요 비방하는 자요 하나님께서 미워하시는 자요 능욕하는 자요 교만한 자요 자랑하는 자요 악을 도모하는 자요 부모를 거역하는 자요 우매한 자요 배약하는 자요 무정한 자요 무자비한 자라"라고 하였다. 우리가 늘 마음에 두고 조심해야 할 교훈의 말씀이다.

성욕과 재물에 대한 욕망

인간의 욕망을 두 가지로 이야기하라면, 성욕과 재물에 대한 욕망을 들 수 있다. 그러기에 신문지상에 보도되는 범죄의 대부분은 성범죄와 재물에 관한 범죄이다. 성과 재물에 대한 욕망은 인간의 본성이다. 그러나 이런 욕망은 통제를 필요로 한다. 재물과 성에 대한 욕망을 통제하기란 여간 어렵지 않고 인간의 힘으로 불가능한지도 모른다. 그러기에 우리는 하나님께 도움을 요청해야 한다. 우리는 날마다 하나님 앞에 성결하게 살 수 있는 힘을 달라고 간구해야 한다. 우리의 생각을 지켜주시고 악한 생각과 사탄의 유혹을 이길 수 있는 힘을 달라고 간구해야 한다. 우리가 죽어 하나님 심판대 앞에 섰을 때 이 두 가지 죄에 대한 심판이 있을 것이며, 얼마나 우리가 기도로 이들 욕망을 이겨내었는가를 하나님이 평가하실 것이다.

나이가 들어 성적인 욕망이 수그러들기 시작하면 재물에 대한 욕심이 서서히 고개 들기 시작한다. 그래서 많은 대형교회 목사님들이 늙어 은퇴할 때쯤 재물의 유혹을 이겨내지 못하고 끝내는 물질적으로 타락하여 교회에 본이 되지 못하는 경우를 보게 된다. 대형교회 목사님들은 교회 신자들이 얼마나 어렵게 돈을 벌어 십일조를 드리는지를 깊이 생각하여 한 푼의 돈도 하나님 앞에 함부로 써서는 안 된다. 또 교회 재정의 30% 이상은 선교와 가난한 이웃을 위해 지출해야 한다. 목사님들은 선한 싸움의 보상을 세상에서 구하지 말고 하늘나라에서 구해야 할 것이다.

세상은 하나님이 다스리시며 하나님의 축복은 하나님 앞에 바르게 살려고 몸부림치는 사람들에게 기적과 같이 찾아드는 것이다. 만일 부정부패로 물질을 모은다면 반드시 패망이 찾아들 것이다. 우리는 부정부패의 유혹을 이겨내야 하며 할 수 있는 한 재물 앞에 깨끗한 삶을 살아야 한다. 그럴 때 하나님의 축복이 기적과 같이 우리의 삶에 찾아들 수 있다.

잘못된 성적 쾌락에 구역질 나게 하옵소서

때때로 성적 쾌락과 잘못된 낭만의 유혹들이 우리를 사로잡을 때가 있다. 성경은 분명히 세상의 성적 쾌락을 멀리하고 거룩하게 살며 평안과 영생을 사모하라고 말씀하고 있다. 나는 하나님께 기도한다. 성적 쾌락과 잘못된 낭만의 유혹에 대해 구역질 나게 해달라고 간절히 기도한다.

성적 쾌락과 잘못된 낭만의 유혹을 우리는 단호히 끊어내야 한다. 그래야 하나님의 평안과 거룩함을 이룰 수 있다. 그 옛날 에덴동산에서 이브가 뱀의 유혹에 넘어가 선악과를 따먹었던 일을 반복해서는 안 된다. 인간의 본능은 너무 강렬하게 우리를 유혹한다. 그러기에 우리는 기도해야 한다. 늘 성령님을 내 마음속에 모시고 살려고 힘써야 한다. 성적 쾌락과 잘못된 낭만의 유혹은 구역질 나는 더러운 것을 추구하는 일임을 깨닫고 절제하게 해달라고 기도해야 한다.

이제 나의 남은 삶을 거룩하게 살고 싶다. 그러나 마귀의 유혹은 강렬하게 끊임없이 다가올 것이다. 그러기에 인간이 성결하게 산다는 것은 쉽지 않다. 성결하게 사는 것은 전쟁이며 줄기찬 기도가 뒷받침되어야 한다. 우리가 성결하게 살 때 세 가지를 얻을 수 있다. 마음의 평안과 영생, 그리고 행복한 가정이다. 지구상에서 마음의 평안과 영생, 그리고 행복한 가정보다 더 가치 있는 것은 없다. 성적 쾌락의 유혹이 찾아오면 밖으로 뛰쳐나가자. 그리고 외치자. '하나님, 나는 마음의 평안과 영생을 간절히 사모하오니 사탄의 생각들이 내게서 떠나가게 해주옵소서.'라고.

성적 유혹은 언제나 달콤하게 찾아온다. 그리고 젊을수록 이겨내기 힘들다. 그러므로 여성과의 단둘이 만남은 가능한 한 피해야 한다. 그리고 여성의 유혹이 있는 장소는 피해야 한다. 부부는 가능한 한 함께 생활하고 각종 모임도 가능한 한 부부가 함께 참석하며 동행하려고 노력해야 한다. 성적 유혹을 이기기 위해선 부부의 협력이 필요하다. 서로가 도와주어야 한다. 그리고 부부 서로가 소식과 운동으로 건강을 유지하는 것도 필요하다.

성령과 동행함이 세상 쾌락을 추구하는 것보다 행복하다

아마도 바울도 이 교훈을 깨우쳤을 것이다. 성령과 동행하는 삶이다. 이 삶은 쉽지 않다. 젊을수록 더욱 어렵다. 정력이 넘치기 때문이다. 젊을수록 세상 것들을 사랑한다. 결혼 적령기의 대부분 남녀는 세상적인 기준에 사로잡혀 있다. 결혼 상대를 고를 때 대부분 세상적인 조건들을 잣대로 삼는다. 잘생긴 외모, 명문대학 졸업, 좋은 직장, 많은 재산 등이다. 그러나 세월은 쏜살같이 흐르고 이제 나처럼 60세를 바라보면 서서히 가치관이 변한다. 정말 행복하게 살고 싶다면 하나님이 약속하셨던 성령과 동행해야 한다. 내 몸속에 성령이 함께하시도록 끊임없이 기도하며, 성경 보며, 예배드리며, 찬양해야 한다.

솔직히 나는 요즘에야 성령의 맛을 경험하고 있다. 성령 충만함의 맛은 세상 쾌락이 주는 것보다 훨씬 기쁨과 평안함을 준다. 세상 쾌락은 잠시 우리의 감각에 만족을 주지만 곧 깊은 절망감을 가져다준다. 하나님에 대한 두려움을 가져온다. 우리를 우울하고 불행하게 만든다. 그러나 성령과 끊임없이 가까이하려고 노력하며 기도하는 사람은 평안과 기쁨을 맛보며 하늘나라에 대한 영생의 소망을 간직할 수 있다.

성령의 맛을 경험한 사람은 결코 이것을 세상 쾌락과 바꾸지 않으려고 한다. 세상 쾌락과 성령의 삶은 공존할 수 없다. 하나를 얻으면 다른 하나를 반드시 잃는다. 대부분 세상 사람들은 세상 쾌락을 추구하며 살다 죽는다. 그들은 성령의 맛을 경험하지 못했기에 이것의 가치와 귀중함을 부정한다. 성령 충만할 때 우리 마음은 자유롭고 평안하며 기쁨이 충만해진다. 감사가 넘치며 하나님을 찬양하게 된다. 하나님이 주신 축복이 기억나며 기쁨이 넘친다. 하늘나라에 대한 소망이 강렬해지며 죽음조차 두려울 것이 사라진다. 죽어 하늘나라에 들어갈 확신이 찾아든다. 많은 우리의 신앙의 선진들은 성령의 맛을 알았기에 하나님을 위해 기꺼이 목숨도 아끼지 않았다. 그러기에 그들 덕분에 세상은 밝아지고 좀 더 행복해졌다. 성령과 동행함이 세상 쾌락보다 훨씬 행복한 것임을 확신하고, 오늘도 성령이 내 마음에 머물 수 있도록 깨어 기도해야겠다.

바울의 삶이 대통령의 삶보다 지혜롭다

대학 시절 성경의 인물 중 내가 가장 싫어했던 사람은 사도 바울이었다. 아름다운 이성과의 멋진 낭만도 없었고, 평생 결혼도 못한 채 가족도 없이 가난하게 살았다. 그래서 나는 예수를 믿으면 모든 나의 기도에 응답해 주시겠다는 하나님의 말씀에 의지하여 나의 세상적인 욕망을 수없이 기도로 구하여 돈도 많이 벌고 권력과 명예도 얻으며 남들이 부러워하는 삶을 살고 싶었다. 그러나 내 인생은 그렇게 되질 못 했다.

만일 내가 정말 대통령이 된다면 행복할까? 우리나라의 역대 대통령들을 보라. 이승만, 박정희, 노무현, 이명박, 박근혜, 모두 마지막이 비참했다. 전두환, 노태우 역시 비참한 삶을 살다가 2021년 모두 죽음을 맞이하였다. 김영삼 김대중 두 분 정도만 그런대로 괜찮은 삶이었는지 모르겠지만 그들도 사는 동안 큰 고난을 겪었다. 인생은 짧고 순식간에 지나간다. 나 역시 10살까지는 철없이 지나갔고, 그 이후 63세까지는 너무 사는 게 바빴다. 지금에야 겨우 여유가 있는 것 같다. 세상살이 먹고사는 경쟁이 너무 심해 너무 빠듯하게 살아 온 것 같다. 조금 있으면 나도 죽음의 문턱에 도달할 것이다.

지금 내 나이 65세이다. 대통령의 삶보다 바울의 삶이 멋있게 보인다. 나에게 다시 인생이 주어진다면 바울처럼 살고 싶다. 바울은 결코 불행하지 않았다. 늘 성령 충만하여 기쁨과 평강이 넘치는 삶을 살았다. 그러기에 감옥에서조차 찬양하며 기쁨 충만하였고, 그때 하나님은 화답으로 옥문을 활짝 열어주시며 바울에 대한 하나님의 사랑을 보여주셨다. 바울은 다메섹 도상에서 하나님과 만난 후 한평생 하나님과 동행하는 삶을 살았다. 또한 바울은 늘 복음 전파와 하나님의 영광을 위해 모든 시간을 바쁘게 살았지만 평강과 기쁨이 넘치는 삶을 살았다. 바울이 죽어 하나님 심판대 앞에 섰을 때 하나님의 천사들이 나팔을 불며 바울을 환영해주고 하나님과 예수님은 얼마나 바울의 노고를 치하하며 칭찬해주었을까? 하늘나라의 제일 좋은 자리를 마련해 주셨을 것이다.

하지만 우리 지상의 대통령은 대부분 지옥 불에 떨어지고 일부만 간신히 구원받을 정도라고 생각된다. 그러기에 우리가 정말 지혜롭다면 바울의 삶이 얼마나 지혜롭고 행복한 삶인지를 깨달아야 한다. 그러기에 나만을 위한 이기주의적인 삶에서 벗어나서 바울처럼 남은 삶을 성결하게 살고 선교와 하나님의 영광을 위해 최선을 다하는 삶을 살아가야 한다. 왜냐하면 오늘도 이 세상을 하나님이 다스리고 계시기 때문이다.

세상 욕심과 영생 중에 무엇을 추구할 것인가?

어떤 설교자는 하나님이 쾌락과 세상 물질을 주셨기에 세상 것들을 부정하면 안 되고 어느 정도 즐겨도 된다고 말한다. 하지만 내 생각은 다르다. 하나님이 세상을 창조하셨다. 그러나 선악과를 따먹지 말라고 하셨고, 간음하지 말고, 도둑질하지 말라고 하셨다. 세상 부를 축적한 사람 중에 부정부패로 돈을 모은 사람들이 많으며, 이런 사람들은 세상 쾌락을 즐기는 사람이 많다. 세상적인 일과 하나님의 일은 엄격히 구별되며, 하나님께서는 우리가 하나님의 일을 추구하므로 평안과 영생을 얻기를 바라신다. 인생은 순식간에 지나가며 우리는 곧 하나님의 심판대 앞에 서야 하기 때문이다.

세상을 살며 세상 욕망을 추구하는 일들을 멀리하고 하나님을 위한 선교와 구제 그리고 성결된 삶을 추구하는 것은 너무나 어렵고 힘들다. 그러기에 우리는 날마다 기도하고 성경 보고 묵상해야 한다. 오늘도 하나님께서 약속하신 평안과 영생을 얻기 위해 최선의 삶을 살아갈 수 있도록 성령 충만함을 주시기를 간절히 기도해야 한다. 평안과 영생을 추구하는 삶을 살 때 우리에게 기쁨과 감사가 넘치게 된다. 세상 재물과 쾌락만을 추구하는 삶은 영원한 멸망에 이르게 될 것이다.

하나님 없이 세상 많은 것을 가진 사람을 부러워할 필요는 전혀 없다. 그들은 곧 한순간에 멸망할 것이기 때문이다. 하늘나라에 대한 믿음이 없는 사람은 지옥 불에 떨어질 수밖에 없다. 세상 절대 권력을 가졌던 김정일도 나이가 들어 병들고 죽었을 때 과연 세상 것들이 무슨 소용이 있었는가? 살아서 영생에 대한 믿음이 없는 사람들이 어떻게 천국에 들어갈 수 있겠는가? 천국이 없다면 이 세상에서의 삶은 허망한 것에 불과하다. 잠시 있다 사라지는 안개와 같다. 그러기에 늙어 세상 사람들로부터 잊히고 병마로 고통당하기 전에 헤밍웨이처럼 자살하는 것이 나은 줄도 모른다. 그러기에 자살하는 사람은 천국에 대한 믿음이 없고 지옥에 대한 두려움이 없는 사람들이므로 이들은 하나님의 심판을 면할 수 없다고 생각된다.

사도 바울을 보라. 평생 온갖 고초를 당하며 살았지만 천국에 대한 확고한 믿음이 있었기에 감옥에서도 감사와 기쁨의 삶을 살지 않았는가? 인간은 세상적인 면에서 불평등하게 태어났다. 그러나 하나님께서는 "세상은 공평하다"고 말씀하신다. 이것은 영생을 얻는 것이 세상이 주는 쾌락과 부귀영화보다 훨씬 가치 있는 것이기 때문이다. 이 세상에서의 삶은 순식간에 지나고 세상에 하찮게 태어났지만 천국에 들어간 거지 나사로는 세상 부자보다 더 행복한 사람이었다. 우리는 하나님께 영광 돌리는 일에만 열등의식을 느끼며 최선을 다하는 삶을 살아야 한다. 세상 것들 중에 우리가 열등의식을 가질 만큼 중요한 것은 없다. 영원한 것이 없다. 바울처럼 낮은데 서서 항상 성령 충만하여 기쁨과 감사와 찬양으로 세상을 살아가자.

오늘 우리가 사는 이 시대 역시 하나님의 후회가 가득한 세상이다. 공의로워야 할 세상에 불공정이 가득하고, 빈부의 격차는 날이 갈수록 커지고 있다. 사람들이 일으키는 범죄성향은 날이 갈수록 혐오스럽다. 생명을 존중하기보다 돈과 권력을 더 높이는 세상이다. 한국 사회는 빈부격차가 크고 부정부패가 다른 나라에 비해 상당히 많다. 일부 사업자들은 공무원과 결탁하여 사업을 수주하여 부당 이익을 남기기도 하고, 일부 판사와 검사는 대기업 재벌들의 재판에 관여하여 부를 챙기며 전관예우를 받는다. 또한 의사들의 평균 연봉은 다른 나라보다 상당히 높지만, 간호사의 연봉은 의사보다 10배 정도 낮다. 기업들은 여러 불법적인 수단을 동원하여 세금을 최소화하고 그들의 수익을 높이고 있다.

한편, 대부분 부자들은 죽기 전까지 자신의 재산을 부정한 방법으로 불리다가 모든 재산을 거의 남겨둔 채 갑자기 죽음을 맞이한다. 부자가 천국에 가지 못하는 것은 재산이 많기 때문이 아니라 이웃을 돕지 않았기 때문이다. 부정부패와 빈부격차를 막을 방법은 국회가 적합한 법을 만드는 것이다. 그러나 국회는 기득권자들의 많은 로비를 견뎌내질 못하여 공정한 법을 제대로 제정하지 못하고 있다. 한국의 부정부패와 빈부격차를 막을 수 있는 방법 중 하나는 선거에 참여하는 것이다. 국민의 편에 선 공정하고 정의로운 사람들을 위정자로 선출하여 그들로 하여금 사회를 좀 더 공평하고 정의롭게 만들도록 하는 것이다.

우리는 인생에서 가장 중요한 천국에 대한 소망을 바라보지 못하고 잠시 거하는 세상에서의 욕심에 끌려 잘못된 선택을 하지 말고, 사도바울처럼 세상에서의 지나친 재물에 대한 욕심을 버리고 스스로 절제하며 천국 영생에 대한 강한 소망을 가지고 이 세상을 살아가시기를 바란다.

천국으로 가는 길

성경을 많이 읽고, 말씀을 깊이 묵상하고, 기도하며 한평생 사는 동안 많은 성령체험을 통해 우리는 각자 스스로 구원의 길을 발견하게 된다고 생각한다. 천국에 대한 믿음이 없는 사람은 천국에 들어갈 수 없을 것이라고 생각한다. 약 2,000년 전 골고다에서 예수님 오른편 십자가에 매달린 죄수는 죽기 바로 직전에 회개하므로 구원을 받았다. 지금 예수를 믿지 않는다고 해도 장차 누구든 언제든 회심하여 예수를 믿을지 모르기에 누가 천국에 들어갈 수 있는지는 아무도 모른다. 그러나 사람들이 가진 믿음과 행실을 통해 우리는 누가 천국에 들어갈 수 있을지 대략 짐작할 수 있지만 하나님만이 아시는 일이다.

우리는 언제 죽을지 모른다. 그러나 죽음까지도 하나님이 관여하시기에 죽음을 두려워할 필요는 없다고 생각한다. 하나님께서는 가장 적절한 시기에 적절한 경로로 우리 믿는 자들을 불러 데려가실 것이다. 세상에서의 삶은 순식간에 지나가고 곧 하나님 심판대 앞에 설 것이기에 우리가 가장 두려워해야 할 일은 하나님 앞에 서는 일이다. 그러기에 세상 쾌락과 부귀영화는 얼마나 하찮은 것인가? 평생 거지로 살다 죽어 천국에 들어간 나사로가 세상에서 부귀영화를 누린 부자보다 나은 삶을 살았다고 성경은 말해주고 있다. 그러므로 죽어 천국에 들어가는 것이 가장 중요한 것이다. 그러기에 순간순간 하나님께 많은 영광을 돌려드리자. 하나님과 나만이 아는 선한 일들을 가능한 한 많이 행하자. 이것이 지혜로운 삶의 방법이 아닐까?

하나님께 영광 돌린 것만 심판대에 가져갈 수 있다

우리네 세상은 정말 바쁘다. 세상살이의 경쟁은 나날이 심해지고 있다. 이제는 유아 때부터 공부를 시작해서 대학원까지 눈코 뜰 새 없이 공부해야 한다. 취직 후 직장에서 진급을 위해 쉴 시간 없이 일해야 한다. 그러면서 시간은 순식간에 흐르고 한 사람 한 사람씩 늙어 이 지구상에서 사라지고 있다. 우리들이 그토록 애타게 찾던 세상 것들은 죽음과 동시에 사라져버린다. 우리가 하나님 심판대 앞에서 하나님께 보여줄 수 있는 것은 하나님께 영광 돌렸던 것들이며, 하나님과 나만이 아는 비밀, 즉 선행, 봉사, 선교, 헌금 등만이 하나님께 인정받을 수 있다.

예를 들어 우리가 세상에서 많은 재물을 모았다고 해보자. 그러나 우리가 갑자기 죽는 순간(인간은 누구나 갑자기 죽는다), 그 재물은 물거품이 되어버린다. 하나님께 들고 가서 자랑할 수 없다. 오히려 많은 재물을 모으기 위해 양심을 속였던 일들에 대해 심판받고, 또한 자식들 간의 다툼만 남길 것이다. 부모 재산이 없었다면 자식들은 좀 더 사이좋게 지낼 수 있었을지도 모른다. 그러나 많은 재산을 남기고 죽으면 필연코 자식들 간에 다툼이 일어난다. 그러므로 우리는 너무 많은 재산을 모으기 위해 양심을 속여서는 안 된다. 살아있는 동안 남에게 꾸지 않을 정도의 재산만 있다면 감사하고 살아야 한다.

우리가 욕심내야 하는 것은 세상 재물이 아니라 하나님께 영광 돌리는 일이다. 바쁘다고 더 이상 핑계 대지 말자. 무조건 시간을 내어 하나님의 일을 하자. 하나님이 제일 기뻐하시는 선교를 위해 시간을 할당하자. 교회의 궂은일들을 돕기 위해 나의 땀과 귀한 시간을 드리자. 아깝지만 내가 피땀 흘려 모은 재산의 일부를 기쁜 마음으로 아무도 모르게 이웃을 돕는 데 사용하자. 나에게 애타게 도움을 요청하는 사람들을 기꺼이 돕자. 가능한 한 이웃에게 친절하고 선을 행하자. 이런 선행만이 하늘나라로 가져갈 수 있는 것들이다. 하나님을 기쁘시게 해드리기 위해 최선을 다하자. 이것이 지혜로운 삶이라고 생각한다.

거룩하게 사는 것도 하나님께 영광 돌리는 일이다

이 시대는 너무 타락하여 거룩하게 사는 것이 매우 어렵다. 특히 한국은 성적으로 어느 나라보다 타락해 있고 너무 많은 향락사업이 활개를 치고 있다. 인터넷이 발달하여 누구나 쉽게 야동에 접근할 수 있고, 주변에 많은 안마시술소들이 있다. 약간 방심만 하면 언제든 쉽게 성적 쾌락을 접할 수 있다. 그러기에 이 나라에서 거룩하게 산다는 것은 쉽지 않다. 그러나 거룩하게 살라고 하나님은 성경을 통해 우리에게 강조하신다. 음욕을 마음에 품는 것 자체만으로 정죄하겠다고 말씀하신다.

그러므로 우리는 거룩하게 살기 위해 기도하며 힘써야 한다. 가능한 한 혼자 있지 말고 성적 쾌락을 자극하는 모든 것들을 멀리해야 한다. 저녁 식사 후 남자들끼리 어울려 술집을 찾는 일도 경계해야 한다. 거룩하게 살기 위해 늘 조심하며 부단히 노력해야 한다. 무엇보다 항상 기도하여 성령님이 내 안에 머물러 있도록 해야 하고, 성령님이 지켜주시도록 간구해야 한다. 항상 거룩하고 정결한 생각을 가지려고 노력해야 한다. 잡스러운 쾌락의 유혹이 들어오면 의자를 박차고 일어나 밖으로 나가 신선한 공기를 한껏 마셔보자. 차가운 물에 얼굴과 목을 씻어보자. 그리고 하나님께 외쳐보자. 모든 쾌락의 생각이 나에게서 떠나가게 해달라고 말이다.

거룩하게 사는 것 역시 중요한 일이며, 하나님께 영광 돌리는 일이다. 금욕주의자가 되라는 말은 아니지만 건전한 성생활을 하는 것은 너무 중요한 일이며, 거룩하게 살려고 몸부림치는 일은 하나님께 영광 돌리는 일이다. 그 옛날 바울은 결혼을 안 하고 혼자 지냈다. 그는 모든 시간을 주님께 영광 돌리기 위해 사용했다. 바울은 거룩하게 살았으리라 생각되지만 얼마나 강렬한 성적 쾌락의 유혹이 그에게 있었겠는가? 그러나 그는 늘 거룩한 생각만을 하려고 노력했고, 성적 쾌락을 즐기는 것보다 선교하다 감옥에 들어가 모진 고통당하는 편을 선택했다. 요셉이 보디발의 아내의 유혹을 뿌리쳤기에 하나님께서는 그의 삶을 크게 축복하셨다. 우리는 기도하여 성령의 능력을 힘입어 부단한 노력으로 정결하게 살아감으로 하나님께 영광 돌려야 한다.

기독교인들은 이타주의가 필요하다

요즘은 기독교에 대한 안티세력이 점점 증가하고 있다. 교회에서는 믿음이 좋은 체하면서 세상 생활에서는 너무나 이기적인 사람들이 많기 때문이다. 이기적인 기독교인은 기도도 이기적으로 하여 자기 자신만을 위해 세상적인 것을 간구한다. 남의 고통과 남의 어려움을 전혀 생각하지 않고 공평과 합리를 내세우며 오직 자기 유익만을 추구하는 많은 기독교인이 있다. 이들은 참된 크리스천이 아니다. 참된 크리스천은 이타주의를 추구해야 한다. 비록 이것은 어렵고 자기희생이 따르지만 이타주의를 추구하며 살아가야 한다. 남을 배려하고 섬기고 자비와 물질을 베풀며 살아가야 한다. 참된 크리스천은 세상적으로 출세한 사람이 아니라 순간순간 많은 자비와 사랑을 실천하는 사람이다. 선한 사마리아인처럼 고통에 빠져 허우적거리는 사람들을 돌보고 치료해 주어야 한다. 직장 내에 힘들고 어려운 동료들을 도와야 한다. 자기 출세만을 위해 모든 것을 결정해 나가며 자신의 이익만을 추구하는 사람은 참된 크리스천이 아니며, 믿음이 큰 사람이 결코 될 수 없다.

이 나라가 발전하기 위해서는 참된 선한 크리스천이 많이 배출되어야 한다. 참된 크리스천이 존재할 때 주위의 많은 불신자가 감화되어 하나님 앞에 회개하며 돌아오게 되고, 그래야 비로소 이 나라가 계속적으로 발전하고 그렇게도 하나님이 바라시던 하나님의 세계를 만들어 낼 수 있다. 우리의 인생은 짧고 선을 행할 시간도 그리 많지 않다. 내 나이 65세인 지금 내가 생전에 얼마나 하나님을 위한 일들을 행할 수 있을까? 이제 시간이 없다. 나의 시간은 빠르게 인생의 종착역을 향해 질주하고 있다. 그러기에 가능한 한 나에게 도움을 요청하는 이웃의 간청을 외면

하지 않는 이타주의의 크리스천이 되기를 간절히 소원한다.

하나님을 믿는 믿음

성경에서는 아브라함이 의롭다 하심을 얻은 것은 그의 착한 행위에서 가 아니라 죄를 용서할 수 있는 하나님을 믿는 믿음이 있었기 때문이라고 했다(롬 4:1-3). 가룟 유다가 구원받지 못한 이유는 예수님을 하나님으로 믿지 못하여 자살을 택했기 때문이다. 아간이 물질을 도둑질한 것도 하나님을 믿지 않았기 때문이다. 아무리 평생 교회를 다닌다 해도 가룟 유다, 아간, 롯의 아내처럼 자기의 선행과 의로움만 믿고 세상의 것들을 사랑하고 하나님을 믿지도 두려워하지도 않고, 예수님을 선지자나 성인으로 생각한다면, 결코 구원을 받지 못할 것이다.

예수님과 함께 십자가에 못 박혔던 한 명의 죄수는 평생 나쁜 짓을 했을지라도 최후에 예수 그리스도를 믿었기에 그는 영생을 얻을 수 있었다. 지금은 복음의 시대이므로 우리를 위해 십자가에 돌아가신 예수님을 믿는 것이 가장 중요하다. 구원은 우리가 선행해서나 착하게 살아서 이루어지는 것이 아니라 하나님에 대한 믿음만으로 이루어진다. 구약의 율법시대에는 하나님을 믿고 최선을 다해 율법이나 양심을 따라 의로운 삶을 살므로 구원을 받았지만, 지금은 나의 죄를 위해 십자가에 피 흘려 돌아가신 예수님을 믿을 때만이 비로소 구원을 얻을 수 있다. 세상을 창조하시고 지금도 다스리시는 전지전능하신 하나님을 믿을 때 구원을 받을 수 있다.

중대형교회 목회자들의 타락

　인간의 타락을 두 가지로 본다면 재물과 음란을 들 수 있다. 대부분 목회자는 성적인 유혹은 잘 이겨내고 있다. 그러나 중대형교회 목회자들의 일부가 재물의 유혹을 뿌리치지 못하고 있다. 재물의 유혹은 아주 달콤하지만 이것은 세상적인 것이다. 그 옛날 롯의 아내가 세상 것들을 뒤돌아보다 소금기둥이 되었듯이, 이것을 이겨내지 못한다면 하나님 심판 날에 징계를 면하지 못할 것이다.

　일부 중대형교회 목회자들은 가난한 교인들이 외식비, 피복비, 휴가비 그리고 교육비를 아껴 하나님 앞에 헌금한 것들을 모두 자기 수입으로 생각하여 고급차를 수시로 바꾸며 호화생활을 즐기고 때로는 교회 내의 재정 담당 집사와 공모하여 수시로 돈을 빼돌린다는 이야기를 들었는데, 이것은 중세유럽 가톨릭의 죄악과 다름이 없기에 이 또한 하나님의 징계를 피할 수 없을 것이다. 나이가 들어 은퇴를 앞둔 몇몇 중대형교회 목사들은 자신의 손주들까지 챙기기 위해 필요한 재물에 대한 강렬한 유혹에서 벗어나지 못하고 있다. 성인 400명 이상 성도를 가진 중대형교회 목회자는 타는 차도 가능하면 교회 중간생활 계층의 사람들이 타는 차를 타야 하며, 월급도 신학대학 교수 수준(교회 성도의 중상위권 계층 정도)으로 스스로 절제해야 한다(신부들의 월급이 월 100만원 정도라 한다).

　그러나 대부분 한국의 중대형교회 목회자들은 자동차도 교회에서 제일 좋은 차를 타고 월급도 최상위권으로 요구하고 모든 교인 위에서 지배하려 들고 있다. 이것은 교인들로부터 존경받는 목사가 되는 것을 포기하는 일이다. 돌이켜 은퇴 후 남은 십수 년간을 하나님 앞에 경건하게 살다 영원한 하늘나라에 들어가 세상 것들과 비할 수 없는 하나님의 보상을 받겠다는 굳건한 믿음을 가져야 한다.

한국교회에 훌륭한 목회자는 대형교회의 목회자가 아니라 오히려 주기철, 손양원, 한경직, 이중표 목사님처럼 하나님을 위해 청빈하게 사신 분들이 아니겠는가? 정말 지혜롭고 믿음이 있는 목회자들은 바울처럼 교회를 성장시킨 후 교회를 자기 소유로 생각하지 않고 값없이 후배 목회자에게 넘겨줄 수 있는 분들일 것이다.

내가 만났던 목사님 중에 대전 대덕한빛교회 원로목사이셨던 이재화 목사님이 계신다. 자그마한 체구의 목사님은 평생 6개 이상의 교회를 개척하시고 기꺼이 후배들에게 교회를 값없이 넘겨주셨다. 철저한 겸손이 온몸에서 배어있었고 한국의 성자 중의 한 사람이란 생각까지 들었다. 항상 소년처럼 해맑은 미소를 띠고 온화하고 사랑이 넘치셨다. 그러기에 하나님께서는 그의 가족에게 복을 주셔서 모든 자녀가 좋은 대학을 졸업하고 좋은 직장에 다니고 훌륭한 신앙을 가지고 있다. 목사님이 돌아가신 후 목사님이 유일하게 소유하셨던 아파트마저도 자녀들은 서로 소유하려고 다투지 않고 모두를 교회에 헌금했다고 한다. 목사님은 하나님 곁으로 가셨지만 지금도 그의 모습은 내 기억 속 깊이 자리 잡고 있다. 정말 훌륭하신 목사님으로 내 평생 본받을 신앙의 모범이시다. 이런 청렴하고 순수한 목사님들이 많이 계실 때 한국교회는 발전하며 대한민국은 좀 더 축복받는 나라가 될 것이다.

우리나라의 부패 고리를 끊어버리기를 소망함

　우리나라의 부패는 사업가, 공무원, 국회, 사법부, 대기업 임원, 의사협회, 변호사협회, 회계사협회, 교수 등 가진 자들 간의 고리 때문이라고 생각한다. 일전에 삼성에서는 주기적으로 판검사들에게 돈을 상납했다는 기사를 보았다. 그 이유는 세금 혜택, 사업권 획득, 주식, 상속, 그룹 내 회사 간의 재무상의 부당거래 등으로 발생한 문제 해결을 도와달라는 의미일 것이다. 정부의 부패한 공무원들은 그들이 주관하는 국책사업 시행 시 특정 회사로부터 커미션을 받고 사업권을 배분해 주곤 하며, 부패경찰들은 단란주점에서 돈을 받고 뒤를 봐주곤 한다고 한다. 우리나라의 변호사협회와 의사협회는 그들의 수입을 높이기 위해 단합하여 수임료를 올리고, 국회의원들을 포섭하여 건강보험료를 매년 과도하게 올리고 있다. 또한 그들의 수입에 대한 세금도 성실히 납부하지 않는다.

　우리나라의 경제성장에 있어서 대기업의 역할은 매우 컸다. 세계 어느 나라를 가도 삼성, 현대, LG 간판을 볼 수 있다. 그러나 그 모든 이익을 대기업 임원들만이 취해서는 안 된다. 대기업을 도와주는 많은 중소기업과 대기업 물건을 사주는 국민에게도 그 이익이 돌아가야 한다. 대기업이 운영하는 대형마트도 너무 많아 소규모 자영업자들이 살아갈 방법을 잃고 있다.

　그러나 힘없고 가난한 노동자들이 세상살이가 너무 힘들어서 거리로 나와 항의할 때는 전경을 출동시켜 힘으로 제압하고 감옥에 가두기도 한다. 가난한 사람은 억누르고 돈 가진 사람들에게는 상납을 받고 연합하고 있다. 그러기에 우리나라의 빈부격차는 OECD 국가 중 상위에 속하고 부패도도 상위에 속한다. 그러나 이 뿌리 깊은 부정부패를 바로잡기에 공무원의 청렴도가 너무 떨어지고 검찰과 사법부가 너무 부패해있으며 의사의 연봉이 일반 샐러리맨들보다 너무 많아지고 있다. 또한 기존 기득권의 세력들이 그들의 부정한 돈을 포기하지 않으려 하므로 공정한 사회로 만드는 것은 너무 요원해 보인다.

문제는 누구나 재물이 가장 중요하다고 생각하기 때문이다. 그러나 생각해보자. 부자들 대다수는 그들의 재물을 대부분 남겨두고 죽는다. 그리고 죽은 후 약 50%를 상속세로 정부에서 빼앗아간다. 자손들은 그 남은 유산을 좀 더 많이 차지하기 위해 다투며 서로 원수가 될 뿐이다. 그러기에 청빈한 사람들이 존경받는 사회를 만들어야 한다. 검소하고 깨끗한 사람만이 이 사회에서 존경받고 죽어 천국에 갈 수 있지 않겠는가? 그러기에 부자가 천국에 들어가는 것은 매우 힘들다고 성경을 말하고 있지 않은가? 우리 기독교인들은 지혜롭게 청빈하고 깨끗하게 살려고 노력해야 한다.

우리는 대통령, 국회위원, 도지사, 시장들을 뽑을 때 예전처럼 지역주의에 빠지지 말고 공정하고 깨끗한 사람들을 선출해야 한다. 선출한 그들을 통해 이 사회의 부패를 바로잡도록 해야 한다. 또한 스웨덴처럼 사회보장제도를 강화하여 누구나 먹고 사는 데 문제가 없도록 기본적인 연금이 지급된다면 사회가 좀 더 깨끗해질 것 같다. 국회는 사회시스템이 공정하게 운영될 수 있는 좋은 법들을 개발하고, 부자들은 성실히 세금을 납부하고, 정부 공무원과 사법부는 공정히 법을 집행하여 철저히 세금을 거두어들이며, 이 거둬들인 세금은 자동적으로 사회보장제도를 유지하기 위해 사용된다면 좀 더 나은 사회가 될 것 같다. 극빈자들과 장애인들도 최소한의 의료보험과 먹고 생활할 수 있는 최소생활비를 정부가 지급하여야 한다. 그리고 중국처럼 통제 경제가 아니라 미국이나 서유럽처럼 자유 경제체제를 유지할 때 국가 경제가 발전할 수 있을 것이다. 우리나라가 부패의 고리를 끊고 좀 더 공정하고 깨끗한 나라가 되기를 간절히 소망한다. 그래서 앞으로 20년 안에 세계에서 제일 자유롭고 부강한 국가가 되며, 세계 제일의 선교국가가 되기를 소망한다.

사람마다 받은 능력이 다름

성경에는 달란트(재산, 아이큐, 인물, 재능)의 비유가 몇 군데 나온다. 한 달란트 받은 사람, 두 달란트 받은 사람, 다섯 달란트 받은 사람이 있다. 이 말의 뜻대로 모든 사람은 나면서부터 개인 능력이 다르다. 그러나 많은 달란트를 받고 태어났다고 해서 천국에 가는 것이 쉬운 것은 아니다. 천국에 가는 확률은 누구나 공평하다. 그러기에 잠시 머물 세상에서 하나님이 우리에게 주신 달란트에 대해 감사하며 살아야 한다고 생각한다. 한 달란트 받은 사람은 받은 한 달란트를 가지고 최선을 다하여 하나님을 위해 최선의 영광을 돌려야 한다. 그러나 자기 분수를 지켜야 한다. 한 달란트 받은 사람은 주어진 능력의 범위 내에 충성해야 한다. 한 달란트 받은 사람이 다섯 달란트 받은 사람을 쫓아가려는 것은 어리석고 교만한 짓이다. 다섯 달란트 받은 사람은 겸손해야 하며 주어진 달란트를 활용하여 많은 영광을 하나님께 돌려야 한다. 날 때부터 앞을 보지 못하는 사람이 정상적으로 태어난 사람만 부러워하며 원망 속에 한 세상을 보낸다면 이 얼마나 어리석은 일인가? 세상에서 가장 중요한 것은 천국에 들어가는 것이다. 이것은 맹인이나 정상인이나 공평하기에 잠시 머물다가 떠날 세상을 너무 중요시하며 부러워하는 것은 지혜 없는 생각이다.

어떤 사람은 IQ가 100 이하인 사람이 있고, 어떤 사람은 IQ가 130 이상인 사람도 있다. 나의 친구 중에 박교수가 있다. 그는 한양대 1978년 토목공학과에서 만난 친구다 그는 서울공대에 떨어지고 한양대 공대에 왔다. 그는 IQ가 높아 전공 서적에 대한 이해도가 빨랐고 기억력이 좋아 중간이나 학기말 시험 때 잠시 공부해도 좋은 학점을 받았다. 언젠가 학기말 시험을 앞두고 나는 도서관에서 땀 흘리며 전공서적을 외우고 있었다. 밤 10시 쯤 박교수로부터 연락이 왔다. 대학 주점에서 술 한잔하며 이야기하고 쉬자는 것이다. 나는 중간이나 학기말 시험기간이 되면 몇 주 전부터 도서관에서 시간과의 싸움을 하며 전력을 다해 공부했다. 그러나 박 교수는 건덩건덩 공부했다. 그 학기 박교수의 성적은 올 A$^+$였고 한과목만 A였다. 그의 공부시간은 나보다 훨씬 적었지만 성적은 나보다 우수했고, 결국 대학 졸업 후 미시건 대학에서 박사학위를 받고 대학 교수가 되었다. 그러기에 타고난 머리 좋은 사람이 따로 있다.

 IQ가 100 이하인 사람이 아무리 노력해도 우수한 성적을 받는다는 것은 매우 어렵다. 그러나 이 사람은 다른 면으로 더 좋은 재능을 가졌을지도 모른다. 남보다 자비하고 양선하며 온유한 사람인지 모른다. 창조력이나 기술력이 뛰어날 수도 있다. 그럼에도 불구하고 이런 사람은 남보다 많은 노력을 해도 학업성적은 초라할 것이다. 그러나 너무 낙심해선 안 된다. 왜냐하면 하나님이 주신 달란트가 다 다르기 때문이다. 그러나 인생은 좋은 머리만으로 살아갈 수 있는 것은 아니다. 그러기에 좋지 않은 IQ를 가지고 태어났을지라도 성실과 최선을 다하고 주어진 능력에 감사하고 잘 활용하며 최선을 다해 하나님께 영광 돌리는 삶을 살아야 한다.

 태어날 때 좋지 않은 IQ를 가지고 태어났고, 받은 유산도 없고 좋은 직장이 아니라 수입도 적은 사람이라면 그 수입에 맞추어 아껴 쓰며 생활해야 한다. 불공평하다며 잘사는 사람들처럼 돈을 펑펑 써댄다면, 그것은 죄악이다. 정부의 하위 공무원으로 적은 월급을 받는 사람도 마찬가지다. 불공평하다며 국민을 위해 공정하게 써야 할 정부 예산들을 집행할 때 특정 회사에게 특혜를 주고 부정한 뇌물을 받는다면 이것 또한 죄악이며 하나님의 심판을 피하지 못할 것이다. 우리는 하나님께서 우리에게 주신 지위와 재물에 감사하며 만족하며 살아가야 한다. 이런 정직한 삶을 살 때 언젠가 갑자기 하나님이 정하신 때에 기적 같은 은총이 우리에게 임할 수 있다. 적게 세상적인 달란트를 받은 사람은 세상에서 덜 인정을 받을 수 있다. 그러나 공평하신 하나님을 바라보자. 적은 달란트를 받았을지라도 충성을 다할 때 하나님께서는 천국의 문을 활짝 열어주실 것이다.

대머리가 안 되도록 기도드림

나는 키가 작다. 초등학교 때부터 앞에서 둘째 줄을 벗어난 적이 없는 것 같다. 어렸을 때는 키에 대해 고민한 적이 별로 없었다. 그러나 대학 입학 후 여성들과의 미팅 때부터 키의 중요성을 깨닫게 되었다. 인간의 욕망을 둘로 축약하면, 재물욕과 성욕이다. 대부분의 범죄가 공금착취, 사기, 유산싸움, 뇌물 받기, 성희롱, 성범죄 등이다. 그러므로 인간은 본능적으로 재물과 멋진 이성을 좋아한다. 그러나 재물도 외모도 타고난다. 그래도 재물은 인간의 부단한 노력으로 어느 정도 역전할 가능성이 있지만 외모는 성형수술이 아무리 발달했어도 바꾸기가 어렵다. 남자가 키가 작다는 것은 외형적으로 약점이다. 그런데다가 나는 20대 중반을 넘으며 서서히 머리가 빠지기 시작했다. 작은 키에 대머리라는 참 볼품없는 미래의 외형이 상상되었다.

아마 1998년 미국에서 PostDoc을 하던 시절 어느 날 자꾸 머리가 많이 빠지기에 나는 기도했다. 하나님 키도 작은데 대머리까지 만드시려 하십니까? 대머리만은 안 되게 도와주옵소서라고 간절히 기도했다. 그리고 그때쯤 미국에서는 '프로페시아'라는 대머리 치료제가 판매되기 시작했다. 그러나 가격이 매우 비쌌다. 한국에 돌아온 후 미국제품 프로페시아와 국산 프로스카라는 전립선 치료제를 4등분한 것을 섞어 복용하기 시작했다. 약값은 한 달에 1~2만원 들었다. 그리고 나이가 50을 넘으며 복용량을 줄였는데, 지금은 복용량을 초기의 삼분지 일로 줄이고 값이 싼 프로스카만 일주일에 1알을 쪼개어 복용하기에 약값은 한 달에 5,000원 정도 들어간다. 아무튼 하나님의 은총으로 아직까지 대머리는 되지 않은 것 같다.

프로페시아나 프로스카는 남성 호르몬 분비량을 줄여준다. 보통 대머리인 사람은 호르몬의 분비량이 보통 사람보다 많다. 이 남성 호르몬 분비량을 줄여준다면 나의 23년간의 경험상 탈모 현상을 거의 방지할 수 있는 것 같다. 나는 이전에 바르는 대머리 약을 꽤 많이 복용했지만 거의 효과가 없었다. 그러나 프로페시아나 프로스카는 확실히 효과가 있었다. 그러나 이 약들은 머리를 빠지지 않게 하고 머리털을 굵게 하는 역할만 하지 새로 나게 하지는 않는다. 아무튼 대머리로 고민하시는 분은 머리가 빠지기 전에 이 약을 잘 복용하면 효과를 볼 것이다. 또한 나는 주변의 여러 사람에게 이 약을 소개해주었고 그들 역시 약 10년이 경과한 지금까지 머리털을 잘 유지하고 있다. 그러나 배우 율 브리너처럼 대머리 머리형이 멋진 사람은 구태여 이 약들을 복용할 필요는 없을 것이다. 또한 프로페시아나 프로스카는 여성에게도 효과가 있다.

한편, 요사이 개발된 마이녹실을 하루에 두 번씩 머리가 빠진 부분에 뿌렸더니 약간의 머리가 새로 나오고 있다. 아무튼 프로스카와 마이녹실이 내 나이 65세까지 대머리가 안 되도록 지켜주고 있다. 이것은 나의 기도에 대한 하나님의 응답이다. 대머리가 되지 않도록 나에게 필요한 약을 마련해 주신 것은 나의 기도에 대한 하나님의 응답이다.

남북통일에 대하여

남북통일은 어려서부터 우리 세대의 꿈이다. 그러나 통일이 이렇게 어려운 것일 줄은 몰랐다. 서독과 동독이 너무 쉽게 통일했기에 우리도 곧 통일이 되리라 생각했건만 아직도 너무 요원해 보인다. 우리나라의 통일을 원하는 나라는 한국과 북한 외에는 없다. 일본도 미국도 중국도 그들의 유익 면에서 본다면 한국의 통일을 원할 리가 없지 않은가? 통일을 이룰 수 있는 방법은 남과 북의 대화와 개방 외에는 없다. 그렇다고 무조건 퍼주기식이 되어서도 안 되고, 지금처럼 대립관계로만 몰고 가서도 안 된다. 정말 여러 경험가의 지혜를 모아 풀어나가야 할 어려운 과제다.

아무튼 우리는 통일을 이루어야 한다. 우리는 수천 년 역사를 가진 한 민족이기 때문이다. 그러기에 기도해야 한다고 생각한다. 우리의 힘이 아닌 무한한 능력을 가지신 하나님께 도움을 요청해야 한다. 우리나라가 일본으로부터 해방된 것도 우리의 힘이 아닌 하나님의 은총이었고, 우리나라가 70년 만에 이렇게 경제적으로 놀라운 부흥을 이룬 것도 하나님의 은총이다.

통일은 남과 북만이 원하는 것이기에 서로 만나 격의 없이 대화하여야 한다. 조금 손해 보더라도 대화하며 왕래해야 한다. 왕래하다 보면 막혔던 담들이 하나둘씩 무너지지 않겠는가? 지금과 같이 인터넷이 발달한 시대에 어떤 국가의 비밀이 존재할 수 있으며 어떤 국가의 개방을 막을 수 있겠는가? 북한 국민도 서서히 자신들의 처지에 대해 알게 될 것이다. 북한만큼 자유가 없고 살기 어려운 나라는 세계에서도 몇 나라나 되겠는가? 식량이 없어 백성이 죽어가는 나라가 얼마나 되겠는가? 더구나 자유마저 없는 나라가 북한이다. 여행도 마음대로 할 수 없는 나라이다. 국내와 미국, 유럽의 유적지와 멋진 곳들을 방문했을 때 얼마나 힐링이 되고 새로운 자극을 받았던가? 북한에 태어났다고 자랑스러워하는 사람이 몇 명이나 될까? 하루속히 남북의 담이 무너지고 저 북녘땅에도 그 옛날처럼 많은 교회가 지어져서 주일 아침 은은한 교회 종소리가 온 누리에 퍼지고, 교회마다 기도와 찬양이 넘치며 모든 북한 주민이 자유롭고 부유한 삶을 살 수 있기를 간절히 소망한다.

가난에서 벗어나려면 정직해야 한다

이 세상은 하나님이 다스리신다. 누구나 가난하지 않고 부자가 되고 싶어 한다. 그래서 사람들은 세상적인 생각으로 인색하고, 자기 돈을 가능한 한 쓰지 않고 직장 공금을 조금씩 사용하고 최소한의 헌금만을 드린다. 이런 사람들은 결코 가난에서 벗어나질 못할 것이다. 하나님께 온전한 십일조를 드리고, 손님 대접하기에 힘쓰며, 가정에서나 직장에서 물질적으로 정직하게 살면 하나님께서 기적적인 방법으로 축복하셔서 생활하는데 풍족한 재물을 주실 것이다.

야곱을 보라. 외삼촌 라반 집에서 양을 기를 때 기적같이 얼룩무늬 양들이 수없이 태어나게 하여 부자가 되었듯이(창 31:8), 하나님은 기적 같은 방법으로 우리를 축복해 주신다. 좋은 직장을 주시거나 투자한 주식이나 부동산을 급등하게 하시거나 생각지도 않은 유산을 받거나 기술 이전을 하거나 특정 사업에 성공하거나 신제품과 신기술을 개발하는 등, 하나님의 놀라운 방법으로 우리를 축복하신다. 작은 것에 정직하면 하나님께서는 감동하셔서 하늘 문을 여시고 하나님의 방법으로 우리를 재정적으로 축복하여 주신다. 지구상의 많은 국가가 있지만 하나님을 믿고 정직한 나라들은 하나같이 부유하고 자유롭게 살고 있지 않은가? 얄팍한 거짓된 방법으로 돈을 모으겠다는 생각을 버리고 정직하게 살아가므로 하나님의 기적과 같은 축복을 받는 지혜로운 사람이 되자.

부모님의 사랑이 그립다

한평생을 살며 우리는 여러 사람을 만난다. 많은 친구와 이웃과 교인과 직장 동료들을 만난다. 그러나 뒤돌아보면 세상에는 우리의 부모님의 사랑과 같은 영원한 사랑은 없을 것이다. 많은 친구가 있었지만 우정에는 한계가 있는 것 같다. 나이가 들며 서로의 가정을 가지면 진정한 우정보다는 형식적이며 적당한 관계를 유지해 나가는 것 같다. 이웃과 교인과 직장 동료들도 얼마나 오랫동안 깊은 관계를 유지해 가는가? 멀리 떨어져 살게 되거나 환경의 변화가 오면 점점 잊혀가는 것 같다.

이 세상에서 우리를 진실로 사랑해준 사람은 부모님 외에는 없는 것 같다. 늘 자식이 잘되도록 격려하며 위로하시고 자식이 잘되었을 때는 마치 본인이 잘된 것처럼 기뻐해주시고 자식이 낙담할 땐 용기를 북돋아 주시는 분이시다. 오늘 유난히 부모님이 그립다. 아버지와 어머니 모두 돌아가셨다. 세상에서 가장 아름다운 사랑은 부모님의 사랑인 것 같다. 형제자매도 결혼해서 분가하면 서로 화합하기가 어려운 것 같다. 각자 새로운 가족들이 생겨 몇 번 오해가 쌓이면 멀어지는 것 같다. 부모님 살아계실 때 효도하는 것이 지혜로운 방법이다. 겨울날 안방에서 덕담해주시던 아버지, 마지막 병실에서 하나님께 감사하고 자식 걱정을 해주시며 며칠 후 돌아가셨던 어머니, 당신들은 나에게 가장 귀한 분들이셨습니다.

교회 출석하는 시간을 아까워하지 말자

내가 아는 장로님은 KAIST 교수로 매우 바쁘시게 보내시지만 그 장로님 부부는 거의 매일 새벽기도회에 다니며, 교회에서도 많은 시간을 할애하여 교회발전을 위해 봉사하시고 구역성경공부에도 빠지시지 않는다. 그렇지만 그 장로님의 가정은 하나님의 은총으로 모든 일이 잘되며 세상적으로도 많은 축복을 받는 모습을 보았다.

1975년 서울 대성학원에 다니며 재수하던 시절, 공부 시간이 부족하고 시간이 아까워 교회에 다니지 않았다. 아침에 한번 책상에 앉으면 화장실 갈 때 외에는 일어서지 않았고, 토요일과 일요일도 똑같이 생활했다. 아침 8시 이전에 학원에 가서 밤 12시 버스가 떨어지기 직전에 집에 돌아왔다. 공부는 습관이다. 이것이 한 주일 한 달이 지나며 습관화되었다. 그 시절에 하나님을 떠난 나의 생각은 과학적이며 합리적이어서 공부한 시간만큼 좋은 대학에 들어갈 수 있다고 생각했다. 처음에는 이 이론이 맞았다. 그러나 교회에 나가며 하나님을 의지함으로 오는 마음속의 안정감을 간과했던 것이다. 3월, 4월, 5월이 되며 나의 성적은 매달 올랐고 연세대 치과대학에 입학할 성적까지 도달하여 안심하려는 순간이었다.

그러나 갑자기 7월부터 하나님에 대한 믿음이 사라지고 마음이 불안해지기 시작했다. '혹시 시험 보다 실수하면 어떡하나? 이 문제를 풀지 못하면 어떻하나? 내가 공부하지 않은 것이 시험에 나오면 어떡하나? 시험기간에 아프면 어떻게 하나?' 등 많은 잡생각이 나를 괴롭히기 시작했다. 오직 나의 힘만을 의지하고 보이는 세계만을 믿는 철저히 세상적인 삶이었기에 모든 것이 불안해지고 걱정과 근심이 점점 심해지게 되었다. 8월이 되자 그동안의 많은 양의 공부시간 때문에 성적은 약간씩 올랐지만 마음이 불안해지며 집중력을 잃기 시작했다.

8월 말 어느 날, 나는 대성학원에서 수업하는 도중 극심한 공황장애로 인해 학원을 뛰쳐나왔다. 그리고 그 후 약 9개월 동안 공부를 할 수 없을 정도의 심한 정신적 노이로제에 걸려 책상에 앉아 있을 수 없었고, 마침내는 6개월간 철원에 있는 대한수도원에서 요양 생활을 할 수밖에 없었다.

공산주의는 유물사관을 가지며 하나님을 부정한다. 그러나 공산주의 나라치고 잘사는 나라가 없다. 마찬가지로 인간의 노력만으로 세상을 이길 수 없다. 하나님을 믿는 믿음이 있어야 산을 들어 바다로 옮길 수 있고, 마음에 평안과 기쁨을 얻을 수 있다. 요즘 일 때문에 일본을 자주 방문한다. 일본사람들의 얼굴은 우리나라 사람보다 상당히 경직되어 보이는데 하나님에 대한 믿음이 없기 때문이라고 생각한다.

그러므로 교회에 다니며, 봉사하며, 선교하며, 성경 공부하는 것은 결코 시간 낭비가 아니다. 하나님께 예배드리고 성경을 묵상하며 하나님의 뜻을 깨달음으로 인해 믿음이 견고해지며 마음이 안정되고 잡생각 없이 공부나 일에 집중하게 되고 좀 더 좋은 성과를 얻을 수 있다. 우리는 일하고 공부하기 위해 태어나지 않았다. 일과 공부는 단지 삶의 수단일 뿐이다. 우리는 하나님께 영광을 돌리며 행복하게 살기 위해 태어났다. 이제 내 나이 65세나 되었다. 기껏해야 앞으로 건강하게 15년 정도 살 수 있을 것이다. 지금 이 시점에서 가장 보람 있는 일은 무엇이겠는가? 그것은 선교다. 나보다 어린 내 딸과 내 아들 같은 후배들에게 행복하게 세상을 살아가는 방법을 알려주는 일이다. 이 세상에서 가장 중요한 것은 죽어 천국에 가는 일임을 일깨워주는 귀중한 일이다. 우리 죄를 대신 지시고 십자가에 못 박혀 돌아가신 예수 그리스도를 믿는 믿음만이 구원받을 수 있는 유일한 길임을 나의 사랑하는 아들, 딸과 후배들에게 전파해야겠다.

나의 공부 방법

나는 IQ 120으로 보통 사람보다 약간 높다. 세계 IQ 평균은 100이라 하는데, 한국은 105로 세계 3위의 매우 높은 편이다. 한 반에 IQ가 100이 안 되는 학생이 10% 이상 된다는 것을 고등학교 선생님께 들었다. 그리고 공부 잘하는 사람들은 하나를 가르쳐주면 두세 개를 이해하는 IQ 130 이상인 학생도 2% 이상이라 한다.

사람은 날 때부터 주어진 능력이 다르다. 그러나 학생들은 어쩔 수 없이 자신이 학생이란 신분을 가지고 있기에 공부를 해야 한다. 우리가 태어날 때 타고난 IQ는 어떻게 할 도리가 없다. 그러나 좋은 성적을 받기 위해 최선의 노력을 하는 것은 우리가 할 수 있는 일이다. 대학생들은 보통 2주일 전 중간고사나 학기말고사 시험 범위를 알게 된다. 이 시험 범위 내의 내용을 한번 공부한 사람과 열 번 공부한 사람과는 성적에서 큰 차이가 난다.

KAIST 박사과정 시절 나는 KAIST 내에 24시간 운영하는 도서실을 이용하여 공부하였다. 언젠가 학기말 시험 기간이었는데 어떤 KAIST 학생은 2주 내내 도서관에서 밤을 새우는 것을 보았다. 그는 2~3시간 공부하고 30분을 책상에 엎드려 잤다. 그리고 또다시 2~3시간 공부하고 30분을 책상에 엎어져 잤다. 이것을 계속 반복하므로 부족한 잠을 낮시간에 보충했다. 이 학생은 이런 방식으로 공부하므로 2주간의 짧은 시험 기간 동안 남보다 시험범위를 1~2번 더 훑어 볼 수 있으므로 좋은 성적을 얻을 수 있었다.

잠자는 것도 기술이라고 생각한다. 그러나 잠은 하루에 7시간 이상은 자야 한다고 생각한다. 나의 경험에 의하면 고3 학생인 경우는 5시간 자고 모자란 2시간 이상은 틈틈이 쉬는 시간이나 점심시간에 자면 남보다 2시간을 더 공부할 수 있다. 그러나 그다지 급하지 않은 경우에는 밤에 6시간 정도는 자고 나머지 1시간 이상은 틈틈이 자는 것을 추천하고 싶다. 그러나 단기간 아주 급한 경우, 예를 들면 중간고사나 학기말고사 시험 기간에는 앞의 학생처럼 밤에 2~4시간 자고 나머지를 낮에 틈틈이 보충하는 것도 괜찮다고 생각한다. 아무튼 잠자는 것은 기술이며 이렇게 잠자는 시간을 조절하는 방법은 처음에는 낯설고 힘들지만 나중에 습관화가 되면 얼마든지 쉽게 수행할 수 있는 방법이다. 이 방법을 익히면 남보다 좋은 학교 성적을 얻을 수 있다고 생각한다.

내 나이 56세일 때 나는 연구원에 새벽 3~5시에 출근했다. 24시간 가동하는 토양제염실험장치 때문이다. 토요일 주일에도 출근했다. 그리고 평일에는 오후 5시 20분에, 토요일에는 오전 10시에, 주일에는 오전 7시에 퇴근했다. 나의 경우, 집보다는 도서관이나 연구원 연구실이 훨씬 공부하기 좋았다. 그러기에 남들보다는 좀 더 많은 연구실적을 얻을 수 있었다.

그러므로 우리는 부모로부터 부여받은 IQ는 어떻게 할 수 없지만 우리가 할 수 있는 잠자는 시간을 조절하여 공부 시간을 좀 더 늘이는 방법으로 좋은 성적을 얻을 수 있다. 그러나 이것도 한계가 있다. IQ가 좋고 열심히 공부하는 사람을 따라갈 수가 없다. 그러나 낙심할 필요는 없다. 공부 잘하는 것만이 인생의 전부가 아니기 때문이다. 훌륭한 과학자들이나 전기, 자동차, 원자력, 기차, 비행기, 컴퓨터 등을 개발한 특출한 사람은 IQ만 좋은 사람이 아니다. 공부와 함께 자기 전공분야에 대해 지속적으로 아이디어를 창출하며 힘든 실험을 계속 반복해서 수행한 사람이다. 그러기에 대학을 졸업하고 직장에 들어갔을 때 직장에서의 성공은 학교나 입사 성적 순위와 얼마든지 뒤바뀔 수 있다.

서울대를 졸업했거나, 행정/사법/기술고시에 합격했다고 자랑하며 교만한 사람들을 간혹 본다. 그러나 이들 대부분 부모로부터 좋은 IQ를 물려받았기 때문이지 남들보다 좀 더 노력해서 이룬 것이 아니므로 겸손해야 한다. 머리가 좋아 일류대를 졸업한 사람들 가운데 사기죄로 감옥에 가는 사람들을 많이 본다. 머리가 좋기에 그만큼 해당하는 경제적 대우도 받아야 하는데 남들보다 돈을 잘 벌지 못하므로 불공평하다고 생각하여 돈을 벌기 위해 나쁜 수단이나 방법을 가리지 않기 때문이다. 나이가 들어 늙어가며 일류대를 나온 사람들은 슬퍼진다. 너무 세상적으로 대우받으며 잘 살아왔는데 늙어지면서 의지해왔던 세상 것들이 하나씩 사라지기 때문이다.

그러므로 IQ가 낮다고 실망하지 말며, 잠을 조절하며 최선을 다하자. 그리고 직장에서는 직장의 업무에 충실하자. 그리고 잡일, 허드렛일, 실험, 청소, 봉사, 육체적인 일들을 가리지 말고 열심을 다하자. 그러면 중년이 되었을 때 하나님의 기적이 일어날 수 있다.

우리 연구원에 학벌 좋은 동료가 있었다. 서울대 공대를 졸업하고 미국 일류대학에서 박사학위를 받았다. 그는 자존심이 무척 셌고 본인은 남과 다른 왕자로 생각하는 것 같았다. 어느 날 연구실 청소를 하라고 실장님이 지시하셨다. 그래서 나는 그 동료에게 연구실을 같이 청소하자고 했다. 그러자 그 친구는 자기는 이런 청소 같은 허드렛일을 하지 않는다고 단호히 말했다. 서울대 졸업 후 미국 유명대학에서 박사학위를 취득한 연구원 중에 많은 사람이 이런 사고방식을 가졌다. 이 얼마나 어리석고 지혜 없는 생각일까? 이들은 잡일이나 실험하기를 좋아하지 않고 이기적으로 오직 자기 지식만을 좀 더 넓히는 데만 혈안이 되어 있다.

지금은 오십 중반이 되어 실험을 지속하며 문제점을 발견하고 그 문제점을 해결하기 위해 깊은 고뇌와 해외 논문 정보를 통해 새로운 아이디어를 도출해내고 또다시 도출한 방법으로 실험하고 힘든 실험을 통해 전공 기술을 계속 발전시켜 온 보통 사람들은 나름대로의 본인 분야에서 신기술을 개발하여 큰 업적을 이루었지만, 이기적으로 자기 지식만을 넓혀왔던 미국 유명대학을 졸업한 박사님들은 아무 업적을 이루지 못한 채 늙어 정년을 앞둔 사람이 많다.

그러므로 우리에게 하나님께서 주신 어떠한 능력에 대해서도 감사하자. 그리고 잠자는 시간을 조절하며 최선을 다하자(잠을 조절한다는 것은 잠도 기술적으로 자며, 교회와 가족을 위한 봉사 외에는 모든 시간을 연구를 위해 사용하자는 뜻임). 그러면 누구든 하나님의 기적 같은 축복을 받아 세상적으로도 어느 정도 성공할 수 있다고 생각한다(공평하신 하나님이 세상을 다스리시므로 결코 이런 사람들을 버리지 않으신다). 이것이 공평하신 하나님께서 세상을 다스리시는 방법이다. 자신의 가족을 넘어 주변의 친척과 이웃을 위해 섬기며 봉사하는 것이 이웃을 사랑하는 것이다. 우리는 지금 사회에 만연한 극단적인 이기주의를 탈피해야 한다. 뿐만 아니라 늘 성령 충만하기를 계속 기도함으로써 세상의 유혹과 죄악을 이길 수 있다. 그러면 성자 어거스틴처럼 거룩한 생활을 할 수 있으며, 하나님을 의지함으로 오는 평강과 기쁨을 유지하며 행복하게 살아갈 수 있을 것이다.

일본 선교의 필요성

일본에 기독교가 들어온 시기는 1549년이다. 예수회 선교사이자 바스크 출신의 에스파니아 사람인 프란시스 하비에르(Francis Xavier)에 의해 전파되었다. 그러나 도요토미 히데요시(1537~1598)가 자신의 정치체제에 위협을 느껴 기독교 금지령을 내렸고, 기독교인인 아리마가 도쿠가와의 핵심 측근인 하세가와를 암살하려다 실패하는 사건이 발생하자 이에 위협을 느낀 도쿠가와 이에야스(1543~1616)는 기독교 대탄압을 결행하고, 1612년에는 기독교 금지령을 내렸다. 한편 도쿠가와 이에야스는 데라우케 제도를 실시하여 모든 백성을 강제로 불교사원에 귀속시키고 일본의 국교를 불교로 삼았다.

메이지 유신(1868~1889) 때는 신도 이외의 종교인 기독교를 금했고, 1869년에는 기독교인 약 3,000명을 가나자와 및 10개의 번으로 분산 이주시켰다. 특히 기독교는 천황을 살아있는 신으로 숭배하는 천황 숭배에 반대하였고, 이성교제를 하는 등 자유로운 사고방식을 갖고 있었기 때문에 천황주의자로부터 공개적으로 반대 및 배척을 받았다. 이런 장기간의 박해로 인해 최근 일본 내의 기독교의 인구는 불과 1.5%에 불과하다.

2011년 3월 쓰나미로 2~3만 명이나 되는 목숨이 한순간에 사라진 사건에는 반드시 원인이 있다고 생각한다. 하나님은 일본 국민을 사랑하셔서 그들을 구원시키기 위해 이런 시련을 주었다고 나는 생각한다. 쓰나미나 지진으로 수십 만이 죽었던 인도네시아도 마찬가지로 하나님을 멀리하고 우상을 섬기기 때문이다. 그러나 이런 나의 말을 믿는 사람은 극히 드물고 우연한 자연현상이라고 생각한다. 그러나 분명 단언하지만 이 지구상에 우연한 자연현상이나 우연한 사건들은 없다. 우주를 만드신 하나님이 친히 세상을 다스리시기에 모든 사건과 현상에는 하나님의 뜻이 함께하며 하나님의 계획하에 있다. 하나님의 심판이 얼마나 냉혹하고 무서운지 우리는 성경을 통해 깨달을 수 있다.

성경에 요나 선지자가 생각난다. 그는 니느웨 사람들을 싫어했지만 하나님은 니느웨 백성을 사랑하셨다. 그러므로 그를 통해 니느웨 사람들을 회개시켜 멸망으로부터 그들을 건지셨다. 일본은 지금 화산폭발, 지진, 쓰나미 등 많은 재앙이 경고되고 있다. 그러기에 일본은 어리석은 교만을 버리고 속히 하나님 앞에 회개하고 하나님께 돌이켜야 한다. 일본만큼 하나님 앞에 교만하고 선교하기 어려운 나라가 지구상에 어디 존재하는가?

우리 주변에 얼마나 많은 사람이 암에 걸려 고통받고 있고, 뜻밖의 교통사고로 불구자가 되는 사람이 얼마나 많은가? 토요일마다 을지병원에 방문하면 참으로 비참한 사람들이 너무나 많다. 또한 가난 때문에 고통받는 사람이 얼마나 많은가? 일부 사람은 장사해서 부자가 되지만 대부분 사람은 실패한다. 물론 부자가 되었다고 모두 축복은 아니다. 하나님 안에서 풍족하고 축복된 삶을 사는 것이 중요하다. 그러므로 우리는 죄짓는 것을 두려워해야 한다. 성범죄와 부정직한 돈을 받는 범죄를 두려워해야 하며 하나님 앞에 성결된 삶을 살아가는 것이 얼마나 중요한가? 그러나 이것은 우리의 힘으로 불가능하다. 세상의 유혹들이 너무나 강렬하기에 이들을 물리칠 능력은 우리에게 없다. 그러므로 우리는 기도해야 한다. 하나님께 도움을 간청해야 한다. 그럴 때 하나님은 성령을 우리에게 부어주셔서 성결된 삶을 살도록 하시며, 감사와 기쁨이 충만한 삶을 살 수 있게 하신다. 선교사들과 목회자들도 마찬가지 사람이기에 그들도 날마다 엎드려 하나님께 간구해야 한다. 하나님의 도움이 없다면 인간은 누구나 성결된 삶을 살 수 없다. 성적으로, 재물에 대해 죄악을 범함으로 얼마나 많은 목회자들이 계속적으로 신문지상에 오르내리고 있는가? 그 옛날 세례 요한이 회개하라고 외쳤듯이 지금과 같이 죄의 유혹이 강렬한 세상에서 기도 없이는 이 세상을 이길 방법이 없다.

  우리가 그동안 그렇게 경제적으로 부러워했던 일본에도 허점이 많다. 일본의 민주화는 남북이 갈라져 어쩔 수 없이 통제해야만 하는 우리보다 민주 자유도가 뒤진다. 종교도 보이지 않게 탄압하여 기독교인이 매우 적다. 일본이 진정한 선진국이 되기를 원한다면 이런 허점들을 보완해야 한다. 아무튼 일본 선교는 아주 요원한 듯 보인다. 그러나 하나님의 능력의 손이 함께 할 때 그 옛날 모세가 홍해를 가르듯이 보잘것없이 보이는 선교사들의 정성된 물질적, 시간적, 육체적 헌신을 통해 니느웨 사람처럼 일본 사람들도 언젠가 봇물이 터지듯 하나님께 돌아올 것이며 기독교인이 급속히 증가할 것이다.

북한 선교의 필요성

엊그제 김정일이 죽었다. 김일성, 김정일, 김정은은 내 생각에 이들 모두 지옥 불에서 함께 만날 것이다. 이들은 너무나 세상적인 생각을 가지고 너무나 세상 것들, 즉 권력, 쾌락, 재물을 사랑했던 사람들이다. 차라리 가난한 농부로 한평생 정직하게 살다 죽는 것이 짧은 인생에서 사악한 이들의 삶보다 나을 것이다. 북한 주민은 정말 불쌍하다. 가난하고 자유도 없는 나라, 이 지구상에서 가장 지옥 같은 곳이다.

엊그제 〈이제 만나러 갑니다〉라는 TV 프로그램을 보았다. 예쁜 탈북 여성이 출연하여 북한의 실상을 이야기해주었다. 그들은 먹을 것도 자유도 없이 북한 공산당들의 노예처럼 생활해 왔었다. 나도 모르게 눈물이 나왔다. 이제 북한도 제대로 한번 살아보아야 하지 않겠는가? 그들의 고통이 너무 길고 참혹하지 않은가? 공평하신 하나님께서 이제 그만 화를 거두시고 저 북한 주민들을 구원해 주실 때가 되었다고 생각한다. 저 지옥 같은 북한이 축복을 받을 수 있는 방법은 속히 복음을 받아들이고 하나님 앞에 회개하고 철저히 하나님 앞에 바르게 살며 저들의 소원을 간절히 간구하는 길뿐이다.

어떤 북한 선교단체의 자체적으로 실시한 연구와 믿을 만한 단체와 자료 수집 기관들의 연구의 공통적인 결론에 의하면, 북한의 기독교인 총수가 적게는 6만 명에서 많게는 12만 명일 것이라고 한다. 인구대비 1%도 안 되는 극히 적은 숫자다. 반면에, 교회 생활과 성경공부를 통해 하나님의 뜻과 하나님이 주시는 지혜를 배워 지혜로운 삶을 살므로 우리 남한은 70년 만에 이렇게 놀라운 축복을 받았듯이, 북한도 길지 않은 기간 내에 남한의 선한 사람들의 도움으로 축복된 나라로 변할 수 있음을 믿는다. 내가 살아있는 동안 북한을 돕고 싶다. 무엇보다 기독교인들을 통해 저들의 나라가 정상 궤도로 진입하기를 바란다.

'하나님! 주님의 능력으로 이제 그만 김일성 일가의 세습을 멈추어 주시고 남과 북이 통일되게 도와주옵소서. 이 나라가 통일되어 많은 남과 북의 기독교인들을 통해 세계에서 가장 모범적인 기독교 국가를 이룩하여 하나님 안에 축복된 나라로 변할 수 있게 도와주십시오. 뿐만 아니라 그 옛날 미국 선교사 아펜젤라와 언더우드가 이 나라에 복음을 심었듯이, 우리나라를 통해 이웃 일본과 북한뿐만 아니라 세계 방방곡곡에 복음을 전할 수 있는 세계 제일의 선교국가가 되게 도와주옵소서. 하나님이 세상을 창조하고 보시기에 좋아하셨던 것처럼 이 지구상을 보시기에 좋은 세계로 만들기 위해 작은 역할이라도 담당할 수 있게 도와주옵소서.'

삼위일체의 하나님

하나님께서는 아담과 하와 그리고 세상을 창조하셨다. 그리고 창조된 인간이 하나님께 영광 돌리는 삶을 살기를 원하셨다. 하나님께서는 선지자 이사야, 예레미야, 스가랴, 미가 등을 통해 세상에 하나님의 아들 예수님을 보내실 것을 약속했고, 예언대로 하나님의 아들 예수님께서 세상에 오셔서 33년간 인간들과 함께 생활하시며 많은 병자를 고치시고 가난한 사람들을 위로하셨다. 그리고 끝내 우리 인간들의 죄를 대속해 주시기 위해 십자가에서 피 흘려 돌아가셨다. 예수님이 돌아가신 후 예수님 대신에 성령을 보내셔서 우리가 외롭지 않도록 기도를 통해 성령님이 인간의 마음속 깊이 함께하셨다.

 그러므로 우리는 삼위일체이론, 즉 하나님 한 분 안에 세 분의 위격인 하나님, 예수님, 성령님이 존재하심을 신구약 성경을 통해 발견할 수 있다. 삼위일체라는 말은 성경에 나오는 용어는 아니다. 다만 성경을 연구하는 신학자들이 성경을 전체적으로 연구하여 찾아낸 교리이다. 즉 북아프리카 신학자 터툴리안이 가장 먼저 삼위일체론을 제시했고, AD 325년 니케아 종교회의에서 삼위일체론을 채택했다. 구약성경에는 주로 여호와 하나님이 나오며, 신약성경에는 예수님과 성령에 대해 쓰여 있다. 예수님이 십자가에 못 박혀 죽으시고 부활하시어 하늘나라로 가셨지만 이 세상에 성령님을 남기시어 우리가 성령의 도움으로 세상을 이길 수 있게 역사하셨다.

학력과 재산 그리고 정의로움

 현재 우리의 35세까지의 주요 목표는 좋은 학력을 쌓는 것이다. 가능한 좋은 초등학교, 중·고등학교 그리고 명문대학을 졸업하기 위해 최선을 다한다. 대학 졸업 후 10~20%는 박사과정까지 진학한다. 그러나 명문대학에 입학하는 것은 쉽지 않다. 태어날 때부터 어느 정도 IQ가 있어야 한다. 태어날 때 IQ가 낮으면 남들보다 몇 배 더 노력해도 학창 시절 좋은 성적을 얻기가 힘들다.

 그리고 35세부터 65세까지는 재산 모으기에 주력한다. 좋은 대학을 졸업하고 좋은 직장에 취직하는 것이 대부분의 방식이다. 한편으로는 부모의 유산으로 재산을 얻는 사람들도 있다. 이 물려받은 재산을 잘 투자하여 많은 재물을 모을 수 있다. 또한 개인 사업을 통해 재산을 모을 수 있다. 그러나 이 방법은 쉽지 않다. 약 10% 이하 정도만 먹고 살 만큼의 재물을 모을 수 있다. 마지막 65세 이상은 죽기 전까지 선하고 정의롭게 살기를 목표로 하며 죽어 천국에 가기를 소망하며 죽음을 준비한다.

성경에 보면 학벌과 재물로는 천국에 들어갈 수 없다. 거지 나사로처럼 선하고 정의롭게 살아야 천국에 들어갈 수 있다. 그러기에 안중근이나 윤봉길은 지혜로운 사람들이었다고 생각한다. 신약성서(마13:43-46)에 밭에서 금덩어리를 발견하고 자신의 모든 재산을 팔아 그 땅을 샀던 농부처럼 천국을 발견하고 그들의 생명을 바쳤던 사람들이다. 그러기에 학력도 재산도 모두 지나가되 오직 선하고 정의로운 삶만이 남음을 명심해야 한다.

노력이 아니라 믿음입니다

불교나 일본의 신도는 스스로 선한 일을 하여 자기가 착하게 살므로 자기 노력이나 스스로 행한 선행에 의해 구원을 얻을 수 있다고 생각한다. 이것은 이성적이며 합리적으로 보일 수 있다. 그러나 하나님의 성령의 도움이 없이는 우리는 죄를 이겨낼 수 없으며 성결되게 살아갈 수 없다. 믿음으로 하나님과 함께할 때, 기도로 성령의 능력을 힘입을 때 비로소 선한 삶을 살아갈 수 있다. 하나님의 도움없이는 선한 삶을 살아갈 수 없다. 이것이 기독교와 불교의 차이점이다.

47년 전 1975년 2월, 나는 대학시험에 실패하고 서울 광화문 뒷골목에 위치한 대성학원에 다녔다. 일류대학에 진학하기 위해선 좀 더 많은 공부시간이 필요하므로 시간을 절약하기 위해 재수를 시작하는 동시에 교회 다니는 것을 그만두었다. 대성학원 입원 시험점수 결과에 의해 연세대 우수반에 들어갈 수 있었다. 학원에 도착하여 아침에 한번 책상에 앉으면 화장실 갈 때 외에는 계속 앉아 있었고, 토요일과 주일도 똑같이 학원으로 등교하여 평일과 똑같은 스케줄로 공부했다. 아침 8시 이전에 학원에 가서 밤 12시에 집에 돌아왔다. 왜냐하면 집에서는 도저히 쏟아지는 졸음을 이겨낼 수 없었기 때문이다. 공부는 습관이다. 나의 이런 공부 방법은 한 주일 그리고 한 달이 지나며 습관화되었다. 이 시절 성적상승을 위한 나의 전략은 '공부한 시간만큼 성적은 오른다'는 것이었다. 다른 말로 말하면, 책상에 앉아 있는 시간만큼 성적이 오른다는 것이었다. 그러나 이 이론은 실제로는 매우 불완전하고 결코 맞지 않았다. 수험생에게 중요한 하나님을 의지함으로 오는 마음의 안정을 고려하지 않았기 때문이다. 쉼 없는 공부로 인해 1975년 3월, 4월, 그리고 5월이 되며 성적은 매달 올랐고 7월 모의고사 결과는 대성학원 연세대반 전체 20등 정도로 연세대 치과대학에 들어갈 수 있는 성적으로 향상되었다.

그러나 1975년 8월이 되면서부터 갑자기 마음이 극도로 불안해졌다. '혹시 시험 보다 실수하면 어떻게 하나? 공부하지 않은 문제가 나오면 어떻게 하나?, 이 문제를 풀지 못하면 어떻게 하나?, 시험 기간에 병에 걸리면 어떻게 하나?, 수업시간에 집중하지 못하여 중요한 부분을 놓치면 어떻게 하나?' 등등 많은 잡생각이 나를 괴롭히기 시작하고 이런 걱정과 근심 때문에 공부의 집중력이 점점 상실되었다. 오직 나 자신만을, 나의 노력과 나의 힘만을 의지하는 삶이었기에 모든 일을 나 스스로 해결해야만 하였다. 마음이 불안해지고 안정감과 믿음을 잃어가기 시작하였다. 1975년 8월이 되며 무더위가 시작되었고 많은 양의 공부 시간 때문에 성적은 약간씩 올랐지만 마음은 더욱 초초해지기 시작했다. 그리고 8월 말

마침내 정신질환에 걸려 그 후 일 년간 책상에 10분 이상 앉아 공부할 수 없었고, 먹는 것은 다 토하고, 수시로 가위에 눌리고, 마음이 늘 불안하여 많은 사람이 모인 곳이나 버스도 못 타는 극도의 공황장애에 걸렸다.

그 후 강원도 철원의 대한수도원에서 성경 말씀과 기도를 통해 하나님을 만났고, 하나님에 대한 믿음으로 이 병을 기적적으로 고칠 수 있었다. 그러기에 이 어려움의 해결책은 나의 노력이 아니라 믿음이다. 하나님의 뜻 안에 요셉처럼 큰 꿈을 꾸라, 그리고 간절히 부르짖으며 기도하라. 그러면 천지를 창조하고 다스리시는 하나님께서 우리의 믿음의 기도에 반드시 응답해 주실 것이다.

국내선교의 필요성

2000년을 넘어서며 한국 내의 개신교인이 큰 폭으로 감소하고 있다. 실제로 우리 연구원 신입소원 중 개신교인은 20%도 채 되지 않는다. 오히려 가톨릭교인은 조금씩 증가하고 있다. 요즘은 또한 많은 기독교 안티그룹이 형성되어 기독교를 신랄하게 비판하고, 일본처럼 기독교인을 왕따시키려는 현상도 나타나고 있다. 이것은 세상이 너무 바쁘기 때문이다.

중고등학생들의 학업 시간이 너무 과도하다. 고등학생만 되면 교회에 다닐 시간조차 없을 정도로 바쁘다. 우리나라처럼 주일에도 학교에 나가야 하는 나라는 거의 없을 것이다. 한국에서는 좋은 대학에 들어가는 것이 가장 중요하고, 일류대학을 졸업하면 대부분 평생 대접을 받는다. 그러기에 청소년은 봉사를 모르며 섬기는 것을 모른다. 오직 자신의 학교 성적만이 가장 중요하다. 부모들도 마찬가지로 자식 공부를 위해 모든 것을 대신해준다. 자식들 방 청소까지 대신해준다. 여학생의 대부분이 밥도 지을 줄 모른다. 이렇게 자란 청소년들은 자기밖에 모르는 이기적인 사람이 되어간다.

그러므로 우리는 자녀를 키울 때 기본적인 일들은 아무리 바쁘더라도 자신이 하도록 교육해야 한다. 집안일 돕는 것을 교육해야 한다. 하루에 10분만 시간을 낸다면 자기 방을 호텔처럼 깨끗하게 만들 수 있다. 일류대학을 나와 오직 자신만을 위해 이기적으로 한평생 살다 죽게 둔다면 그것은 자신과 나라를 망치는 길이다.

또한 많은 이기주의 기독교인들 때문에 복음 전파가 너무나 힘들어졌다. 참된 크리스천은 이름도 없이 빛도 없이 하나님과 이웃을 섬기는 것인데, 이런 기독교인들의 수가 너무 적다. 이 나라가 70년 만에 이렇게 부강한 나라로 발전한 것은 선한 기독교인들 덕분이다. 그러기에 이 나라를 위해 우리는 많은 선한 기독교인들을 키워내야 한다. 바른 교육의 최종 목표는 일류대학에 들어가는 것이 아니라 천국에 들어가는 것임을 깨닫게 해야 한다.

지금이야말로 국내선교가 절실히 필요한 시기이다. 그리고 많은 선한 기독교인들이 이것을 위해 나서야만 한다. 그리고 세례 요한처럼 외쳐야 한다. 비록 돌팔매질 당하고 많은 냉혹한 비판을 받겠지만 외쳐야 한다. 무엇이 진정 가치 있는 일이며 어떻게 무슨 목표로 세상을 살아가야 할지를 전해 주어야 한다. 저들이 믿고 돌아오거나 않거나는 우리의 몫이 아니라 하나님의 몫이다. 그러나 전하며 외치는 것은 우리의 몫이다. 단지 경계해야 할 것은 선교를 하며 자신을 자랑하거나 스스로 교만에 빠지지 말아야 한다. 그리고 우리 스스로 그리스도의 말씀을 실천하는 삶을 통해 거룩한 크리스천의 모습을 보여 주어야 한다. 나는 대한민국을 사랑하며 내 자녀 내 친척 내 이웃들이 행복하게 세상에서 하나님의 축복을 받으며 살기를 소원한다.

기적 같은 축복의 근원

하나님은 축복의 근원이 되신다(신 16:10). 많은 보화가 하늘에 쌓여 있고 하나님 앞에 합당하게 산 사람들에게는 하나님이 우리에게 마음의 평안과 일용할 양식을 나누어주신다. 이 축복은 인간에게는 기적같이 오기 때문에 이 축복을 받는 자는 기적을 체험한 사람들이다. 성경에는 많은 축복의 기적을 경험한 사람들이 있다. 요셉, 다윗, 욥, 아브라함, 바울, 야곱 등이다.

현재에도 우리 주변에 많은 사람이 이 축복의 기적을 받고 있다. 내 주변에서도 많은 사람을 본다. 우리는 이 기적의 축복을 받기 위해 선한 싸움을 싸워야 하며 최선을 다해야 한다. 이 기적의 축복은 마음의 평강과 기쁨을 가져다주며 오직 주님을 위해 최선을 다하는 사람들에게만 주어지는 것이다. 이 기적의 축복을 받기 위해 우리는 끊임없이 축복의 근원이 되시는 하나님께 기도해야 한다. '저에게도 기적의 축복을 내려주옵소서'라고 하나님 안에서 꿈을 가지고 그 꿈이 이루어지도록 간구해야 한다. 간구하고 기도하는 자에게 주님은 어느 날 갑자기 주님이 정하신 시간에 기적 같은 축복을 주실 것이다. 이것은 인간의 계산법을 넘는 것이며, 창조주 하나님의 놀라운 은혜의 법에 속한다. 그러기에 우리 주변에 하나님 앞에 선하게 살아가는 얼마나 많은 사람이 얼마나 큰 축복을 받았는지를 보아오지 않았는가? 억척스럽게 자기 것만을 챙기는 사람들에게 이 기적의 축복은 주어지지 않는다. 오히려 이들에게는 냉혹한 하늘의 심판만이 내려졌던 것을 우리 주변에서 얼마나 많이 보아왔는가?

세상은 하나님이 다스리시기에 하나님의 법칙대로 축복이 주어진다. 남몰래 남을 위해 봉사하고 희생하고 섬기며 베푸는 사람에게 언젠가 하나님이 정하신 때에 하나님의 기적과 같은 축복이 찾아들 것이다. 왜냐하면 세상은 하나님의 손안에 있고 하나님이 친히 눈동자와 같이 살피시며 다스리시기 때문이다. 앞날을 하나님이 인도하시도록 맡기는 사람이 지혜로운 사람이다.

구원의 근원

하나님은 구원의 근원이 되신다(히 13:9). 이 세상에서 가장 중요한 것은 구원을 받는 것이다. 많은 사람이 세상 살 동안 세상적인 많은 축복을 받았다 한들 심판의 날에 구원받지 못한다면 그의 인생은 실패한 것이다. 성경에는 그런 인물들을 소개한다. 가인, 사울, 롯의 아내, 가룟 유다, 아간 등이 이런 인물에 속할 것이다. 그러므로 많은 사람 중에 우리를 택하시어 구원의 복음을 믿게 하신 하나님께 감사해야 한다. 지금은 오직 복음의 믿음을 통해서만이 구원을 받을 수 있다. 즉 예수 그리스도가 우리의 죄를 대신하여 십자가에 돌아가셨음을 믿을 때만이 구원 얻을 수 있다.

을지병원선교를 다니며 병실에 아픈 환자들에게 이 사실을 알려주고 믿도록 권유하지만 많은 사람이 이 진리를 믿지 못한다. 오히려 그들은 불교나 일본의 신도처럼 스스로 선한 일을 하여 자기가 착하게 살므로 자기 노력에 의해 스스로 행한 선행에 의해 구원을 얻을 수 있다고 생각한다. 이것은 어쩌면 좀 더 합리적으로 보일 수 있다. 그러나 하나님의 성령의 도움이 없이는 우리는 죄를 이겨낼 수 없고 성결되게 살아갈 수 없다. 믿음으로 하나님과 함께할 때 기도로 성령의 능력을 힘입을 때 비로소 선한 삶을 살아갈 수 있다. 하나님의 도움 없이는 선한 삶을 살 수 없기에 구원을 받을 수 없다. 이것이 기독교와 불교의 차이점이다.

지구상 인간의 80% 이상이 신을 믿는다. 그러나 그중에 참된 신을 가려내어 믿는 것은 너무나 중요하다. 예수 그리스도를 통한 구원의 진리를 믿는다는 것은 어쩌면 어려운 일이며 하나님의 은총이 필요하다. 그러기에 많은 사람 중에서 구원의 은총을 받은 우리는 그 구원의 은총의 중요성을 깨닫고, 그 구원의 은총 하나만 가지고도 넉넉히 늘 감사와 기쁨이 충만한 삶을 살아갈 수 있어야 한다.

이 세상을 지혜롭게 살아야 한다

이 세상에서 우리는 지혜롭게 살아야 한다. 이 세상은 우리가 죽는 날까지 고난, 즉 병들고, 늙고, 과중한 일, 사고, 실패, 가난, 사망 등의 연속이다. 우리가 살아있는 한 누구도 세상의 고통을 피할 수 없다. 완전히 행복한 사람은 없다. 어떻게 살아가는 것이 지혜로운 삶일까? 어떤 사람이 있다. 그는 교회에 다니며 교회의 항존직이다. 그러나 그는 세상의 것들, 즉 재물, 지위, 낭만, 쾌락에 대한 욕망이 너무 강렬하다. 가능한 한 세상의 것들을 많이 소유하려 한다. 남에 대한 배려와 양보나 섬김은 거의 안중에 없다. 그리고 하나님께 계속 세상 것들을 간구한다. 이런 모습은 우리의 자화상일 수 있다. 이런 삶이 세상적인 삶이며 하나님이 싫어하시는 삶이다.

　축복은 하나님이 주시는 것이다. 우리가 낮아져서 남을 섬기고, 남을 위해 우리 자신을 희생할 때 하나님이 우리를 일으켜 세우시고 우리를 높이시며 기적같이 우리를 축복해 주시는 것이다. 세상은 하나님이 운행하시기에 이 세상을 멋지게 살고 싶다면 우리는 성경 말씀대로 하나님의 뜻에 순종하려고 최선을 다해야 한다. 그러기에 우리는 계속 하나님과 대화해야 한다. "하나님 이런 경우에는 어떻게 해야 합니까? 저런 경우에는 어떻게 해야 합니까? 나의 욕심대로 판단하지 않고 하나님의 뜻에 따르게 해 주세요."라고 계속 간구해야 한다. 이런 사람만이 지혜로운 사람이 될 수 있다. 사도 바울, 스데반 집사, 우리아 장군, 주기철 목사, 조만식 장로, 이승훈, 유관순, 안중근, 안창호, 한경직, 옥한흠, 하용조처럼 훌륭한 삶을 살아갈 수 있다. 결국 인간은 누구나 죽기에 죽을 때 후회하지 않도록 최선을 다해 지혜로운 삶을 사는 것이 필요하다. 그러기에 우리는 계속 기도해야 하며 성경 보고 예배드리며 하나님의 뜻을 알려고 노력하고 그 뜻대로 살아가야 한다. 하나님뿐만 아니라 하나님과 더불어 우리 주변에 허우적거리는 인간들도 함께 사랑하며 섬겨야 한다.

　내가 존경하는 안중근은 31세의 나이에 일본 총리대신 이토 히로부미를 1909년 10월 만주 하얼빈에서 암살하고 5개월 후 일본군에 의해 교수형을 당했다. 그의 천주교 세례명은 도마였는데, 감옥에 갇힌 후 사형 당하기까지 5개월간 하나님만을 의지하며 마음이 무너지지 않으려고 애썼다. 사람은 누구나 죽는다. 늙어 병에 걸려 안중근보다 더 오랫동안 고통스럽게 죽어가는 사람들이 많다. 사람은 마음가짐에 따라 죽음을 극복하는 하나님의 위대한 종이 될 수 있다.

안중근(1879년 9월 2일~1910년 3월 26일)은 대한제국의 군인, 항일 의병장 겸 정치 사상가이다. 안중근의 집안은 천주교 성당 건축에 참여할 정도로 신앙심이 독실하였고, 안중근 자신도 1895년 천주교학교에 입학하여 신학을 배웠다. 아버지가 세운 서당에서 훈장을 초빙하여 공부했으나 사서오경에는 이르지 못하고 통감 9권까지만 배웠다고 한다. 안중근 자신은 《안응칠 역사》에서 "내 나이 예닐곱 때 조부모의 사랑을 받으며 서당에 들어가 8~9년 동안 한문을 익혔으며, 조부께서 돌아가신 뒤에는 사냥으로 학문에 힘쓰지 않았다."고 술회하였다.

  말타기와 활쏘기를 즐겼고, 집을 자주 드나드는 포수들의 영향으로 사냥하기를 즐겨 명사수로 정평이 났다. 생계를 위해 한때 석탄상회를 경영하였으나 사업이 되지 않았으며, 교육을 통한 깨달음이 필요하다고 생각하여 석탄회사를 정리하고 자기 집안의 전 재산을 털어서 삼흥학교를 설립하여 교육운동을 시작했다. 그 뒤 황해도의 천주교 계열의 학교인 남포 돈의학교를 인수하였으며 안중근 자신도 교사로 아이들을 가르쳤다. 1904년 평양에서 석탄 장사를 하다가, 1905년 조선을 사실상 일본의 식민지로 만든 을사늑약이 체결되는 것을 보고 이를 저항해 독립운동에 투신했다. 이어 삼흥학교를 세우고 돈의학교를 인수해 교육에 힘쓰다가 1907년 연해주로 건너가 의병에 가담했다.

  1909년 3월 2일, 노브키에프스크 가리에서 김기룡・엄인섭・황병길 등 12명의 동지가 모여 단지회라는 비밀결사를 조직하였다. 안중근・엄인섭은 침략의 원흉 이토를, 김태훈은 이완용의 암살 제거를 단지의 피로써 맹세하고, 3년 이내에 성사하지 못하면 자살로 국민에게 속죄하기로 하였다.

  중국 랴오닝성 다롄의 뤼순 감옥에서 안중근은 당시 천주교 조선대목구(현재 천주교 서울대교구)장 뮈텔 주교에게 전보를 보내 사제를 보내

줄 것을 요청하였고, 자신의 사형 집행일로 성금요일을 희망한다는 뜻을 전했다. "내가 한국 독립을 회복하고 동양 평화를 유지하기 위하여 3년간 해외에서 풍찬노숙하다가 마침내 그 목적을 이루지 못하고 이곳에서 죽노니 우리 2천만 형제자매는 각자 분발하여 학문에 힘쓰고 실업을 진흥하며 나의 유지를 이어 자유 독립을 회복하면 죽는 자 여한이 없겠노라."고 하였다. 어머니의 뜻에 따라 항소를 포기한 안중근 의사는 사형이 집행되기 전인 1910년 3월 9~10일경, 어머니가 하얀 명주천으로 지은 수의를 가져온 두 동생 안정근과 안공근에게 다음과 같은 마지막 유언을 남겼다.

"내가 죽은 뒤에 나의 뼈를 하얼빈 공원 곁에 묻어두었다가 우리 국권이 회복되거든 고국으로 반장해다오. 나는 천국에 가서도 또한 마땅히 우리나라의 회복을 위해 힘쓸 것이다. 너희들은 돌아가서 동포들에게 각각 모두 나라의 책임을 지고 국민 된 의무를 다하며 마음을 같이 하고 힘을 합하여 공로를 세우고 업을 이르도록 일러다오. 대한독립의 소리가 천국에 들려오면 나는 마땅히 춤추며 만세를 부를 것이다."

국제과학기술자선교회(SEM)

SEM(Scientists and Engineering Ministries international)은 대덕연구단지 내에 거주하는 많은 외국인에게 한글과 영어를 가르치며 선교를 하는 비영리단체이다. SEM의 운영은 대전 대덕특구와 정부에서 지원금을 받고, 여러 교회와 신우회 등의 기독단체로부터 받은 헌금으로 운영된다. SEM은 정부의 지원을 받기에 명목상은 선교단체가 아니다. 그러기에 SEM의 외국인 선교에는 여러 가지 문제점이 있다.

SEM의 주된 일은 대전에 주거하는 과학자, 학생, 노동자, 교도소 수감원 등에게 한글과 영어 그리고 한국 문화를 가르친다. 그리고 틈틈이 복음을 전한다. 그리고 명절 때 잔치를 베풀어 주고 바자회를 개최하고 국내 여행도 함께 다니므로 서로 친교할 수 있는 장을 마련해준다.

그러나 내가 SEM에서 7년간 봉사하며 느낀 점은 너무나 전도의 열매가 적다는 것이다. 한글과 영어를 배우기 위해 혹은 친교의 목적으로 SEM에 나오는 외국인이 대부분이다. 그러기에 SEM을 통해 실제로 세례를 받고 주일날 예배에 참석하는 숫자는 너무나 적었다. 내가 그토록 많은 시간을 봉사하였지만 무언가 시스템이 잘못되어 내가 바라는 전도의 열매가 너무나 미비했다. 그러기에 나는 7년간의 봉사를 그만두고 을지병원 선교로 봉사의 터전을 옮겼다.

내가 SEM에 참석하기 시작한 것은 대덕교회 이○○ 장로님의 권유를 받고 참석한 1998년 이후부터였다. 나는 목요 영어반에 참석했다. 영어반에 참석한 것은 외국인 전도와 나의 영어공부에 도움이 될 것 같아서였다. 영어반은 매주 목요일 오후 7시에서 9시까지 대덕교회에서 모였다. 1부에는 찬양과 기도를 드리고 2부에는 분반공부로 영어를 가르쳤다. SEM 목요영어반 영어교사로는 KAIST와 우송대학교에 근무하는 미국과 영국 등 원어민 영어강사들이 봉사해 주었다. 그들은 모두 믿음이 돈독한 선교에 뜻을 둔 분들이었다. 지금 생각해도 이들 원어민 영어 강사들의 도움이 없었다면 영어반은 운영되질 못했을 것이다. 처음 영어반에 들어갔을 때 영어반 팀장은 30대의 김○○ 자매였다. 그 자매는 정말 열심히 봉사했다.

영어교재로는 영어 설교집, 영어성경, 영어 기독서적 등을 사용했다. 영어공부 후 생일잔치 새신자 소개, 영어 스피킹 대회, 소풍, 주말 축구

교실 등의 친교행사를 가졌다. 참여인원은 보통 20~30명이었고 충남대학 외국인들이 많이 참석했다. 그러나 문제점은 이들이 세례를 받거나 주일예배에 참석하는 비율이 너무 적다는 것이다. 일 년에 고작 1~2명일 뿐이었다. 우리가 들인 정성과 봉사 시간에 비해 너무 적은 열매였다. 이것은 SEM선교의 시스템에 무언가 문제가 있는 것이다. 이것이 내가 SEM 선교를 그만둔 결정적인 이유였다.

  SEM에 봉사하기 시작한 후 4년째부터 약 3년간 SEM 목요영어반 팀장을 맡았다. 영어반을 활성화하기 위해 전화 심방을 많이 하였다. 그리고 좋은 원어민 영어강사를 초빙했다. SEM 소형버스도 내가 운전면허증을 1급으로 바꾸어 직접 운행했다. 한편 수요일 저녁예배 후 SEM팀장 기도모임에 참석하였는데, 보통 오후 12시가 지나서야 끝났다. SEM 영어반의 활성화를 위해 여러 방법으로 애를 썼다. 그중 제일 좋은 방법은 전화 심방이었다. 전화 심방은 회원에게 모임 시간을 기억시켜주고 각 회원에게 관심을 표명함을 보여주기에 제일 좋은 방법이라고 생각한다. 전화 받은 외국인이 전화를 받고 '영어반에 참석하느냐? 또는 마느냐?'의 선택은 하나님의 몫이고 전화하는 것은 우리의 몫이다. 아무튼 영어반 참석자가 내가 팀장을 맡을 당시에는 20명이 채 안 되었는데 내가 팀장을 그만두기 전까지 인원은 약간 증가하여 약 30명이 참석했다.

  그러나 나는 점점 지쳐갔다. SEM 영어반 팀장의 일은 너무 과중했다. 차량 운전, 기도회 참석, 전화 심방, SEM 전체 행사 지원 외에도 영어반에 참석하는 외국인들의 대전에 거주하는 기간은 고작 평균 6개월 정도였기 때문에 계속 새로운 외국인들로 채우는 일은 많은 노력이 필요했다. 그래서 틈틈이 심방하여 식사라도 같이해야 했기에 많은 시간과 개인적 헌금도 필요했다.

  7년째 SEM 영어반 봉사를 하며 나는 지쳐가고 있었고 전도의 열매는 너무 적었다. 대부분 외국인은 이곳에서 친교하며 원어민 강사에게 영어를 배우는 것만 관심이 있을 뿐이지 정작 기독교를 받아들여 예수님을 영접하고 세례를 받는 사람이 극히 드물었다. 한편 SEM 임원과의 신뢰가 조금씩 무너지며 나는 SEM봉사를 그만두기로 결심했다. 뒤돌아보면 내 나이 40대에 약 7년간 SEM선교를 위해 많은 시간과 기도로 봉사한 것은 큰 보람이었다고 생각하며, 또한 하나님께 영광을 돌릴 수 있는 시간들이었다. SEM을 통해 좋은 믿음의 동역자들도 많이 만났고, 그들은 우리를 이어서 지금도 SEM을 통해 외국인 선교를 위해 땀을 흘리고 있다.

을지병원 선교

을지병원 선교를 시작한 지 벌써 15년이 지나가고 있다. SEM선교를 그만두고 몇 개월 후 나는 대덕교회 공○○ 장로님의 권유를 받아 을지병원 입원환자들에게 기도와 전도하는 선교팀에 합류했다. 우리는 보통 오전 10시 20분에 을지병원 목회지원실에 모여 25분간 예배를 드리고, 병실 방문자들의 명단을 나누어 작성한 후 2~3명을 한 팀으로 병실을 방문한다. 그리고 12시까지 목회지원실로 돌아와 전도 결과에 대한 보고서를 작성하고 함께 병원식당에서 점심 후 12시 45분쯤 마친다.

을지병원 선교의 매력은 많은 전도의 열매를 맺을 수 있다는 점이며, 을지병원은 좋은 선교시스템을 갖추고 있었다. 우리가 방문하는 환자들은 주로 장기 환자로 암, 뇌질환, 당뇨, 교통사고 등의 환자들이다. 이들은 장기 입원으로 외롭고 또한 환부의 통증을 심하게 느낄 때가 많다. 그러기에 비신자인 경우 처음에는 쌀쌀하게 우리의 접근마저 거절하던 이들이 밤새 심한 통증으로 고통당하고 죽음에 대한 두려움으로 가득 차 있을 때 또는 심한 외로움을 느끼고 있을 때 방문하게 되면 갑자기 우리에게 마음을 열고 복음 전도를 받아들이곤 했다. 복음을 받아들인 환자들은 2층에 있는 예배실에서 매주 11시와 16시 주일예배에 참석할 수 있고, 수요저녁예배와 새벽예배에도 참석할 수 있기에 많은 전도의 열매를 맺을 수 있는 좋은 시스템이라고 생각한다.

우리가 받은 방문자 명단은 주로 을지병원교회 참석자들이다. 그러나 우리의 전도 대상은 그들 주변의 믿지 않는 환자들이다. 때때로는 차가운 거절과 망신을 당할 때도 있지만 약 50% 정도는 불신자라 할지라도 시간을 내주므로 전도의 기회를 가질 수 있었다. 몇 번 방문 후에 우리는 '사영리'를 전하며 하나님을 영접하는 결신을 받아낸다. 그리고 병원예배에 꼭 참석할 것을 권유하고 병원교회 전도사님이나 목사님에게 연결해주며, 이들 결신자들을 꼭 방문하도록 부탁드린다. 을지병원을 통한 결신자 수는 SEM선교에 의한 결신자보다 훨씬 많았다. 하나님을 모르고 살아온 많은 사람이 무서운 병마의 고통을 통해 자신의 무력감을 느끼고 새롭게 하나님을 발견하는 경우가 많다. 우리는 대덕교회의 지원을 받아 방문 환자들에게 물티슈와 전도지를 나누어 준다. 그리고 함께 손을 잡고 그들의 병이 낫도록 간절히 기도해준다.

을지병원을 방문하며 나는 건강의 중요성을 새삼 느꼈다. 나와 비슷한 나이의 사람들이 뜻하지 않았던 병에 걸려 을지병원에서 고통을 받고 있는 모습을 보며 나를 지금껏 건강하게 지켜주신 하나님께 자주 감사드리곤 한다. 때때로 방문 환자들이 임종한 경우도 본다. 인생의 죽음이 나에게는 멀리만 보였는데 지난주까지 병을 낫게 해달라고 함께 기도드렸던 형제자매가 일주일 만에 하늘나라로 갔다는 말을 들을 때 인생무상과 늘 죽음이 우리에게 가까이 있음을 새삼 느낀다. 나는 환자들에게 내가 19살 되던 때에 극심한 정신질환에 걸렸었지만 하나님의 은총으로 기적처럼 치유되었다는 것과 우리 어머니도 두세 번 죽음의 문턱까지 가서 의사들로부터 사형선고를 받았지만, 하나님께 간절히 병 낫기를 간구함으로 다시 기적처럼 병을 회복했던 간증을 들려준다. 물론 가장 보람 있는 일은 처음에는 복음 전파를 단호히 거절했지만, 우리의 간절한 기도와 성령의 감화로 복음을 받아들인 많은 사람을 만났던 일들이다.

나는 병마조차 하나님의 손안에 있다고 확신한다. 진정으로 간절히 새벽, 아침, 낮, 그리고 저녁에 하나님께 병 낫기를 간절히 간구한다면 하나님의 기적적인 치유는 먼저 마음에 안정을 주고 새로운 치유의 엔도르핀이 생기게 함으로 병을 치유해주신다. 나는 을지병원을 방문하며 개인적으로 이렇게 하나님께 간구한다. 내가 을지병원을 방문하는 것은 단지 전도자의 자격으로서 뿐이지 환자의 자격으로서는 방문하지 않도록 하나님께 간절히 매번 간구한다. 그래서인지 벌써 15년 동안 큰 병에 걸려 병원에 입원한 적이 없다. 이것은 나의 병원선교 봉사에 대한 하나님의 크신 선물임을 확신한다.

선교와 겸손

인생에서 가장 중요한 것은 겸손이다. 물론 내가 남보다 잘난 것도 없지만 목회 후보자로서 철저히 겸손해야 한다. 남들 앞에서 설교한 후에는 더욱 그렇다. 하나님께서 나에게 주신 재능 중 하나는 좋은 웅변력이다. 신앙 강의를 통해 청년을 포함한 많은 사람을 하나님께 돌아오게 할 수 있다면 얼마나 보람된 일인가? 그러나 이 일은 자기희생이다. 그동안 유년주일학교, 군종사병, 연구원 신우회 선교, SEM 선교, 을지병원 선교에서 경험했듯이, 이 선교의 일은 나의 시간과 열정과 물질을 희생해야만 하는 일이다. 때로는 신랄한 비판도 감수해야 할 것이다. 그러나 내가 조만간 죽어 심판대 앞에서 하나님을 만났을 때 그래도 세상에서 하나님 영광을 위해 나를 희생했노라 말씀드릴 수 있기를 바란다. 그러기에 이 일을 통해 결코 나를 자랑하고 내 영광을 추구할 것이라면, 차라리 선교계획을 깨끗이 포기하고 가만히 편안하게 지내는 편이 훨씬 나을 것이다. 이 일을 통해 나는 낮아지고 오직 하나님만을 높여야 한다. 그것만이 하나님께 영광 돌릴 수 있는 길이다.

내 자랑과 내 영광은 무조건 피해야 한다. 하기야 지금 내 나이에 내 자랑을 한다 한들 무슨 소용이 있겠냐마는 선교를 위해선 첫째도 겸손, 둘째도 겸손, 셋째도 겸손이다. 나는 평범한 사람이지만 지난 65년간 살며 하나님께서 나에게 보여주신 많은 기적과 같은 기도의 응답들을 믿지 않는 사람들에게 소개하며 전도하므로 한 사람이라도 더 하나님께 돌아오게 만든다면 얼마나 보람 있는 일인가? 그러나 나로 인해 오히려 기독교인이 비난받고 불신앙으로 돌아선다면 나는 모든 것을 당장 그만두고 입을 다물고 조용히 살아가야 할 것이다.

신앙생활이란 하나님을 기쁘시게 하는 것이며, 하나님의 형상으로 우리의 삶을 변화시켜 가는 과정이고, 내 가정을 넘어 이웃을 사랑하며 섬기는 삶이다. 하나님을 기쁘시게 하려면 하나님의 심정을 알아야 한다. 하나님의 심정을 알려면 하나님의 아들 예수 그리스도를 알아야 한다. 그러므로 우리 기독교 교인들은 날마다 성경을 읽고 묵상하며 예수 그리스도와 동행하는 삶을 살아야 한다.

부패와 성적 타락에서 벗어나야 한다

우리나라는 해방 후 76년 동안 모든 국민의 부단한 노력과 하나님의 은총으로 경제적인 부요함과 민주화를 이루었다. 그러나 지금 우리나라에 부패와 성적 타락이 만연해있다. 정부 공무원과 국회의원, 검찰과 판사, 대기업 임원, 그리고 사업가들이 서로 공모하여 그들만의 부를 축적하고 있다. 또한 의사, 변호사, 회계사 등 고소득자들 또한 그들만의 이익단체를 만들어 집단적인 이득을 추구하고 있다. 그러기에 일반 백성의 주머니는 비어있고 높은 교육비와 생활비를 감당하기 어려워지고 있다.

판검사, 경찰 그리고 공무원들이 먼저 깨끗해져야 한다. 청빈한 공무원들만이 부패를 추방할 수 있기에 그들은 최선을 다해 우리나라의 부패한 구석구석을 정화하기 위해 노력해야 한다. 또한 국민은 투표를 통해 좀 더 깨끗한 인물들을 선출해야 한다. 부패의 방출과 함께 사회보장제도를 강화하여, 극빈자와 장애인들에게 의료보험과 최소 생활비를 지원해 줌으로 국민이 경제적으로 고통을 당하지 않도록 사회제도를 개선해야 한다.

두 번째로 우리는 너무 성적으로 타락해 있다. 너무 많은 퇴폐시설과 성매매 종사자들이 있다. 이제는 단란주점 간판을 바꾸어 안마시술소에서 불법 퇴폐업을 수행하고 있다. 아마도 인구당 성매매 종사자 수를 조사한다면 세계에서 다섯 손가락 안에 있을 것이다. 우리는 좀 더 성결된 삶을 살아야 한다. 경찰들은 퇴폐업소를 좀 더 철저히 감시하고 엄격히 단속해야 한다. 퇴폐업소가 성행하는 것은 경찰의 잘못이다. 그러나 과거에는 일부 경찰들이 퇴폐업소를 도와주고 상납금을 챙기곤 하였다. 한때 퇴폐업소가 거의 근절되는 듯했지만, 지금은 안마시술소를 근거로 또다시 성매매 문화가 성장하고 있다. 정부와 검찰은 경찰의 비행을 철저히 감시 단속하여 이 나라를 좀 더 정결하고 순결한 나라로 만들어 가야 한다.

하나님은 우리나라가 좀 더 살기 좋은 나라가 되길 바라신다. 우리나라는 미국 다음으로 많은 선교사를 세계 방방곡곡에 보내고 있다. 그러기에 하나님께서는 이 나라를 축복하기 원하신다. 우리가 살아있는 동안 우리나라를 축복 된 나라로 만들기 위해 그리고 하나님이 원하시는 나라로 만들기 위해 최선을 다해야겠다.

나를 높이시는 분

세상을 살다 보면 특히 직장생활을 하다 보면, 직장 내에서 좀 더 높은 직위에 오르기 위해 동료들과 경쟁할 수밖에 없다. 그러기에 직장 동료들 간에 시기와 질투가 있게 마련이다. 그런데 이것에도 정도가 있다고 생각한다. 정도를 넘어 동료를 지배하며 자기 밑에 두려고 애쓰고 동료가 잘나가는 것을 시기하는 모습은 추악해 보인다. 기독교인들도 이 점을 주의해야 한다. 내가 아는 어떤 교인은 교회 일에는 열심히 하고 돈독한데 직장에서는 욕심이 많고 배려가 없다. 참다운 신앙인은 남을 배려할 수 있어야 한다고 생각한다. 그러기에 직장생활 속에 신앙인이 되는 것은 어렵다.

내가 아는 어떤 장로님은 개인 신앙이 정말 좋은 분이시다. 새벽 기도회며 교회 일에 정말 열심이시다. 그러나 남 섬기는 것에는 너무 인색하셨다. 오히려 자신의 좋은 신앙에 대해 자랑하기를 즐기셨다. 끝내는 자신이 병에 걸려 고생하다가 그 병에서 잠시 회복되었을 때 그 일을 교회 신자들 앞에서 간증하셨는데, 얼마 후 병이 재발되어 돌아가셨다. 자기 자랑보다 남 섬기는 것이 얼마나 지혜로운 일인가? 우리는 공의로우신 하나님이 남 섬기는 자를 높이시는 것을 너무나 많이 보아오지 않았는가?

믿음이 작을 때 나는 세상적으로 나를 높이기 위해 무진장 노력하며 애를 쓰고 살았다. 그러나 그 노력은 헛것이 되었고 결국 실패를 거듭했다. 요사이 나는 새로운 사실을 깨달았다. 하나님은 많은 보화를 갖고 계시며, 이것들을 하나님께서는 자신에게 합당하게 사는 사람들에게 나누어 주신다는 사실이다. 여태껏 살아오며 나는 많은 하나님의 기적들을 체험했다. 나는 인간적으로도 신앙적으로도 부족한 사람이지만 그럼에도 불구하고 하나님께서는 내게 필요한 세상적인 기도에도 응답해주셨다. 하나님께서는 요즘 또 하나의 기적을 보여주셨다. 내가 도저히 생각할 수 없는 방법으로 새로운 길을 내어 내게 축복하셨다. 단지 한 번의 기적 같은 축복으로 내 자존심을 지켜주셨고, 나의 경제생활의 안정을 마련해 주심으로 내가 바라던 선교를 시작할 수 있는 길을 열어주셨다.

하나님만이 나를 높이시는 분이다. 인간 스스로는 능력이 없어 자신의 것도 채우기에 늘 부족하지만, 천지를 지으신 하나님께서는 기적과 같은 축복을 주셔서 우리를 높이시는 분이다. 세상은 하나님께서 다스리시기에 우리는 인간에게 잘 보이려는 어리석음에서 벗어나 오직 하나님께 충성하며 순종하고 살려고 몸부림치는 지혜로운 사람이 되어야 한다. 하나님께서는 선하고 지혜로운 자를 축복하심을 우리 주위에서 얼마나 많이 보아왔는가? 나를 높일 수 있는 힘을 가지신 분은 하나님 한 분뿐이시다. 너무 부족한 나에게 정말 감당할 수 없는 많은 기적의 축복을 주신 하나님께 감사한다. 남은 나의 15년이 주님께 중심으로 봉사할 수 있는 나날이 되기를 기도한다. 늙어가며 부디 나를 자랑하지 말고 밑으로, 밑으로 낮아지며 하나님께 영광 돌리기를 소망한다.

나는 비록 보통의 IQ와 왜소한 신체 조건을 가지고 태어났지만 하나님께서는 순간순간 함께하시며 나를 도와주셨다. 이기적인 신앙을 오랜 기간 아니 지금도 지니고 있지만, 그럼에도 불구하고 세상에서도 나를 높여 주셨다. 좋은 학교를 다니게 하시고, 좋은 직장을 주시고, 예쁘고 착한 아내를 주시고, 착한 딸과 아들을 주신 하나님께 감사한다. 또한 연구원으로서 국가 발전에 도움이 되는 방사성 토양제염장치를 개발함으로 나의 자긍심을 높여 주신 하나님께 감사한다. 특히 내 인생의 말년에 침례신학대학원에 입학하여 젊은 시절 꿈꿔오던 선교의 일을 할 수 있는 환경을 마련해 주신 하나님께 감사한다.

친구에게 가장 중요한 것

세상 살 동안 우리는 많은 친구를 만난다. 어릴 때 친구, 교회 친구, 초등학교, 중학교, 고등학교, 대학교, 직장 친구 등 우리 주변엔 많은 친구가 있다. 이 많은 친구에게서 가장 중요한 것은 의리라고 생각한다. 의리가 없는 친구는 친구로서 가치가 떨어진다. 우리가 죽어 하늘나라에 갈 때까지 얼마나 많은 의리 있는 친구를 가질 수 있을까? 50세가 넘으면 이성까지도 친구가 될 수 있을 것 같다. 의리만 있다면 나이 차도 그리 문제가 되지 않는다.

의리가 없는 친구라면 굳이 친구 관계를 유지하려고 애쓸 필요가 없다고 생각한다. 친구의 수를 늘이기 위해 의리 없는 친구들도 내 곁에 붙잡아 두는 것은 어리석은 일이다. 참된 의리를 가진 친구가 진짜 친구다. 그것은 상대 친구에게만 요구하면 안 되고 나 자신이 먼저 보여주어야 한다. 성경 말씀대로 대접을 받고자 하면, 먼저 대접해야 하는 것이 도리이다. 인생을 살며 우리는 그리 많은 친구를 만들 수는 없다. 그러나 친구는 정말 좋은 것이다. 친구야말로 힘든 인생에서 오아시스가 아닐까 생각해 본다.

내게도 친구가 있다. 그리 많지는 않지만 어렵고 힘들 때 서로 의지할 수 있는 친구, 그 친구들 가운데 내가 정말 존경할 만한 친구도 있다. 하나님 앞에 철저히 바르게 사는 친구, 스스로를 희생할 줄 아는 친구, 내가 힘들 때 참된 위로를 해주는 친구, 힘든 세상이지만 믿음으로 능히 세상 고난들을 이겨나가는 데 힘이 되는 친구들이 있다.

아 이제 나에게도 죽음이 다가오고 있는데 죽기 전에 좀 더 많은 좋은 친구를 가졌으면 하고 생각해 본다. 그중 내 아내와 내 어머니는 친구 중에 가장 소중한 친구라고 생각해 본다. 내가 죽어 이 세상을 떠날 때 나를 기억하며 몇 시간이라도 슬퍼해 줄 친구가 몇 명이나 있을까? 한때 큰 고난 가운데 있을 때 나를 위로해주고 격려해 주는 친구는 몇 명이 안 되었다. 진정 고난 중에 있는 나를 도와줄 수 있는 능력과 힘을 가진 친구는 하나님 한 분밖에 없는 것 같다. 결국 인간은 누구나 홀로 살아가야 한다. 그럼에도 함께 정을 나눌 수 있는 친구들이 있으면 인생을 좀 더 행복하게 만들 수 있을 것이다.

올바른 열등의식 갖기

　세상을 살아가면서 우리는 많은 열등의식에 사로잡히곤 한다. 그러나 잘못된 열등의식에 사로잡히면 그 인생은 비참해지고 삶의 기쁨을 빼앗긴다. 그러하기에 우리는 올바른 열등의식을 가져야 한다. 하나님께서 우리를 창조하실 때 세상 조건들 면에서는 불평등하게 만드셨다. 어떤 사람은 높은 IQ를 가지고 태어나지만 어떤 사람은 낮은 IQ를 가지고 태어난다. 어떤 사람은 좋은 외모로 태어나지만 어떤 사람은 볼품없는 모습으로 태어난다. 어떤 사람은 건강하게 태어나지만 어떤 사람은 신체적 장애를 갖고 태어난다. 어떤 사람은 부잣집에 태어나지만 어떤 사람은 가난한 집에 태어난다.

　그러나 그럼에도 불구하고 하나님께서는 천국에 들어가는 확률은 공평하게 만드셨다. 부자보다 가난한 자가 좀 더 천국에 들어가기 쉽다고 했으며, 볼품없는 사람이 한 인물 하는 사람보다 천국에 들어갈 확률이 높을 것 같다. 왜냐하면 한 인물 하는 사람은 유혹이 많아 죄를 짓기 쉽기 때문이다.

　그러므로 우리는 올바른 열등의식을 가져야 한다. 바울처럼 하나님을 위한 모진 박해 속에서도 늘 성령 충만하게 살아가는 능력을 부러워해야 한다. 어떤 장로님처럼 바쁜 직장생활이지만 가능한 새벽기도회에 빠지지 않고 참석하며 성스럽게 생활하시는 열심을 우리는 부러워해야 한다. 재물에 대하여 깨끗하게 살려고 애쓰는 사람들을 부러워해야 한다. 하나님 앞에 성적으로 성결되게 살려고 애쓰는 사람들을 부러워해야 한다. 이웃을 위해 봉사하고 대접하는 사람들을 부러워해야 한다. 성실하고 정직하게 살아가는 사람들을 부러워해야 한다. 착하게 살려고 몸부림치는 사람들을 부러워해야 한다. 사람보다 하나님 앞에 인정받는 것을 중요시하는 사람들을 부러워해야 한다.

인생은 잠시 왔다 가는 것이고, 세상 것들은 죽음과 함께 사라져버리는 허망한 것인데, 지혜 없는 사람들처럼 허망한 세상 것들에 집착하지 말자. 오히려 지혜롭게 하나님 것들을 귀하게 여기고 하나님 앞에 바르게 사는 사람들에 대해 열등감을 느끼고 최선을 다하는 삶을 살 때, 모든 것을 가지신 하나님께서는 우리에게 세상적으로도 엄청난 기적의 복들을 내려주심을 성경을 통해 읽고 또한 직접 체험해오고 있지 않은가? 또한 많은 사람의 간증을 통해 듣지 않았는가? 세상은 하나님의 손안에 있기에 하나님 외에는 우리가 두려워해야 할 것이 아무것도 없다. 그러기에 세상 욕심에 가득 찬 잘못된 열등의식을 하루속히 과감히 벗어던지고, 하나님 앞에 합당하게 살기 위해 필요한 재능들을 가진 사람들을 부러워하고 그 재능을 닮아가고자 하는 올바른 열등의식을 가져야 할 것이다.

인생의 목적은 공부와 일이 아니라 하나님께 영광 돌리는 것이다

우리의 현재 세대는 너무 바쁘다. 한국에서는 30세 이전은 공부 때문에 쉴 틈 없이 바쁘고, 30세 이후에는 직장 업무 때문에 쉴 틈 없이 바쁘다. 그리고 시간은 쏜살같이 지나가고 어느덧 직장에서 퇴직을 맞이한다. 퇴직 후 많은 사람이 힘도 없고 재정적인 여유도 없기에 더 이상의 소망이 없어져서 우울증에 걸리거나 목표 없이 하루하루 허무하게 살다 죽음을 맞게 된다.

그러나 인생의 목적은 공부도 일도 출세도 아니다. 공부와 일은 단지 삶의 수단일 뿐이다. 우리 인생의 목표는 오로지 우리를 창조하신 하나님께 영광 돌리는 것이다. 그러기에 아무리 바쁘더라도 우리는 교회 예배에 참석해야 하며 성경 보고 기도하며 하나님을 가까이해야 한다. 우리는 시간을 내어 남을 위한 봉사와 선행을 지속적으로 실천해 나가야 한다. 하나님의 복음 전파를 위해 우리의 시간을 배정하여 최선을 다해야 한다. 세상은 하나님이 다스리시기에 이렇게 실천해 나갈 때 비로소 하나님이 기적과 같은 축복을 내려주실 것이다. 오로지 일과 공부만을 목적으로 사는 사람은 하나님의 축복을 받을 수 없다. 없는 시간이지만 쪼개어 하나님께 드리는 사람, 없는 재물이지만 쪼개어 하나님을 위해 드리는 사람, 이런 사람만이 하나님의 축복을 받을 수 있고 이 세상에서 행복하게 살아갈 수 있다.

우리 주변을 돌아보라. 누가 하나님의 축복을 받는 사람인지 확인해 보라. 하나님께 최선을 다하고 남을 위해 봉사하며 가난한 이웃을 도울 줄 아는 사람이 하나님의 기적과 같은 축복을 받고 건강하며 행복하게 살아가고 있는 것을 우리 눈으로 확인할 수 있지 않은가? 하나님을 잘 섬기며 선교에 힘쓰는 나라가 대부분 잘살고 있음을 확인할 수 있지 않은가? 그러기에 우리는 오늘도 하나님을 위해 최선을 다하는 삶을 살아가야 한다. 왜냐하면 이것이 지혜로운 삶의 방법이기 때문이다. 재물은 많지 않아도 건강하여서 죽음 직전까지 이웃을 위해 봉사할 수 있는 사람은 복된 사람이다.

잘못된 낭만과 쾌락은 버려야 한다

나의 인생을 뒤돌아보면, 아내와 처음 만나 연애하던 시절과 결혼 후 자녀를 낳기 전까지가 내 인생에서 가장 낭만적인 시간이었던 것 같다. 남이 볼까 부끄러워하며 처음 손을 잡았고, 자꾸 만나 포옹하고 키스를 하고 싶었던 시절이었다. 그러나 결혼 후 아이들을 낳고 수년이 흐르면 부부는 서로에 대해 성적으로 익숙해진다. 결혼 당시 서로에 대한 순결을 맹세했건만 세월이 흘러 사회생활을 계속하며 많은 잘못된 낭만과 쾌락의 유혹에 접하게 된다. 아무리 지적이고 매력적이었던 이성 상대라 할지라도 결혼 후 오 년, 십 년이 지나면 누구나 싫증을 느끼며 새로운 이성에 대한 기대감이 찾아든다.

그러나 생각해 보자. 자기 아내보다 약간 나은 그리고 자신이 정말 좋아하는 스타일의 어떤 여성을 만났다고 가정해 보자. 이 새로운 여성과 함께 새로이 결혼하여 몇 년을 살면 또다시 똑같은 싫증과 권태기가 반드시 찾아올 것이다. 뿐만 아니라 자녀들에게는 큰 불행을 안겨다 준다. 그러기에 우리가 이런 잘못된 만남과 쾌락을 즐긴다면 우리 자신뿐만 아니라 상대방인 호감을 느꼈던 그 이성에게도 여지없이 불행이 찾아온다. 잘못된 낭만과 쾌락은 결국 하나님 앞에 두 남녀를 불행하게 만든다.

우리는 결혼 후 사회생활을 하며 자신의 아내보다 좀 더 나은 여성을 만날 수도 있다. 여성도 마찬가지로 지금의 남편보다 좋은 남성을 만날 수 있다. 그러나 그 여성을 진정으로 좋아하고 그 여성이 진정 행복하게 살기를 바란다면, 정신을 바짝 차리고 경계해야 하며 거리를 두어야 한다. 거리를 두다 보면 언젠간 다시 제자리로 돌아갈 수 있다. 우리는 잘못된 낭만과 쾌락을 단호히 버려야 한다. 결코 하나님 앞에 부끄러운 선을 넘지 말아야 한다. 그것이 지혜로운 삶의 방법이며 이 세상을 살며 하나님의 축복을 받을 수 있는 길이다. 사회생활 중에 만난 호감 가는 이성과 거리를 두며 경계하는 것만이 남은 세상을 두 남녀가 불행의 나락으로 떨어지지 않고 좀 더 행복하게 살아갈 수 있는 최선의 길이다.

우리 인간은 누구나 성적 유혹에 약하게 만들어져 있다. 동료들과 저녁에 술을 한잔 걸친 후 노래방이나 단란주점 등을 찾는다면 그곳에서 쾌락의 유혹을 견디어 낼 장사는 거의 없다. 그러기에 우리는 성적 쾌락을 자극하는 장소는 피해야 한다. 아예 접근하지 말아야 한다. 세상적인 친구들과는 낮에 만나고 저녁에는 주로 부부 모임이나 교인들과 만나면 어떠한지? 지금 우리나라는 너무 성적으로 타락해 있다. 어떤 통계를 보면 지구상에서 한국이 성적으로 가장 문란한 국가라 한다. 우리 선한 기독교인들의 힘으로 이 나라를 성적으로 순결한 나라로 만들어 가는 일은 매우 중요하다고 생각한다.

성적 충동을 막기 위한 좋은 방법은 우리의 많은 모임을 부부가 같이 참여하는 모임으로 만드는 것이다. 동창회 때에도 부부가 같이 모여 등산을 가거나 멋진 곳으로 야유회를 가는 것이다. 우리의 모임에 남녀가 서로 섞여 있으면 좀 더 건전한 모임을 가질 수 있다. 이것은 오히려 비싼 술값이나 팁을 주지 않아도 되므로 훨씬 경제적인 모임이 될 것이다.

우리는 외로운 존재다. 그러므로 우리의 정든 친구들과 이웃들과 서로 만나 인생을 이야기한다는 것은 매우 즐겁고 소중한 일이다. 그러나 이 모임들을 좀 더 건전하게 만들 필요가 있다. 그러므로 부부가 함께 모이고 즐기는 프로그램을 많이 개발하면 좋을 것이다. 성적으로 타락한 불명예를 가진 국가에서 벗어나 좀 더 건전한 국가로 도약할 수 있기를 소망한다.

성령과 동행하는 생활

신약성경 로마서에는 성령에 대한 많은 내용이 적혀있다.

"예수를 죽은 자 가운데 살리신 이의 영이 너희 안에 거하시면, 예수를 죽은 자 가운데 살리신 이가 너희 안에 거하는 그의 영으로 말미암아 너희 죽을 몸도 살리시리라"(롬 8:11). "육신을 따르는 자는 육신의 일을, 영을 따르는 자는 영의 일을 생각하나니 육신의 생각은 사망이요 영의 생각은 생명과 평안이라"(롬 8:5-6). "너희가 육신대로 살면 반드시 죽을 것이로되 영으로써 몸의 행실을 죽이면 살리니 무릇 하나님의 영으로 인도함을 받는 사람은 곧 하나님의 아들이라"(롬 8:13-14).

그러므로 우리는 성령이 늘 우리 마음속에 거할 수 있도록 기도하며 힘써야 한다. 내 안에 있는 성령의 인도함을 따라 살아야 한다. 성령의 도움 없이 우리는 성결된 삶을 살아갈 수 없고 구원도 받을 수 없다. 내 안에 거하시는 성령을 믿고 항상 성령과 동행하며 살 때 우리는 세상을 이길 수 있다. 성령과 함께 살 때 평안을 누리며 하나님의 말씀을 따를 수 있다. 그러므로 우리는 날마다 간절히 성령이 내 안에 거하게 해달라고 기도해야 한다. 모든 사람은 이기적이며 세상적인 것들을 사랑하며 그것을 얻기 위해 몸부림친다. 세상적인 것의 유혹은 너무 강렬하기 때문이다. 세상 것은 멋진 이성, 돈, 쾌락, 명예, 지위, 잘못된 낭만 등이다. 우리가 세상에 사는 한 이런 세상 것들을 무시할 수는 없다. 그러나 지나친 이기주의는 피해야 하며 늘 성령과 동행하려고 최선의 노력을 다하여야 한다. 그때 주님은 우리에게 평안과 영생을 선물로 주실 것이다.

지나온 긴 세월을 되돌아보면 "우리가 알거니와 하나님을 사랑하는 자 곧 하나님의 목적에 따라 부르심을 받은 자들에게는 모든 것 안에 하나님은 선을 이루신다"(롬 8:28)라는 말씀이 실감 난다. 이 세상에서 가장 중요한 것은 평안과 영생이다. 세상 사람들이 추구하는 세상 것들은 세상 살 동안만 필요하며 세상 떠나가는 날 모두 썩어 없어질 것들이다. 늘 성령과 동행하며 살아가므로 평안하고, 하나님이 부르시는 날 모든 것을 털어버리고 하늘나라에 올라갈 수 있는 우리가 되기를 소망한다.

박정희 대통령은 존경할 대상이 아니다

　박정희 대통령은 세상적인 사람이었다. 세상적인 사람의 특징은 돈, 권력, 낭만, 쾌락을 사랑하는 사람이다. 박정희는 18년간 무소불위의 대통령으로서 돈에 구애를 받지 않을 정도로 자기 마음대로 쓸 수 있었기에 저축이라는 것 자체가 필요 없는 사람이었다. 권력을 위해 반대파를 살인 투옥 고문까지 마다하지 않았다. 부인이 살아 있을 때도 여성과의 밀애를 즐겼고 죽은 후에는 많은 젊은 여성들과의 낭만과 쾌락을 즐겼던 정말 하나님을 두려워하지 않은 세상적인 인간이었다. 그러나 안타깝게도 우리나라의 많은 젊은이들이 박정희를 추앙하고 존경까지 하는 것은 잘못된 것이라 생각한다.

　다음 기사는 한겨레 신문에서 발췌한 것이다.

　유신 말기 중앙정보부 의전과장이 하는 일은 중앙정보부 궁정동 본관 및 부장 집무실, 그리고 대통령이 사용하는 구관의 가동·나동·다동(한옥)의 관리와 특히 대통령의 저녁 대소연 행사를 지원하는 일이었다. 1974년 8월 15일 부인 육영수가 문세광의 흉탄에 쓰러진 뒤, '황음'(음탕한 짓을 함부로 함)에 빠진 박정희는 외부와는 완전히 차단된 이들 안가에서 주연을 벌이고 주흥을 돋우기 위해 젊은 여자들을 불러들이기 시작했다. 이런 술판은 소행사와 대행사로 구분되는데, 대행사는 두 명 이상의 여인과 비서실장·경호실장·정보부장 등 권력자 3~4명이 참석해 벌이는 연회였고, 소행사는 대통령 혼자서 한 여인만을 불러서 즐기는 밀회를 말한다. 한 달에 대행사가 2~3회, 소행사가 7~8회, 도합 10회 안팎의 대소연이 벌어졌다. 이 자리에 여인을 공급하는 것도 의전과장의 몫이었다. 당시 의전과장 박선호가 서울 장충동에 있는 요정의 한 마담에게 소개받아 공급한 여인만도 100명을 넘는다. 이런 일에 신물이 난 박선호와 사무관 남효주가 "대통령이지만 너무 심하다"는 말을 나눈 적도 있었다. 특히 박선호는 자식을 키우고 있는 아버지로서 그런 일을 하는 것이 너무 괴로워 김재규에게 여러 번 그만두고 싶다는 뜻을 전했다. 그러나 김재규는 "자네가 없으면 궁정동 일을 어떻게 하느냐"며 그 뜻을 받아주지 않았다(한겨레신문, 2011년 10월 25일).

  박정희 재임 시 국가경제발전을 위한 그의 여러 치적은 어떤 대통령들보다 훌륭하기까지 하다. 그러나 인간 박정희는 권력과 명예와 재물을 사랑한 철저히 세상적인 사람이었기에 이런 이를 젊은 사람들이 존경하고 본받을 모델로 삼는 것은 하나님 앞에 올바른 것이 아니라고 생각한다. 안중근, 조만식, 이승훈, 유관순, 김구, 한경직, 김수환과 같은 사람, 그리고 선하고 경건하게 사시는 우리 부모님 같은 보통 사람을 존경해야 한다.

최선을 다하는 사람은 아름답다.

학생은 공부해야 한다. 그러나 불행히 태어날 때부터 IQ가 나빠 아무리 공부해도 성적이 좋지 않은 사람이 있다. 비록 남들보다 많은 노력은 하지만 늘 남보다 나쁜 성적을 받는다 할지라도 결코 포기하지 않고 최선을 다하는 모습은 너무 아름답다. 학창시절 가장 중요한 것은 공부이며, 공부 외에는 마땅히 할 일도 없다. 성장하며 자기의 특별한 장기를 찾아 방향을 바꾸기 전까지는 모든 학생의 주요 업무는 공부이다.

그러나 불행히도 하나님은 태어나면서부터 모든 인간에게 학업능력에 대해 각기 다른 달란트를 주셨다. 태어날 때부터 기억력과 IQ가 좋은 사람이 있다. 이런 사람은 조금만 노력해도 남보다 훨씬 좋은 성적을 거둘 수 있다. 이런 사람이 일류학교에 들어가고 좋은 직장을 얻는 것은 대단한 일이 아니다. 그러나 태어나면서부터 기억력과 이해력 즉 IQ가 나쁜 사람이 포기하지 않고 노력하여 나름대로의 좋은 성적을 받아서 괜찮은 직장을 얻는다면 이것은 대단히 어려운 일이며 아름다운 일이다.

태어날 때는 비록 적은 달란트를 받았지만, 성경에 쓰인 것처럼 한 인생을 살면서 태어날 때 받은 달란트 안에서 최선을 다하며 자족하고, 하나님 앞에 감사와 기쁨의 삶을 살며 항상 하나님께 영광 돌리는 삶을 추구하는 사는 사람이 참 기독교인이라고 생각한다.

거지가 대통령보다 낫다

　우리나라에 한 대통령이 있다. 그는 군사쿠데타로 대권을 잡았다. 대권을 잡고 그 권력을 유지하기 위해 많은 사람을 괴롭히고 생명마저 빼앗았다. 그는 죽기 전까지 세상적인 많은 것을 얻고 즐겼다. 세상에서 많은 돈도 얻었고, 지위도 얻었고, 낭만도 얻었고, 쾌락도 추구하였다. 그러나 어느 날 갑자기 죽을 줄은 상상하지도 못했던 것 같다. 그의 사후에 한국의 경제적 발전에 대한 공적만을 보고 훌륭한 사람으로 추종하는 사람이 많다. 그러나 내가 아는 성경 지식에 근거하면, 분명 그는 세상을 사랑한 사람이며 수단 방법을 가리지 않고 세상 욕망을 추구하며 한평생을 보낸 지극히 세상적인 사람이었다.

　성경에 나사로라는 거지가 있다. 그는 날 때부터 거지이며 한평생 부잣집 문 앞에서 구걸하며 살다 죽었다. 그러나 그는 가난했지만, 하나님 앞에 양심적으로 살려고 노력했다. 그는 세상의 것들을 그다지 사랑하지 않았고 추구하지도 않았다. 오히려 약간 게을렀는지도 모르겠다. 그러나 성경에 보면 그는 천국에 들어갔다. 내가 아는 성경 지식에 근거하면, 앞에서 언급한 대통령은 성경 말씀에 따른다면 지옥에 갔을 것이라고 생각한다. 그렇다면, 대통령과 거지 나사로 중에 누가 더 나은 삶을 산 것일까? 잠시 세상에 살며 세상 쾌락을 즐기는 것보다 영원한 하늘나라에서 영원한 희락과 평안을 얻는 것이 좀 더 지혜롭고 현명한 삶이라고 생각한다. 그러므로 우리는 좀 더 지혜로워야 한다. 세상의 돈, 지위, 낭만, 쾌락은 우리에게 평안과 영생을 주지 못한다. 왜냐하면 그것들은 죽음의 문제를 해결하지 못하기 때문이다. 오직 늘 기도하여 성령 충만한 삶을 살려고 애쓰는 사람은 살아서 하나님의 평강과 기쁨을 선물로 받고 죽어서는 천국에 들어갈 수 있는 자격을 얻기 때문에, 우리는 대통령보다 선한 거지 나사로가 되기를 간구해야 한다고 생각한다.

인생의 행복은 하나님의 은총 안에 있다

IQ가 좋아서 서울대를 나왔다고, 의사나 변호사가 되었다고 인생이 행복한 것이 아니다. 이들 중에 많은 사람이 남을 섬길 줄을 모른다. 그리고 그런 사람은 잡일, 청소, 봉사, 희생, 배려, 하드워크, 거친 실험 등을 싫어하고 이런 일들을 남에게 전가하고 본인은 오직 책상에 앉아 자신의 발전을 위해 또는 더 많은 자기 지식 쌓기를 좋아한다. 그러나 위대한 과학자인 에디슨, 스티븐슨, 라이트 형제, 스티브 잡스, 빌 게이츠와 같은 인물은 하드워크와 거친 실험을 마다하지 않은 사람들이었다. 남들에게 시키는 실험을 통해서는 새로운 기술을 개발할 수 없다. 오직 스스로 직접 실험을 하는 도중에 새로운 아이디어와 신기술이 도출된다.

그러기에 인생은 머리만 좋다고 행복할 수는 없다. 하나님 안에 최선을 다할 때 하나님께서는 많은 고난과 시련도 주시지만 결국 포기하지 않고 선을 행하는 자에게 기적과 같은 은총을 베풀어 주신다. 주변의 사람들을 둘러보라. 얼마나 많은 사람이 하나님의 은총을 받고 행복한 삶을 살고 있는가? 우리도 그들처럼 하나님의 은총을 받아야 한다. 작은 은총이건 큰 은총이건 우리가 이 지구상에 죽지 않고 생명이 붙어 있는 한 하나님의 은총을 받을 때 참된 행복이 온다. 하나님은 우리에게 얼마든지 은총을 내려주시기를 원한다. 그러나 우리가 정성껏 기도하지 못하고 계속 노력하지 않았기에 받지 못한다.

세상은 하나님이 다스리시기에 세상 역사의 공정성을 의심해서는 안 된다. 우리가 계속적으로 노력하고 선을 행하며 믿음으로 살면 하나님께선 순간순간 기적의 은총을 내리시어 우리를 축복해주신다. 나의 인생에서도 이루 말할 수 없는 기적의 축복을 받았고, 여러분의 인생도 가만히 뒤돌아보면 마찬가지일 것이다. 그러기에 우리는 앞으로도 하나님의 은총을 구하며 살아가야 한다. 우리에게 후히 주시기를 원하시는 하나님이시다, 아브라함, 다윗, 야곱, 요셉을 축복해 주신 하나님께서는 오늘도 우리에게 은총을 주시기를 원하신다. 우리의 기도가 끊어지지 않고 하나님이 우리의 삶에 동행하실 때 우리의 인생은 행복하게 될 것이다.

방사성 토양제염장치의 기적 같은 기술 이전

한국원자력연구원에서 12년간의 연구 끝에 개발한 토양제염장치가 TV와 신문을 통해 2011년 6월 세상에 알려졌다. 이 장치가 일본에 팔리어 일본의 방사성 오염토양과 소각재를 복원하기 위해 사용되는 것이 나의 소망이었다. 그러나 방송이 나간 후에 여러 업체에서 문의가 왔지만 실제로 토양제염장치와 기술을 기술 이전받겠다는 회사는 나타나지 않았다. 만일 이 장치가 기술 이전되지 않으면 일본 후쿠시마 복원에 사용되기는 어려운 형편이었다.

방송이 나가고 2개월 후 (주)한국전력기술 해외사업팀 부장으로부터 전화가 왔다. (주)한국전력기술은 일본 후쿠시마 원자력발전소 복원사업을 수행하고 있는 미국 The SHAW group과 MOU를 맺은 원자력 발전소 설계회사이다. 미국 The SHAW group에서는 후쿠시마 토양복원사업에 관심을 가지고 있었지만 마땅한 토양제염기술과 장치가 없었기 때문에 전 세계적으로 적합한 장치를 그동안 토양복원을 위해 발표된 SCI 논문들을 통해 찾는 도중에 나의 논문을 발견하게 되었고, 내가 십 년 이상 토양복원기술을 개발해 온 것을 알게 되었다. The SHAW group에서는 한국전력기술(주)에 전화를 걸어 한국원자력연구원에서 나를 찾아 내가 개발한 토양제염장치를 검토한 후 기술 이전 받기를 권유하였다.

하나님의 기적은 이렇게 생각지도 않은 방법으로 찾아온다. 나는 여러 가지 문제점을 해결하며 3달 만인 2011년 12월 8일 토양제염기술과 장치를 (주)한국전력기술에 기술 이전하게 되었고, 일본 후쿠시마 토양복원에 장치가 사용될 수 있는 길을 열었다. (주)한국전력기술은 나와 함께 몇 차례 일본을 방문하여 토양제염장치에 대해 일본 건설업체에 홍보하였고, 이 일에는 지난 몇 년간 나와 친분이 있던 일본 홋카이도대학 다나카 교수가 홍보를 도왔다.

한국전력기술(주)에 14.4억에 기술 이전을 하며, 개인적으로 3.5억원의 기술료를 받았다. 나는 하나님과의 약속대로 이 기술료의 절반을 선교와 구제에 쓰려고 한다. 나의 남은 인생 15년 동안 이제는 본격적으로 주님의 영광을 위한 일을 하려 한다. 내가 죽어 하나님 심판대 앞에 섰을 때 주님께서 나에게 베풀어 주신 기적의 축복들에 대한 감사로 내 인생 말미에 그래도 주님만을 위한 봉사를 했었노라고 이야기하고 싶다. 그러기에 나는 좀 더 나 자신에게 엄격해야 한다. 철저히 겸손해야 하며 성결해야 하고 남을 섬겨야 한다. 이것이 준비되지 않은 선교는 거짓이기 때문이다. 나 자신을 자랑하는 것이지 하나님께 영광을 돌릴 수 없기 때문이다. 특별히 일본 선교를 하고 싶고 여건만 된다면 국내 선교와 북한 선교를 하고 싶다.

지난 2012년 1월 내가 일본 후쿠시마현 코리야마 시에서 세슘 오염토양과 소각제 실증실험하는 현장 부근에서 요한 코리야마교회를 발견했다. 그곳에는 한인 부부 선교사님이 4층 교회 건물에서 기거하며 열심히 선교를 하고 있었다. 이들 부부는 우리 연구원 직원이며 고교 후배인 김 ○○ 장로가 다니는 대전 한빛장로교회로부터 재정적인 지원을 받고 있었다. 나는 이들 부부와 함께 일본 선교를 시작할 것을 약속했다. 그들에게 가장 필요한 것은 선교자금인 것 같았다. 앞으로 토양제염장치가 일본에서 잘 팔리게 되어 경상기술료를 받게 되면, 이들을 많이 도울 수 있을 것이라고 이야기했고, 기도를 부탁했다.

오늘도 나는 기도한다. "모든 것을 가지신 하나님, 저의 기도를 들어주시어 저를 축복해 주심을 감사합니다. 남은 나의 삶을 지켜주시고 주님의 은총을 내려주셔서 주님께 영광 돌리는 삶이 되게 도와주옵소서. 내 명상 중에 함께 하셔서 지혜를 주시고 지혜로운 삶을 살게 도와주옵소서."

하나님께서 베풀어 주신 은총에 감격하며 살기

내 평생 살며 2011년 올해는 가장 많은 하나님의 축복을 받은 한 해였다. 12년 동안 개발한 방사성 토양제염기술을 (주)한국전력기술에 14.4억을 받고 기술을 이전하여 3.5억 원의 고정기술료를 받았다. 또한 몇 번이나 문 앞에서 고배를 마셨던 실장급 과제 책임자가 되었다. 나는 하나님의 기적과 같은 은총으로 물질적 축복을 받았고, 동시에 한국원자력연구원에서 연구원으로서의 명예를 회복하였다. 이것은 너무나 큰 축복으로 2011년 3월 초 이전만 해도 상상할 수 없었던 세상적인 축복이었다.

나는 하나님께서 베풀어 주신 기적 같은 은총에 감격하며 살아가야 할 것 같다. 내 남은 인생 20년 오직 하나님을 위한 최선의 삶을 살아야 할 것 같다. 그동안 하나님께서는 나사로처럼 죽어서나 내 인생을 축복하시려나 생각했는데, 공평하신 하나님께서는 살아있는 동안에도 이런 축복을 주시니 얼마나 감사한가? 나는 나의 능력을 안다. 태어날 때부터 보잘것없는 자로 태어났건만 어린 소년이 가졌던 보리떡 5개와 물고기 2마리를 축복하시어 오천 명을 먹이셨듯이, 보잘것없는 나의 간절한 기도에 응답하셔서 이렇게 큰 은총을 주시니 이 새벽에도 주님을 찬양하며 감사드린다.

나의 삶의 목표

나의 삶에 목표는 천국에 가는 것이다. 그러기에 철저히 겸손해야 한다. 겸손하면 하나님께서 나를 높여 주신다. 그리고 범사에 모든 것을 하나님께 맡길 때 세상으로부터 자유로워진다. 이 세상은 인간의 계략과 술수에 의해 운행되지 않고 오직 하나님의 뜻대로 운행되기에, 하나님이 허락하지 않으시면 우리의 머리털 하나도 뽑히질 않는다.

나의 죽음이 다가오고 있다. 주변에 동년배들이 무수히 암과 뇌졸중으로 죽어가고 있다. 언제 죽음이 나에게 닥칠는지 나는 모른다. 그러기에 지금까지 건강을 지켜주신 주님께 감사한다. 그리고 오직 주님의 영광을 위해 지혜로운 삶을 살아가기를 다짐해본다. 남은 15년 동안 국내, 일본, 북한 선교를 위해 모든 전력을 다하겠다. 내 육신을 마음대로 자유롭게 움직일 수 있는 동안에 하나님의 영광을 위해 전력을 다하리라 다짐해본다.

지혜로운 사람은 모든 일을 주님과 의논한다

　오십 세를 넘기면서부터 나의 문제를 주님과 의논하기 시작했다. 이전에는 나의 계획을 나 홀로 짰다. 좀 더 빈틈없이 철저히 계획을 짠 후 내가 짠 모든 계획이 달성될 수 있도록 하나님께 기도했다. 그러기에 내가 드리는 기도는 이기적인 기도가 많았다. 그러나 뒤돌아보면, 이런 이기적인 기도들은 대부분 받아들여지지 않았다.
　몇 년 전부터 나의 모든 문제를 주님과 의논하기 시작했고 하나님의 뜻에 맞도록 나의 계획을 수정하고 기도했다. 그리고 나의 문제에 대한 모든 결정을 주님께 맡겼다. 그런데 이후로는 놀랍게도 많은 기도가 상달되었다. 주님과 나의 문제에 대해 논의하는 도중에 나의 욕심을 조금씩 버리게 되고, 주님의 뜻을 수용하여 기도내용을 수정하였다. 그리고 나의 문제를 주님께 맡기며 최종 주님의 결정을 따르겠다고 기도할 때, 주님은 나의 소원들을 기적처럼 이루어 주셨다.
　지난주 2011년 12월 8일 목요일 그렇게 열망하던 방사성 토양제염기술을 (주)한국전력기술에 이전하였다. 생각지 않게 일본에 큰 쓰나미가 발생하여 많은 방사성 오염토양과 방사성 소각재가 발생하였고, 내가 개발한 방사성 토양제염장치가 일본 후쿠시마 오염토양 복원과 국내 우라늄 오염토양 복원에 적용할 가능성이 있게 되면서, 이런 엄청난 기적이 단 8개월 만에 이루어졌다. TV와 신문을 통해 국내 각지에 내가 개발한 방사성 토양제염기술에 대한 내용이 퍼져나가며, 하찮은 연구원에서 일약 우수연구원으로 도약하게 되었다. 이 일에 내가 한 일은 극히 미약하며 모두 하나님께서 기적같이 나를 세워주신 것이다. 놀라우신 하나님이 부족한 나를 기적과 같이 높여 주셨다.

하나님의 은혜에 감사한다. 이제 남은 20년은 지금껏 놀라운 10가지 기적과 그 외에 작은 많은 기적을 보여주신 살아계신 하나님의 은혜에 보답하기 위해 최선을 다할 것을 하나님 앞에 약속한다. 내가 낮아지면 낮아질수록 높여 주시는 하나님이시다. 그러나 경계할 것은 요셉과 같이 철저히 죄를 멀리해야 한다. 에덴동산에서 아담과 하와가 범한 죄를 다시 짓는 어리석은 자가 되지 말아야 한다. 나의 궁극적인 삶의 목표는 천국에 가는 것이다. 세상의 유혹과 죄악을 단호히 뿌리치고 주님께 충성하다 하늘나라로 가기를 간절히 소원한다.

죽음을 위한 기도

나의 아버지는 은평성결교회 장로셨다. 그러나 그의 삶은 그다지 기독교인으로서의 모범을 보여주시지는 못했다. 아버지는 나와는 달리 키도 크고 잘 생기셨지만, 평생 하루에 한 갑 이상 담배를 피시는 골초셨다. 아버지는 2006년 12월 만 80세에 돌아가셨다. 돌아가시기 전 3~4년간 루게릭병에 걸리셔서 다리에 힘이 빠져 잘 걸으시지 못했고, 두통이 심해 자주 고통을 호소하셨다. 이 병은 운동신경세포가 파괴되면서 전신근육이 진행성 마비와 위축이 생기는 병이다. 아버지는 나이가 드시면서 잘 참지를 못하고 변덕이 심해지셨다. 신앙에서 오는 마음의 평안과 기쁨이 그리 크지 못하셨던 것 같다.

아무튼 돌아가시기 몇 해 전부터 두통이 극심했고 잘 걸을 수 없었기 때문에 자주 자살하고 싶다고 말씀하셨다. 돌아가기 2년 전쯤 나와 함께 경포대와 근처에 있는 설악산을 방문했다. 아버지는 설악산에서 자살할 곳을 찾아보시겠다고 나와 같이 설악산을 탐방하셨지만, 나의 만류와 그의 생각이 변하셔서 무사히 사고 없이 돌아올 수 있었다. 아버지의 마지막 2년은 병상에서 불안하게 보낸 고통스러운 나날들이었다. 그러나 마지막 돌아가시기 한 달 전부터는 병원에서 찬양과 예배드리기를 좋아하셨다.

세계적으로 알려진 작가 헤밍웨이를 보라.《노인과 바다》,《무기여 잘 있거라》,《누구를 위해 좋은 울리나》 등의 불후의 명작으로 많은 부와 명성을 얻었던 그는 나이가 들어 그렇게 의지하던 세상 것들이 하나씩 사라져갈 때 그는 소망을 잃어버리게 되었고, 미래에 대한 불안감 때문에 마침내 1961년 스스로 엽총으로 자살하여 비참하게 생을 마감했다. 이것이 대부분 세상적인 사람들의 비참한 최후이다.

그러나 어머니는 다르셨다. 어머니도 이기적인 많은 결점을 가지셨지만, 신앙만은 '죽으면 죽으리라'로 사셨다. 그러기에 하나님이 몇 번이고 자궁암, 콩팥결석, 그리고 폐질환과 같은 죽을병으로부터 어머니의 생명을 건져주셨다. 어머니는 새벽기도회를 매일 참석하며 기도로 힘들고 외로운 노년을 잘 이겨내셨다. 그리고 죽음을 두려워하지 않으셨다.

이제 나의 노년도 다가온다. 정말 기도로 복된 노년을 보내고 싶다. 남은 20년을 늘 기도하며 성경 보며 성령 충만한 삶을 살고 싶다. 이제는 더 이상 죄짓는 것에서 벗어나 요셉처럼 모든 죄의 유혹을 한 칼에 잘라버리고, 성자 어거스틴처럼 성결된 삶을 살고 싶다. 우리 어머니처럼 죽으면 죽으리라 하나님께 맡기고 늘 믿음으로 여유와 평강을 갖기를 소망한다. 진실로 신앙인의 노년을 갖기를 열망한다. 젊은 시절 많은 방황을 했고 온전히 정결된 삶을 살지 못했다. 비록 하나님이 두려워 아내 외에는 다른 여성과의 성적관계는 없었지만 약간의 잘못된 낭만도 추구한 적도 있다. 물질적으로 정직하려고 나름대로 노력은 했으나 온전히 깨끗하다고는 말할 수 없다. 그러나 노년만은 좀 더 철저히 정직하고 성결된 삶을 살고 싶다. 주님께 봉사하고 선교에 전력하며 여유로운 신앙인의 모습을 후손에게 보이고 싶다.

이제는 죽음을 준비해야 할 나이다. 약속대로 일본과 북한 그리고 국내 선교를 위해 물질과 정성을 쏟아 보고 싶다. 다가올 절망의 죽음을 기도와 믿음으로 극복해 나가고 싶다. 죽음에 대해서는 우리 어머니를 닮고 싶다. 그러나 나는 안다. 내가 너무 약하고 무력한 존재임을…….

그러기에 기도한다. 전능한 하나님께 나의 노년의 기간이 하나님 앞에 아름다울 수 있게 해달라고, 남은 시간을 아껴서 오직 하나님께 영광 돌리는 삶을 살 수 있게 능력과 힘을 달라고 매일 간구한다. 나의 죽음이 하나님 앞에 아름다운 죽음이 될 수 있도록 날마다 간절히 간구할 것이다.

세상 낭만과 쾌락을 포기하고 성령 충만함을 원한다

하나님께서는 왜 남자와 여자를 만드셨는지 모르겠다. 세상 범죄의 반은 성범죄이고 반은 재물에 관한 범죄다. 인간을 남자와 여자로 만들지 말고 중성으로 만들었다면, 세상 범죄의 반은 막을 수 있었을 텐데…….

하나님의 뜻이 있었을 것이다. 아무튼 우리는 이 성적인 문제를 잘 이겨내야 한다. 많은 사람이 육적인 면에서 열등의식을 가지고 있다. 키가 작다, 코가 납작하다, 눈이 작다, 턱이 뾰족하다, 머리가 빠진다 등등. 나의 경우도 키가 크기 위해선 할 수 있다면 무엇이든지 하였을 것이다. 지금도 머리가 빠지지 않도록 약을 먹고 있기에 정말 외모를 가꾸는 것은 본능적이라 말하지 않을 수 없는 것 같다. 그러나 이것도 도에 지나치면 안 된다고 생각한다. 적당한 수준에서 멈추어야 한다.

성적 유혹을 잘 절제하여 축복받은 사람 중의 한 사람은 요셉이다. 요셉은 보디발 장군의 아내의 유혹을 이겨내고 감옥에 갇히는 신세가 될지언정 성적 범죄를 범하지 않았다. 많은 사람이 세상적으로 출세를 하면 젊은 여자를 가까이하고 여러 첩을 둔다. 김정일도 아내를 4번이나 바꾸었다고 들었다. 그리고 전처들을 한결같이 헌신짝처럼 버리고 대신에 젊고 예쁘고 똑똑한 아내를 다시 맞아들였다. 겨우 70도 못 채우고 죽어가면서 이런 악한 짓들을 한다. 김정일은 정말 나쁜 세상적인 독재자인 것 같다. 새로운 여자로 바꾸어 보았자 그것이 얼마나 가겠는가? 새로운 여자도 곧 헌 여자가 되며 싫증나게 되기 때문이다.

그러므로 세상의 잘못된 낭만과 쾌락을 좇는 것은 어리석은 짓이다. 그것은 우리로 하여금 성령 충만케 하는 것을 방해한다. 나에겐 나의 외모에 비해 과분한 예쁜 아내와 딸이 있다. 그러기에 이제는 세상 낭만과 쾌락을 포기하려 한다. 성적인 유혹을 요셉처럼 잘 절제하기를 소원한다. 무엇보다 하루하루 성령 충만한 삶을 살아가기를 소원한다. 나의 성령 충만을 방해하는 악한 생각과 성적 유혹과 마귀의 세력을 물리쳐 달라고 날마다 기도드린다.

여기는 일본 후쿠시마현입니다

　나는 지금 일본 후쿠시마현에서 이 글을 쓰고 있다. 내가 개발한 토양 복원장치가 현재로는 일본 후쿠시마 방사능 오염토양을 복원시키기 위해 단기간에 가장 제거효율이 높은 장치라고 생각한다. 일본의 방사성 토양 내의 세슘은 아직 ageing 효과가 크지 않기 때문에 빨리 제염을 시작해야 경제적이다. 이 장치와 기술을 일본 대기업에서 사들여서 일본 정부로부터 승인을 얻어 낸 후 일본 전역에서 사용되기를 소원한다. 만일 이 장치가 예상외로 잘 팔려 경상기술료를 받는다면 이 돈의 20%를 일본 선교를 위해 사용하겠다.
　하나님은 일본을 사랑하신다. 죽어가는 많은 일본인을 구원하고 싶어 하신다. 그러기에 후쿠시마에서 지진과 동시에 쓰나미를 일으켜 약 2만 명이 넘는 일본인들을 하루아침에 심판해버리시고 일본인들이 회개하고 돌아오시기를 간절히 바라고 계신다. 그 옛날 니느웨 성에 요나를 보내어 성안의 온 백성이 모두 회개하고 하나님께 돌아온 것처럼 일본인이 하나님께 돌아오기를 바라신다. 그러기에 내가 하나님께 약속한 것을 지켜야 한다. 하나님께서 나와 약속한 것들을 지키시되 넘치도록 지켜주신 것처럼 말이다. 그들이 복음을 받아들이든 말든 나는 전파해야 한다. 거리에서 병원에서 학교에서, 어디든 사람이 많은 곳에서 전파해야 한다. 일본의 문화를 배우고 최적의 방법을 도출하여 '예수천당, 불신지옥'을 외쳐야 한다. 그것이 남은 나의 인생의 사명이다. 나의 남은 인생은 이제 20년 그것도 연구원 일과 병행해야 한다. 그러기에 서둘러야 하며 쉴 시간이 없다. 이것이 나를 택하셔서 축복해주신 하나님의 은총에 보답하는 길이다. 이것이 남은 내 인생에 가장 보람 있는 일이기 때문이다. 장자에 대한 하나님의 축복을 귀하게 여겼던 야곱처럼 복음 전파가 너무 귀하기에 이 일을 하련다. 나를 자랑하고 알리기 위해서라면 아무것도 안 하고 가만히 있는 것이 나을 것이다.

사람은 누구나 똑같다. 누구나 자기 나름대로의 장점을 가지고 태어난다. 자기의 장점을 개발하며 하나님의 도움을 받는다면 누구나 행복하게 살아갈 수 있다. 부자만이 행복한 것은 아니다. 일본은 그래도 부자에 속한 나라다. 그러나 하나님이 보시기에 일본은 불쌍한 나라다. 복음을 받아들이지 않는 대다수 일본 사람은 지옥불로 떨어질 것이기 때문이다. 사람은 귀천이 없으며 누구나 귀히 대접을 받아야 할 존재로 태어난다. 이것은 사람은 누구나 죽는 것과 마찬가지다. 나보다 부족한 사람을 우습게 여기지 않고 나보다 잘난 사람을 부러워하지 않는 것이 지혜로운 처세술이라 생각한다.

이제 2012년에는 서서히 선교를 위해 시간과 물질을 투자해나갈 것이다. 내 생명 끝나 하나님 만날 때 그래도 내가 주님을 위해 이러이러하게 희생봉사 하였노라고 말씀드릴 수 있도록 내 육신과 물질을 희생할 수 있게 도와달라고 기도드린다.

나는 부자가 아니다

나는 부자가 아니다. 아껴서 겨우 먹고 생활할 정도로 살아가고 있다. 나는 부자가 되고 싶지도 않다. 결코 고급 차와 호화로운 집도 가지고 싶지 않다. 나의 소망은 천국에 가는 것이며, 이 땅에 살 동안 전도하며 하나님의 일을 하며 살다 죽고 싶다. 나는 내 딸과 아들을 똑같이 사랑한다. 내가 지금껏 돈을 아꼈기에 그들에게도 인색했다. 그러나 이제는 그러지 말아야겠다. 내가 아낀 돈을 그들의 장래를 위해 어느 정도까지는 투자해야겠다. 돈 때문에 그들의 원망을 듣지는 말자. 나는 내 아내를 사랑하며 평생 그녀와 함께 살다 죽기를 원한다. 젊은 시절, 별 볼 일 없는 나를 택해 여태껏 믿고 따라와 준 것만 해도 얼마나 고맙고 감사한 일인가? 하나님! 죽기까지 내 아내를 사랑하고 귀히 여길 수 있게 도와주십시오.

내 인생이 내 마음대로 조절이 잘 안된다. 나는 정말 세상적인 부와 지위와 낭만과 쾌락을 멀리하고 싶은데, 그리고 겸손히 철저히 주님만을 사랑하고 싶은데 그것이 쉽지 않다.

"나를 사랑해주신 하나님! 별 볼 일이 없는 존재이지만 나의 모든 원통함을 풀어주시고 나를 사랑해주시고 나의 기도를 들어 주신 주님께 감사드립니다. 정말 평생 주님께 감사드리며 살고 싶습니다. 나의 축복의 잔이 너무 넘치나이다. 주님! 저에게 지혜를 주셔서 지혜롭게 이 세상을 승리하며 살아가게 도와주십시오. 내 영혼을 악한 마귀의 세력에서 벗어나게 도와주십시오. 그리고 주님과 약속한 일들을 잘 수행하도록 도와주시옵소서."

인간은 연약한 동물이다

인간은 연약하다. 그러기에 죄의 유혹에 쉽게 빠지기 쉽다. 그러기에 우리는 죄에 빠지지 않게 해달라고 끊임없이 기도해야 하고 항상 성령 충만함을 유지하기 위해 끊임없이 기도하기를 힘써야 한다.

어떤 사람은 명문 고등학교와 대학교를 졸업했다고 그래서 세상적으로 1% 내의 특권층에 속한다고 자랑한다. 어떤 사람은 많은 재산을 가지고 있다고 자랑한다. 그러나 그런 사람일수록 더욱 쉽게 교만이라는 죄악과 성적으로 그리고 물질적으로 타락하기 쉽다. 사람은 날 때부터 서로 다른 능력을 가지고 태어난다. 어떤 사람은 높은 IQ를 가지고 태어난다. 이런 사람은 조금만 노력해도 좋은 성적을 얻을 수 있다. 그래서 일류학교에 진학할 수 있다. 그러나 이것은 하나님 앞에 온전히 살 수 있는 능력과는 다르다. 학교 성적이 좋다는 것만으로 하나님의 인정을 받을 수는 없다. 태어날 때부터 머리가 나빠 IQ가 100 이하여서 아무리 노력해도 학교 성적을 올리지 못하여 삼류학교를 졸업했다고 하나님의 인정을 못 받는 것은 아니다. 하나님은 공평하시다. 그러기에 타고난 재능을 가지고 최선을 다하는 삶이 아름답고 하나님으로부터 인정을 받는 길이다.

세상적으로 잘난 사람이냐 못난 사람이냐가 중요한 것이 아니라 얼마나 하나님의 뜻에 순종하며 사는가가 중요하다. 우리는 하나님의 뜻을 잘 모른다. 하나님의 율법의 기본은 로마서 2장 15절 "하나님의 율법은 인간의 마음에 쓰여 있고, 인간의 양심이 증거니라"에 쓰여 있는 것처럼, 첫째가 인간 양심이며, 좀 더 자세하고 체계적인 것은 성경에 기록되어 있다. 하나님의 뜻을 좀 더 잘 알기 위해서 우리는 성경을 많이 읽고 배워야 한다. 그것이 성경을 많이 읽은 사람일수록 훌륭한 사람이 되는 이유이다.

아무튼 우리는 연약한 인간이다. 그러기에 죄에 빠지지 않도록 늘 경계해야 하며 기도해야 한다. 유혹에는 장사가 없다. 가능하면 죄의 온상이 되는 성적 쾌락의 장소에는 가지 말아야 한다. 죄를 가까이하는 사람들과 어울리기를 피하여야 한다. 세상 죄악 중 가장 큰 것이 교만이며,

다음으로 성적인 죄악과 재물에 대한 죄악이다. 우리는 기도로 이 모든 것을 이겨내야 한다. 그 옛날 하나님께서 아브라함에게 찾으시던 의인 10명 안에 들어가기 위해 힘써야 하며, 이것이 지혜로운 삶의 방법이다. 왜냐하면 인간은 강건해야 90세를 살며 죽어서는 누구나 하나님 심판대 앞에 서야 하기 때문이다. 그러기에 나는 오늘도 간절히 기도한다. 죄의 유혹에 빠지지 않게 해 주시고 성령 충만한 생활을 할 수 있게 해달라고……

인생은 어떤 순간에도 완전할 수 없으며
살아 있는 한 걱정과 근심에서 벗어날 수 없다

인생에 완전함이란 없다. 아무리 대통령이라도, 문재인, 박근혜, 안철수, 김현아, 박지성, 싸이, 유재석이라도, 언제 무슨 일이 터질지 모른다. 박정희가 그랬고 김정일도 그리고 노무현, 박근혜도 그랬다. 오히려 이들의 삶을 보면 우리 보통 사람보다 더 바쁘고 걱정과 근심 속에 살아갔던 것 같다. 박정희와 김정일은 언제 암살을 당할지 늘 불안한 삶을 살았다.

성경에 어떤 부자 이야기가 나온다(눅 12:16-21). 그는 열심히 노력하여 자기 곳간에 곡식과 재물을 가득 채웠다. 그리고 "이제 내일부터 먹고 마시고 안락한 삶을 누려보자"라고 혼자 중얼거렸다. 그때 하나님께서 이 사람에게 말씀하셨다. 오늘 너의 생명을 거두겠다고 말이다.

세상적인 모든 것을 갖추었다 한들 어느 날 갑자기 지진이 일어나거나 쓰나미가 몰려오거나 믿었던 충복의 배반으로 한순간에 생명을 잃은 예들이 너무나 많지 않은가? 이라크의 후세인도 조금만 절제했어도 행복하게 살았을 텐데, 그의 세상에 대한 끝없는 욕망 때문에 얼마나 많은 사람의 생명을 빼앗았으며 결국 얼마나 비참한 최후를 맞았던가? 독일의 히틀러와 리비아의 카다피 역시 완전함을 추구하는 세상적인 끝없는 욕망 때문에 얼마나 많은 생명이 피를 흘렸고 자신의 욕심을 채우기 위해 얼마나 많은 사람의 자유와 물질을 빼앗았던가? 그들 역시 살아서 하나님의 심판을 받았다. 그밖에 김일성과 같은 독재자 역시 하나님을 두려워하지 않고 얼마나 세상적인 것을 추구했던가? 비록 그는 살아서 심판은 피했지만 죽어서 하나님 앞에 얼마나 무서운 심판을 받겠는가? 그러기에 인간은 누구나 살아있는 한 걱정과 근심에서 벗어날 수 없다.

이 걱정과 근심에서 좀 더 자유롭게 되는 방법은 무엇일까? 그것은 하나님을 인정하고 하나님께 모든 것을 맡기는 것이다. 잘난 사람이나 못난 사람이나 모두 하나님이 필요하다. 하나님은 공평하시다. 우리의 끝은 결국 하나님 심판대 앞에 서는 일이다. 세상은 하나님이 다스리신다. 우리의 모든 악행과 거짓은 결국 드러날 것이요 우리의 숨은 봉사와 희생도 결국 드러날 것이다. 그러기에 우리가 할 수 있는 일은 기도뿐이다. 내 인생 속에서 기도하며 시작한 일들은 거의 이루어졌다. 인간의 힘은 나약하기에 기도하면 하나님께서 힘과 용기를 주신다. 지혜를 주신다. 세상에 나타나는 모든 결과는 하나님의 뜻이다. 그러므로 세상에서의 현실을 인정해야 하며 감사해야 한다. 건강한 것만 가지고도 감사해야 한다. 직장이 있다는 것만 가지고도 감사해야 한다. 지혜로운 사람은 세상의 부, 지위, 쾌락, 낭만보다 오히려 하나님 앞에 바르게 살기를 소망하는 사람이다. 이런 사람에게 평강과 영생이 있다.

나의 미래도 불안하다. 그러나 나는 기도한다. 하나님께서 나의 인생을 인도해달라고, 나의 구체적인 세상적인 일들을 하나님 앞에 맡기며 하나님 뜻에 합하기를 간구한다. 내가 세상에 숨 쉬고 살고 있는 한 세상 것들이 필요하다. 그래서 오랫동안 내 욕심대로 세상 것들을 위해 기도 했다. 오십에 들어서면서 달라진 것이 있는데, 먼저 하나님과 상의한 후 간구한다는 것이다. 내 욕심대로 구하는 것이 아니라 하나님의 뜻에 맞게 구한다. 그리고 모든 결과를 하나님 뜻으로 생각하고 감사한다. 가능한 한 편협하지 않고 합리적이며 올바른 것들을 간구한다. 좀 더 하나님 뜻에 맞게 기도한다. 그러기에 나는 늘 성경을 가까이하려고 애쓴다. 성경만이 나를 진리의 길로 인도하며 하나님 앞에 합당한 것들을 구하도록 인도해주시기 때문이다.

　지난 한 해 나에게는 많은 기적과 축복이 일어났다. 그럼에도 불구하고 나는 오늘도 해결해야 할 많은 걱정 근심거리가 있다. 아마도 내가 목숨이 붙어 있는 한 걱정에서 자유롭지 못할 것이다. 나는 하나님께 기도한다. 하나님께서 나의 문제를 해결해달라고, 지혜를 달라고, 그리고 내 모든 걱정과 근심을 하나님께 맡기오니 내 마음속에 자유와 평강을 달라고.

기도 없이 세상 죄악을 이길 수 없다

　우리는 연약한 인간이다. 그러나 세상의 정욕적인 유혹들은 너무 강렬하다. 특히 요즈음에는 젊은이들을 성적으로 자극하는 많은 동영상을 쉽게 접할 수 있기에 누구도 이런 성적 쾌락의 유혹에서 벗어날 능력을 가지고 있지 못하다. 그러기에 우리는 기도해야 한다. 우리의 힘이 아닌 하나님의 힘으로 이 강렬한 세상 쾌락과 잘못된 낭만의 유혹에서 벗어나야 한다. 우리가 기도하고 성경 보고 찬양할 때 성령이 우리와 함께하셔서 이런 유혹을 이겨낼 수 있다. 그러므로 우리는 쉬지 않고 기도해야 한다. 그리고 깊이 명상해야 한다. 우리가 항상 기뻐하며 자유롭고 화평 속에 살 수 있는 길은 오직 하나님 안에 성결된 삶을 살 때 주어지는 것이다.

그 옛날 스데반은 돌로 맞고 죽기까지 하나님을 증거하고 찬양했다. 이렇게 주님을 위해 순교도 불사할 수 있는 것은 기도의 능력이다. 기도할 때 주님은 우리에게 함께하셔서 성령을 보내주셔서 하나님의 뜻에 복종할 수 있는 힘과 능력을 주신다. 젊은 사람일수록 더욱 열심히 기도해야 한다. 왜냐하면 젊은이의 정욕은 강렬하여 억제하기 힘들기 때문이다. 그러므로 우리는 무엇보다 날마다 성령 충만하기를 위해 간구해야 한다. 성령 충만할 때 모든 죄의 유혹을 이길 수 있고, 생명을 아끼지 않은 바울처럼 하나님의 뜻에 순종할 수 있기 때문이다.

세상은 하나님의 기적들이 이루어지는 곳이다. 우리는 날 때부터 기적적으로 태어났고, 살아갈 때도 많은 기적 같은 일들을 접하며, 죽을 때도 기적같이 죽는다. 인생을 합리적으로, 수학적으로, 이성적으로 푼다는 것은 어리석은 짓이다. 지혜로운 사람은 열심히 하나님을 묵상하며 기도로 하나님의 도움을 요청하는 사람이다. 불교에서는 자신이 노력하여 해탈한다고 한다. 그러나 기독교에서는 자신의 무능함을 하나님께 고백하고 하나님께 도움을 간구하면 하나님의 능력과 힘이 임하여 의로운 삶을 살 수 있다고 한다. 이것이 불교와 다른 점이다. 우리는 기도 없이 결코 의롭게 살 수 없다.

거듭나서 성령의 능력으로 절제하며 살아가야 한다

　성경이 하나님 말씀으로 믿어지며, 하나님이 세상을 사랑하사 예수 그리스도를 세상에 보내시어 우리의 죄를 대신하여 십자가에 돌아가게 하심이 믿어지고, 성령이 자신과 동행함이 느껴지는 사람이 거듭난 사람이라고 생각한다. 수많은 기도 응답, 은사체험, 묵상과 꿈을 통해 하나님이 함께하심에 대한 깊은 영적 체험을 함으로써 하나님에 대한 믿음이 성장하는 사람이 거듭난 사람이라고 생각한다.
　인간의 본능, 즉 욕정, 식욕, 잠 등은 절제하기 힘들다. 남과 여의 욕정은 절제하기 어렵다. 욕정을 절제하지 못하여 세상에서 얼마나 많은 사건이 발생하는가? 욕정을 절제하지 못하면 가장 중요한 가족관계 즉 부부관계와 자녀와의 관계를 망친다. 그러므로 우리는 욕정을 잘 절제해야 하며 올바른 습관을 습득해야 한다. 그 옛날 요셉처럼 늘 하나님을 가까이하고 기도하여 성령 충만할 때 우리는 실수하지 않고 회개하고 거듭난 어거스틴처럼 성결된 삶을 살아갈 수 있다.
　식욕 또한 마찬가지다. 올바른 식사 습관을 가져야 한다. 물을 많이 먹고, 기름진 음식은 피하고, 음식을 가능한 한 적게 먹을 때 건강하게 살아갈 수 있다. 식습관을 잘못 들여서 큰 병에 걸리거나 과체중에 빠진 사람들을 우리 주위에서 얼마나 많이 보는가? 맛난 음식을 보고 절제하는 것이 얼마나 힘든 일인가? 그러나 과식은 결국 우리의 건강을 해치므로 건강한 육체를 유지하기 위해 우리는 좋은 식습관을 길들여야 한다. 요즘 나는 하루에 점심만 배불리 먹고 아침과 저녁은 소식하여 체중을 조절하고 있다. 건강을 위해 소식하고 야채와 과일을 많이 먹는 것이 필요하며, 매일 한 시간 이상 걷거나 운동하는 것이 필요한데, 나는 연구원 퇴직 후 하루에 평균 3시간을 걷거나 운동한다.

잠을 오래 자는 사람은 게으른 사람이다. 성경에도 잠을 오래 자는 사람을 게으른 사람으로 표현하고 있다. 적당히 잠을 조절할 때 우리는 보다 많은 일과 공부를 수행할 수 있다. 최소의 잠을 잔 후 일하며 공부하다가 휴식 시간에 틈틈이 자는 습관을 가질 때 남보다 훨씬 많은 시간을 공부하고 좋은 성과를 올리며 이 살벌한 경쟁사회에서 승리할 수 있다. 그러나 하나님께 예배와 봉사하는 시간은 아끼지 말아야 한다. 하나님께 예배와 봉사의 시간을 드리므로 큰 믿음을 얻을 수 있고 믿음을 통해 자유와 평안을 얻을 수 있기 때문이다. 그러므로 본능을 잘 절제할 수 있는 능력을 달라고 끊임없이 기도하며 본능을 잘 조절할 수 있는 좋은 습관을 갖기 위해 최선을 다하는 것은 매우 중요한 일이라 생각한다.

주일학교 교사와 주차 봉사

나의 교회 주일학교 봉사는 대학에 입학한 1977년부터 서울 은평성결교회에서 시작되었고, 그 마지막은 2007년 대덕장로교회에서 2년간의 유년부 부장을 마쳤을 때이다. 약 31년간 주일학교 교사로 봉사했다. 오랜 질병으로 인해 삼수 만에 대학에 입학한 나는 하나님께 감사하는 징표로 교회 주일학교 학생들을 가르쳤다.

지금도 생각나는 것은 은평성결교회에서 어느 한 반을 약 3년 동안 그 학생들이 국민학교를 졸업할 때까지 맡은 일이다. 그 반을 가르치며 나는 은평성결교회 유년부 축구부를 창설하고 축구 감독까지 맡았다. 그래서 우리교회 축구팀은 유년부에서 축구를 잘하는 사람을 선정하여 뽑았고, 나름대로 몇 번 훈련까지 하였다. 얼마 후 우리 축구팀은 성결교단 내의 교회 대항축구시합에 출전했다. 그러나 첫 게임에서 우리 팀은 4:0으로 졌다. 얼마나 사기가 떨어졌는지 그리고 정말 창피했다. 학생들도 크게 실망했다. 그러나 그때 함께 축구를 했던 학생들 대부분 끝까지 교회를 열심히 다녔다. 그중에 한 학생은 대학생이 되어서 나와 같이 유년부 교사를 하다 나중에는 그 교회 장로가 되었다. 한 학생은 서울대 사법학과를 졸업하고 유명 신문사의 기자가 되었다.

또 한 학생은 내가 2학년 담임을 했을 때 맡았던 여학생이었는데 정말 열심히 교회를 다니며 늘 밝고 자신만만해 하던 학생으로 학교에서는 반장도 하며 열심히 성경공부를 했었던 기억이 떠오른다. 그때 유년부 부장으로서 모범과 사랑을 보여주셨던 임용희 장로님과 임영철 장로님은 지금도 내 마음에 믿음의 선배님들로 남아있다.

대덕장로교회에서는 봄과 가을에 학생들과 소풍을 가서 함께 축구하고 보물찾기하던 시절이 생각난다. 교사들과는 매년 대전 한국표준연구원에서 함께 축구를 하고 바비큐 파티를 하곤 했다. 그때 코흘리개 어린 학생들은 벌써 대학을 졸업한 학생들이 많다. 참 세월은 정말 빠르게 지나간다. 어젯밤 아내가 내게 한 말처럼 우리는 어느덧 인생의 황혼에 서 있다. 여름성경학교와 연극연습, 성탄절과 부활절 준비, 여성목회 은퇴자들이 생활하시는 성락원 방문들의 추억이 새롭다. 대덕교회 이○○ 안수집사님과 이○○ 권사님도 유년부에서 만나 7년 이상 같이 유년부를 섬겼다. 이들 부부는 항상 우리 가족을 위해 기도해주셨고 우리부부가 교회 안수집사와 권사가 되도록 잘 이끌어 주셨다. 이들 역시 하나님께 충성을 다하며 사시므로 하나님의 놀라운 축복 속에 하나님께 영광 돌리는 삶을 살고 계신다.

정들었던 유년부 교사들과 어린 학생들을 등지고 2008년부터 나는 주차안내부에서 13년째 주차 봉사를 하고 있다. 우리 교회는 지금 약 주일 낮에 1,600명의 성인들이 예배에 참석하지만, 지하주차장은 고작 160대 공간을 가지고 있을 뿐이다. 그래서 우리는 주변의 복지관, 대덕중학교, 첨단상가 지하 주차장을 빌려 밀려오는 예배 차량들이 불편없이 주차하도록 안내하고 있다. 주차안내부 봉사는 주일학교 교사 봉사보다 편한 것 같다. 그냥 오시는 교우들께 인사하고 주차안내만 하면 되기 때문이다. 나의 육체가 건재하는 한 나는 주차안내부를 계속하려 한다. 내가 거동하지 못하기 전까지는 교회봉사를 지속할 것이다.

요즘은 남성구역 구역장을 맡고 있다. 일주일에 한 번 같은 동네에 사는 남자성도들과 성경공부하는 것은 참 재미있고 유익한 시간이다. 직장생활에서 성경 말씀을 어떻게 실천하며 살아갈지 우리는 서로의 의견을 나누고 이 힘든 사회생활을 잘 이겨나갈 수 있도록 하나님께 간절히 기도하고 있다.

하나님께서 여태껏 나에게 건강을 주셔서 많은 교회 봉사를 하게 하심을 감사드린다. 내 힘이 남아있는 한 교회 봉사는 쉬지 않을 것이다. 교회봉사를 통해 예수님이 제자들의 발을 닦으셨듯이 봉사를 통해 나와 가족만의 이기주의에서 벗어나서 겸손과 이웃사랑을 배울 수 있기 때문이다.

최소 생활 보장하는 자유 민주국가

코로나19를 계기로 모든 나라의 부러움을 받아왔던 미국과 서유럽의 국가들에서 큰 문제점이 발견되었다. 해외로부터 이주하거나 흑인들로 구성된 극빈자들에 대해 의료보험과 최소생활비 지원을 보장해 주어야 한다. 이들 극빈자들을 정부가 방치하므로 미국과 서유럽은 코로나19 대책에 실패했다. 반면에 한국, 대만, 싱가포르 그리고 중국조차 코로나19 대책에 성공하였다. 그렇다고 중국이 미국과 서유럽보다 좋은 나라라는 의미는 아니다. 왜냐하면 중국은 10%의 공산당만 특별대우로 잘 살고 나머지 90%는 통제사회 속에 자유와 민주화가 억압당하기 때문이다. 경제 활동도 국가가 통제하기 때문에 개인들이 부단한 노력을 할지라도 그만큼의 부의 보상을 받지 못하기에 희망을 잃고 각자 최선을 다하지 않고 살아간다. 반면에 미국과 서유럽 국가는 90%의 국민에 대한 최대한의 자유와 민주주의가 보장되어 행복한 생활을 누릴 수 있고 경제도 자유 경쟁체제하에 누구나 땀 흘려 일하면 어느 정도 부를 모을 수 있기에 모든 국민이 최선을 다해 일을 해나가므로 과학과 기술이 앞서 나가고 있어서 국가 GDP도 높다.

중국과 미국을 비교한다면 미국은 자유민주국가로 훨씬 좋은 나라이다. 그러나 미국은 이번 기회에 극빈자 10%를 보호하고 지원해 줄 수 있는 정책을 수립하여 앞으로 지금과 같은 코로나19가 발생하여도 선진국답게 잘 대치할 수 있는 모범국이 되어야 한다. 미국과 서유럽의 장점은 공학, 의학 등 모든 분야의 연구 개발에 많은 재원을 투입한다는 것이다. 미국에서는 마이크로소프트를 개발한 빌 게이츠와 아이폰을 개발한 스티브 잡스, 그리고 구글 창시자인 래리 페이지와 세르게이 브린 같은 사람은 본인뿐만 아니라 국가에 엄청난 부를 창출하였다. 미국은 앞으로도 얼마든지 무한 경쟁을 통해 이와 같은 과학자들을 배출할 여건과 환경이 마련되어 있지만, 중국과 같은 통제사회에서는 불가능하다. 그러기에 앞으로 미국과 서유럽은 10% 극빈자에 대한 보호책 강화를 보강하며 빈부차를 줄여야 하고, 중국은 대폭적으로 자유 민주화와 자유경쟁체제 제도를 확보하는 개혁이 필요하다.

우리나라는 이번 코로나19 대책에 약간의 성공은 하였지만 앞으로 연구개발에 좀 더 많은 국가 재정을 투입하고, 사회에서 상식을 넘는 고임금을 받고 있는 의사나 집단 이기주의의 의사협회, 거액의 전관예우를 받고 있는 퇴직 판사 검사, 고위 공직자들 등의 잘못된 관행을 정상화시키며, 아직도 나라 예산을 집행할 때 특정 회사들에게 이익을 주며 그들로부터 거액의 커미션을 챙기는 공무원들과 저렴한 이자로 대출해주고 거액의 커미션을 챙기는 은행 간부들에 대해서는 좀 더 철저한 부패방지책을 수립하고, 오히려 연구 개발자들을 우대하여 많은 유능한 젊은 인재들이 연구개발에 참여하게 함으로 국가 발전에 필요한 첨단기술 개발에 앞서나가는 정책을 펼쳐나가야 한다.

2020년 살기 좋은 국가 순위(SPI지수)에서 한국은 163개국 중 17위로 해방 후 최고에 이르렀다. 의료, 교육, 수명에서 앞섰기 때문이다. 그러나 외국인과 같은 소수 그룹에 대한 포용력, 민주화도, 부패도, 대기오염, 과학기술, 빈부차 등은 보강해야 할 과제이다.

그럼에도 불구하고 세상은 하나님이 다스리신다

하나님께서 우리를 축복하시려고 작정하면 아무도 막을 수 없고, 하나님께서 우리를 심판하시려고 작정하면, 아무도 막을 수 없다. 그러므로 하나님의 축복 된 삶을 살기 위해 우리는 하나님 뜻에 합당한 충성된 삶을 살아야 하며 이것이 지혜로운 삶의 비결이다. 세상은 하나님의 손안에 운행되기에 하나님 외에는 두려울 것이 없다. 우리의 못난 외모, 가난, 낮은 IQ 등의 세상 욕심에 찬 잘못된 열등의식은 과감히 던져버리고 하나님을 위한 바른 열등의식을 갖자. 즉 자비, 온유, 봉사, 희생, 섬김, 절제, 사랑, 긍휼 등을 갖춘 사람에 대해 열등의식을 갖고, 우리도 이것들을 좀 더 많이 갖고자 노력해야 한다.

우리가 항상 기뻐하며 살아갈 수 있는 것은 돈도, 지위도, 쾌락도, 낭만도 아니다. 늘 성경을 묵상하고 기도에 힘써서 우리의 영혼을 날마다 성령 충만케 하는 것이고, 늘 자족하며 감사하고 기뻐하며 살아가는 것이다. 이것만이 죽음의 문제를 해결할 수 있는 유일한 길이다.

인간의 위대함은 거룩함에 있다

한 인간이 죽을 때 그의 위대함은 그의 세상적인 것들에 있지 않다. 즉 재물, 명예, 권력을 얼마나 소유했느냐가 아니라 그가 얼마나 하나님 앞에 거룩하게 살았느냐에 있다. 그러기에 성자 어거스틴은 참된 크리스천은 인생을 거룩하게 사는 사람이라고 말했다. 우리는 언제 죽을지 모르는데, 하나님 앞에 섰을 때 얼마나 하나님 뜻에 합당하게 살았는가가 제일 중요하다. 거룩하게 사는 일이란 매우 어려운 일이다. 그러나 이것은 성령이 우리를 도와주셔야 가능하다. 심지어 가난한 거지도 할 수 있다. 성경에 보면 거지 나사로도 천국에 들어갔기 때문이다. 그러기에 하나님의 심판대 앞에서는 아무도 핑계를 댈 수 없다. 우리가 세상 것들을 많이 가지고 누리는 사람들을 부러워하며 열등의식을 갖기보다는 오히려 가난하지만 거룩하게 살아가는 사람들을 부러워하고 그들에 대해 열등의식을 느끼고 그들처럼 거룩하게 살기 위해 최선을 다하자. 아 하나님, 저의 기도를 들어주시어 늘 성령 충만케 해주시고 거룩한 삶을 살게 도와주옵소서.

참된 크리스천은 어떤 세상 조건에서도 감사해야 한다

우리는 하나님께서 세상을 다스리심을 믿어야 한다. 내일 내가 교통사고를 당할 수 있으며, 내일 내가 암에 걸리고, 내일 내가 실명할 수 있다는 사실을 기억하며 살아가야 한다. 우리는 단지 바른 방향을 향해 최선을 다할 뿐이다. 보이지 않는 하나님의 세상을 인정해야 하며, 그것은 보이는 세상보다 훨씬 중요한 것이다.

참다운 신앙인은 어떤 세상 조건 속에서도 감사할 수 있어야 한다. 암에 걸렸다 할지라도 넉넉히 감사할 수 있는 사람이 참 신앙인이다. 구약성경 열왕기나 역대기를 보면 많은 왕이 나오지만 구원받은 왕은 드물다. 그들은 세상적으로 많은 것을 지녔음에도 불구하고 끝없이 세상적인 욕심을 부리고 그것만을 추구하다 늘 불평과 원망 속에 불행한 삶을 살았다.

그러나 세상 축복을 받지 못하고 시련만 당하다가 천국에 간 사람들도 성경에는 많이 나온다. 예수님의 열한 제자, 바울, 스데반, 나사로, 우리아 장군 등이다. 그러기에 세상 축복만 강조하는 설교는 잘못된 것이다. 이 세상에서 구원받는 것이 가장 중요하다. 세상에서 최선의 노력은 다 해야겠지만 손해 보더라도 여유 있게 살아가면 된다. 오늘도 성령께서 내 생각을 지키시어 성결된 삶을 살게 하시고 기쁨이 충만한 삶을 살 수 있게 인도해주시기를 간구한다.

세상의 모든 것을 하나님은 친히 간섭하시고 하나님의 뜻대로 운행하신다. 인간의 힘은 연약하며 우리는 단지 기도하며 최선을 다할 뿐이다. 모든 결정은 하나님이 하신다. 그러기에 우리는 현재의 모든 상황은 하나님의 뜻임을 인정하고 순종해야 하며 어떠한 세상 조건에서도 믿음으로 감사하며 기뻐해야 한다. 그러기에 최선의 지혜는 현재의 조건을 하나님께서 주신 것으로 인정하고, 성령의 도움으로 감사하며 기쁨 충만하게 살아가는 것이다. 요사이는 내가 볼 수 있다는 것 그리고 걸을 수 있고 먹을 수 있다는 것만으로도 감사한다. 하나님이 나를 창조한 이유가 무엇인지를 깨달아 남은 인생 동안 최선을 다해 하나님의 뜻을 수행하는 것이 지혜로운 삶이라 생각한다.

망막박리와 나

나는 구원의 아슬아슬한 커트라인 선상에 있었다. 그러기에 사랑의 하나님은 나를 구원하시려 나에게 큰 시련을 주셨다. 2013년 10월 25일 금요일 오후 5시부터 7시까지 서울대병원 수술실에서 망막박리에 대한 망막 부착 수술을 받았다. 10월 21일 월요일 코끝 근처에 작은 검은 부분이 생겼지만, 전처럼 곧 없어지리라 생각했다. 그러나 이런 현상은 3일간 계속되었지만 검은 부분의 크기가 더 이상 커지지는 않았다. 목요일과 금요일은 경주에서 한국원자력학회가 열려 거기에 참석했다. 오른쪽 눈의 검은 부분은 경주에 있었던 목요일부터 커지기 시작했다. 그리고 목요일 밤 11시쯤 잠이 들었는데, 다음 날 예전보다 조금 일찍 새벽 3시에 일어나 창밖을 보았을 때 이 검은 부분은 약 35% 정도 커져 있었다. 나는 깜짝 놀라 김승수 박사님을 깨워 차를 타고 대전으로 올라왔다. 대전 명안과에 8시 30분에 도착해서 진료를 시작했는데, 진료가 끝난 시간은 25일 10시쯤이었다.

명안과 의사는 깜짝 놀라며 망막이 떨어지고 시신경이 죽어가니 큰 병원에 가서 수술을 빨리 받으라고 했다. 수술받기 바로 전에는 80% 정도 망막은 박리되어 전등을 눈에 비추어도 모든 것이 새까맣고 새까만 암흑 위쪽 가장자리로만 약간의 불빛이 보였다.

하나님의 크신 은총으로 대전 명안과를 찾은 후 하루 만에 서울대병원에서 수술을 받게 되었다. 새벽 3시 김승수 박사님의 경주에서 부산까지 새벽 운전, 명안과 의사의 정확한 진단, 백승욱, 김태훈 집사님의 서울지역병원 응급실 추천, 딸 윤정이의 수술 준비 과정 도움, 예비된 여의사와 남의사의 빠른 수술이 내 눈 망막의 시세포가 다량으로 죽어가는 것을 막아주었다. 여의사는 수술 후 다음 날 아침 수술이 잘 되었다고 말했다. 다음 날 26일 토요일 12시경 입원실이 부족하여 나는 김승수 박사님의 차량으로 대전으로 돌아왔다. 수술 후 2주가 지난 지금 수술한 오른쪽 눈의 시력은 0.5 이하이고 찌그러져 보인다. 나는 기도했다. 하나님 내 눈이 차량 운전에 지장 없도록만 보이게 도와달라고 말이다.

내가 구원의 선상에 간신히 머물고 있었기에 사랑의 하나님께서는 못난 나를 구원시키기 위해 사랑의 매를 드셨다. 나는 감사해야 한다. 이런 혹독한 시련이 없었다면 나는 거짓된 크리스천으로 지옥 불에 떨어졌을 것이다. 나는 철저히 회개해야 하며 이제는 참된 크리스천으로 변해야 한다. 좀 더 거룩하고, 좀 더 청렴하고, 좀 더 겸손하고, 좀 더 하나님의 영광을 위해 봉사하고, 좀 더 참된 위로자가 되고, 좀 더 음식을 절제해야겠다. 나의 평생소원은 천국에 가는 것이다. 이 세상보다 아름답고 행복한 그곳에 가고 싶다. 그러나 내 주위의 대부분 선인들은 암으로 혹은 뇌출혈로 몇 해 동안 고생하며 정말 고통스럽게 죽어갔다.

아내가 나에게 꼭 붙어 나를 간호해주고 보살펴 주었기에 시력이 기적처럼 많이 회복되었다. 아내가 없었다면 누가 나를 돌봐주었을까? 아내는 2주 동안 내 옆에 꼭 붙어 밤낮으로 정성스럽게 돌보며 격려해 주었다. 눈 수술 후 내가 할 수 있는 일이라고는 하나님께 기도하는 것밖에는 없었다. 수술은 의사가 했지만, 수술 후의 눈 회복은 하나님의 역할이었다. 내가 노력해서 할 수 있는 일은 없었다. 세상 사람들이 나를 도울 일이 없었다. 나를 치료하시고 도우실 분은 오직 세상을 창조하신 무한한 능력을 가지신 하나님뿐이시다. 하나님만이 나를 고쳐주고 내 병을 치료할 수 있다. 나는 새벽마다 부르짖었다. "하나님 저를 용서하시고 저의 병을 치료하여 주옵소서."

눈 망막박리 후 약 5주간은 앞을 볼 수 없었다. 나는 실명할까 봐 심한 공포와 두려움에 시달렸다. 만일 왼쪽 눈마저 망막박리가 일어나 실명한다면 내가 과연 세상을 살아갈 수 있을까? 나는 순간 극심한 불안감에 빠져들었고 맹인이 겪고 있는 고통과 공포를 실감했다. 방 한구석에서 암으로 죽어가는 환자들의 외로움과 고통도 느낄 수 있었다. 인간은 누구나 죽는데 이제 내 나이 57세로 살 만큼 살았는데도 죽음에 대한 두려움이 젊은이와 똑같은 것 같았다. 수술 후 약 10일간 안구에 넣은 가스 때문에 앞을 거의 볼 수 없었다. 나는 수술이 잘못되어 한쪽 눈을 잃을지도 모른다는 공포 때문에 잠을 이룰 수 없었다. 그 두려움과 공포는 어떤 인간도 해결해 줄 수 없는 것이었고, 오직 하나님께 살려달라고 부르짖는 나의 처절한 기도만 있을 뿐이었다.

내 친구 만석이가 2013년 10월 24일 사망했다. 그러나 세상은 무관심하며 아무렇지 않게 잘 돌아간다. 나도 기도로 만석이를 하나님께 의탁하는 것밖에 만석이를 위해 해줄 것이 없었다. 오직 만석이 가족만이 슬퍼할 뿐이다. 내가 죽어도 마찬가지일 것이다. 인간은 누구나 혼자 왔다 혼자 가는 것이다. 그러나 끝내 아쉽게 느끼는 것은 만석이가 끝까지 하나님을 붙들지 못했다는 것이다. 죽는 날까지 하나님을 붙들고 의지하고 동행하는 것이 이 세상에서 가장 중요한 일인데 말이다.

내 인생의 2/3가 지나갔다. 이제 남은 1/3 동안은 날마다 성령 충만할 수 있도록 기도한다. 모든 염려를 주님께 맡기고 항상 기뻐하고 감사하며 쉬지 말고 기도하기를 간절히 간구한다. 10년, 20년, 또는 30년 뒤 하나님 심판대 앞에 섰을 때 오직 믿음을 가진 사람만 구원을 받을 수 있다. 이 믿음은 어떻게 얻을 수 있나? 땀을 흘려 기도에 힘쓰므로 늘 성령 충만하여 감사와 기쁨으로 살고 늘 선행과 구제와 경건한 삶을 살 때 주님이 천국 문을 열 수 있는 믿음을 주실 것이다.

망막박리 5주 후 11월 29일 오후 5시 30분 하나님께서 많은 환자로 바쁜 시간에도 담당의사에게 시간을 주셔서 레이저를 통해 나의 오른쪽 눈의 후발 백내장을 제거하게 하시고, 왼쪽의 눈의 망막 열공을 레이저로 치료하게 해 주셨다. 이 수술 후 나의 시력은 90% 이상을 회복하였고 시력장애자로부터 완전히 벗어나게 해주셨다. 하나님께서 나의 간절한 기도에 또다시 응답해주셨다. 38년 전 대학입시 공부 중 심한 공황장애에 걸렸을 때 철원 대한수도원에서 간절히 나의 병 고쳐달라고 부르짖었을 때 하나님께서는 나의 기도에 응답하시어 일 년에 걸쳐 치료해 주셨다.

오른쪽 눈 90%가 망막분리 되어 모든 시야가 새까맣게 보인 지 5주가 되는 오늘 하나님께선 나와 아내의 간절한 기도에 응답하여 나의 시력을 거의 회복시켜 주셨다. 나는 오늘 하나님께 뜨거운 감사의 기도를 드렸다. 나같이 부족하고 죄 많은 죄인의 기도에 또다시 응답해주신 하나님께 하염없이 흐르는 눈물과 함께 감사 기도를 드렸다. 그리고 크게 외

쳤다. '하나님 감사합니다. 하나님 감사합니다.'

구원을 받기 위해 우리는 노력해야 한다. 어떻게 살아야 구원받을 수 있는가? 그렇게 세상적으로 잘 나갔던 헤밍웨이도 구원의 확신이 없었기에 자살을 택했고, 베네수엘라 독재자 차베스도 암으로 죽기 전 구원의 확신이 없었기에 주변 사람에게 얼마나 목숨을 구걸했던가? 이제 얼마 후 결국 나도 죽을 것이기에 그때가 오기 전까지 구원의 확신을 가져야 한다. 세상 부귀영화가 구원의 확신을 주는 것이 아니라 내 생활이 그리스도를 닮아 갈 때 구원의 확신이 오리라 믿는다.

거룩하게 사는 것은 참으로 어렵다. 그러나 거룩한 삶만이 천국 문을 열 수 있다. 이성계는 위화도회군 후 평양을 입성하며 많은 백성의 피를 흘렸다. 박정희도 전두환도 마찬가지다. 이들이 잠시 누린 권력의 맛과 지옥불의 영원한 고통의 맛 중 어느 것이 달콤할까? 정말 천국을 믿는 지혜로운 사람은 안중근, 유관순, 조만식, 주기철 목사님처럼 세상의 모든 부귀영화를 헛된 것으로 알고 영원한 하늘나라의 보물을 얻기 위해 전력투구하는 사람일 것이다. 이 세상을 좀 더 거룩하게 살기 위해 최선을 다했을 것이다. 나도 이같이 살 수 있게 되기를 간절히 기도해 본다.

사람은 인생하나 하나님은 풍족하시다

65년을 살면서 역경이 닥칠 때마다 나는 주변 이웃 사람들에게 도움을 청했었다. 몸이 아플 때는 의사에게 도움을 청했지만, 그들은 한계가 있었다. 그들은 나의 정신질환을 고쳐주질 못했다. 하나님이 손수 어루만져 고쳐주셨다. 혈압과 당뇨도 해결해주지 못하여 운동과 식이요법과 하나님의 도움으로 해결했다. 한국종합기술개발공사를 그만두고 직장이 없어서 집에서 놀고 있을 때, 우리 가족에게 쌀 한 가마니 가져다주었던 사람은 없었고, 세상 사람들은 냉정하고 인색했다. 단지 하나님의 기적과 같은 은총으로 그 역경을 벗어날 수 있었다. 한국원자력연구원 책임연구원 승급을 위해 억울하게 4수까지 할 때도 얼마나 많이 동료나 보직자들을 찾아가 억울함에 대한 도움을 요청했었던가? 그러나 그들은 냉정하고 인색했다. 단지 하나님의 은총으로 그 역경의 파도를 넘을 수 있었다.

또한 연구원에서 토양제염 연구과제를 만들어 보려고 여러 사람에게 도움을 요청했었다. 그러나 결코 그들은 나를 도와주지 않았다. 그들은 한결같이 냉정하고 인색했다. 그 역경 속에서 하나님께서 기적같이 나를 도우서서 토양제염 연구과제를 갖게 하셨다. 탈원전 정권하에 3.2년간 토양제염 연구과제에 대해 모진 수난을 받을 때 내 편에 서서 도와준 동료는 극히 적었지만, 하나님의 기적과 같은 은총으로 고통의 강을 건널 수 있었다.

사람은 인색하고 냉정하다. 이것이 사람의 본질인 것 같다. 아니, 사람은 능력의 한계가 있어서 진정 역경 중에 처한 사람들을 도울 수 없나 보다. 이것은 나도 마찬가지다. 나 또한 나에게 어려움을 호소한 이들을 얼마나 도와주었던가? 하나님만이 모든 문제를 해결할 능력을 가지신 분이시다. 이 세상을 창조하시고 운행하시는 분이시다. 그는 역경 중에 울부짖는 우리의 기도에 귀를 기울이시고 언젠가 그가 정한 시기에 우리의 기도에 대해 풍성하게 응답해주실 것이다. 그러기에 우리를 진정 도울 수 있는 분은 하나님밖에는 없다. 그러므로 세상 살 동안 무능한 인간을 의지하지 말고 무한한 능력을 가지신 하나님 앞에 날마다 기도하며 어려움을 고백하고 성결된 삶을 살 수 있는 능력을 달라고 간절히 간구하는 사람이 가장 지혜로운 사람이다.

일본인 메그미가 예수님을 전파한다

1997년 6월부터 1998년 5월까지 약 11개월간 우리 가족은 미국 샌프란시스코 근교에 살았는데, 나는 U.C. 버클리대학에서 PostDoc을 하고 있었다. 내 딸과 아들은 버클리대학 근처의 Element School(초등학교)을 다녔다.

메그미는 내 딸 윤정이의 일본인 친구다. 어느 날 윤정이는 메그미를 우리 집에 데려왔다. 메그미의 아빠는 일본 대학교수였고, 나와 비슷하게 연구연가로 일 년간 버클리대학에 연수 중이었다. 메그미는 귀엽고 착해 보였다. 미국 생활을 한 사람들은 누구나 알겠지만 어떤 모임에 가든 동양인은 동양인들끼리 서양인은 서양인들끼리 모인다. 비록 우리나라 사람들은 일본의 36년간의 한일합방의 아픈 기억 때문에 일본 사람을 미워하지만 내가 보기에는 학술워크 같이 많은 외국인이 모이는 곳에서는 일본 사람과 한국 사람은 서로 끌리는 것이 있는 것 같이 쉽게 친해지는 것 같다.

아무튼 그 당시 메그미는 교회를 다니지 않았다. 내 딸은 한국으로 돌아와서도 메그미와 약 3~5년간 연락을 하고 지냈다. 그러나 서로가 학업에 바빠지면서 연락이 끊겼다. 그리고 얼마 전 나의 딸은 약 11년 만에 메그미의 소식과 사진을 핸드폰으로 받았다. 메그미는 고등학교를 졸업하면서 약 4년간 중한 병에 걸려 몹시 아팠다고 한다. 나처럼 의사에게 의지했지만, 의사의 능력 밖인 상태까지 갔던 모양이다. 죽음의 문턱에서 메그미도 나처럼 극한 절망 중에 하나님을 발견했다. 희미하게 보이던 하나님의 불빛이 처절한 고통의 어두움이 사방을 둘러쌌을 때 비로소 뚜렷한 불빛을 발견하게 되었다고 한다. 메그미는 지금 하나님의 기적 같은 은총으로 건강이 회복되어 대학원에 다니고 있다고 한다. 그리고 이제는 주변 친구들에게 틈나는 대로 예수님을 전파한다고 한다. 내 딸 윤정이에게도 메그미는 예수님을 믿으라고 이메일을 보냈다고 한다. 윤정이는 올해 일본을 방문하여 메그미를 만난다고 한다. 그리고 그 친구의 신앙 체험 이야기도 직접 듣겠다고 한다.

이와 같이 일본도 마찬가지다. 일본은 기독교에 대한 잘못된 편견을 버리고 속히 하나님께 돌아와야 한다. 이것이 지난해의 쓰나미와 지진처럼 그들에게 장차 올 하나님의 엄청난 징계를 막을 수 있는 유일한 방법이다. 메그미와 같은 체험을 가진 일본 신앙인들을 통해 1.5%밖에 안 되는 일본 내의 기독교 인구가 중국처럼 활발하게 증가하기를 소망한다.

우리 영혼을 성령 충만케 해야 한다

하나님께서는 세상의 모든 것을 친히 간섭하시며 다스리신다. 현재 우리의 모든 세상적인 환경은 하나님의 뜻이며, 하나님께서 우리에게 주신 것임을 깨달아야 한다. 그러기에 우리는 어떠한 세상 조건에도 감사하며 기뻐하며 살아갈 수 있어야 한다. 주님께선 우리의 모든 기도에 응답하시며 우리를 눈동자처럼 지켜주심을 믿어야 한다. 이 세상에서 가장 중요한 것은 천국에 가는 것이며, 많고 많은 사람 중에 우리를 선택하여 구원시켜 주신 하나님께 우리에 대한 구원의 은총에 감사해야 한다. 우리는 구원의 은총 하나만 가지고도 넉넉히 이 세상을 감사하며 살아갈 수 있어야 한다. 왜냐하면 이 세상에는 구원의 은총보다 값비싼 것은 없기 때문이다.

우리가 항상 기뻐하며 살아갈 수 있는 것은 돈, 지위, 명예, 낭만 따위의 것이 아니다. 늘 기도로 우리의 영혼을 성령 충만케 하는 것이다. 그러기에 바울은 감옥 속에서도 찬양하며 기쁨 충만한 삶을 살 수 있었다. 우리는 아담과 하와처럼 달콤한 세상 유혹에 빠져 선악과를 따먹는 죄악을 범하지 않아야 한다. 우리의 성령 충만한 삶을 방해하는 모든 악한 생각과 사탄의 세력을 물리칠 수 있는 능력을 갖추어야 한다. 우리의 욕심대로 세상을 살지 말고 주님의 영광을 위해 낮아지며 섬기며 살아가야 한다. 날마다 기도하며 성경 보며 예배에 참석하기를 즐겨해야 한다.

우리는 늙으신 부모님들을 잘 섬겨야 하며 자주 전화 드리고 방문하여 저들을 기쁘게 해 드려야 한다. 부모님들이 건강하게 늘 감사와 평안이 넘치는 삶을 살게 해달라고 기도해야 한다. 그 옛날 하나님께서 아브라함에게서 찾으시던 10인의 의인들이 우리 자신이 되도록 노력해야 한다.

직장 복음화를 위해 힘써야 한다

나이가 들수록 점점 무력해짐을 느낀다. 우리는 무력하나 세상은 하나님께서 친히 주관하심을 깨달아야 한다. 하나님께 지혜를 구하며 최선을 다하며 살아가야 하며, 우리에게 주어진 것들에 감사하며 살아가야 한다. 늘 성령 충만하여서 어떤 세상 조건 속에서도 넉넉히 감사하며 기뻐할 수 있는 능력을 갖추어야 한다. 하나님께 우리의 생각과 마음을 지켜주시고 늘 주님과 동행하도록 하나님 안에 소망을 갖고 살도록 기도해야 한다.

한국원자력연구원 기독 신우회인 밀알회가 올해는 더욱 많은 사람이 밀알예배에 참석하고 각부의 활동이 활성화되기를 바란다. 연구원 내에 아직도 하나님을 모르며 죽어가는 많은 영혼에게 올해 한 해 동안 밀알회원 각자가 한 사람씩 전도할 수 있기를 소원한다. 또한 그리스도인인 우리는 연구원 내에서 하나님 앞에 바른 삶을 살므로 빛과 소금의 역할을 다할 수 있기를 소망한다.

대덕연구단지 연합회에 하나님이 함께하셔서 올해에는 좋은 계획을 세우게 하시고 더욱 충성을 다하게 하셔서 연합회 회원들을 통해 연구단지에 많은 종사자들이 하나님 앞에 돌아오게 되기를 소원하며, 연구단지에 큰 복음 부흥의 물결이 일어나기를 소망한다. 하나님께서 이 나라를 사랑하셔서 많은 참된 그리스도인을 통해 어려웠던 한국 경제를 크게 부흥시켜주심을 감사드린다. 올해에는 지난 70~80년도처럼 기독교인이 크게 증가할 수 있도록 우리 각자가 기도와 전도로 복음전파에 최선을 다하기를 소원한다.

또한 북한의 불쌍한 우리 동포들도 우리처럼 자유롭고 풍요로우며 행복할 수 있게 되기를 소망한다. 생명을 걸고 복음을 전하는 북한 선교사들을 위험에서 보호하시고 저들에게 능력을 주셔서 저들을 통해 북한 방방곡곡에 복음이 전파되게 하며, 남과 북의 통일이 속히 오기를 소망한다.

우리나라가 살 길은 전도뿐이다

하나님께서 그동안 우리나라를 축복해 주신 이유는 우리나라의 많은 선한 크리스천 때문이다. 지금 우리는 단군 이래 어떤 시대보다 축복된 시대에 살고 있다. 경제도 많이 성장했고, 자유민주화도 어느 정도 이룩했다. 그러나 요즘 개신교 성도가 급감하고 있다. 중국, 홍콩, 대만, 싱가포르는 개신교 성도가 증가하고 있는데 말이다. 50대 이상 개신교 신자는 20~25% 정도이고, 30~40대 세대는 10~15% 정도이고, 젊은 대학생들 가운데 개신교 성도는 불과 5% 정도인 것 같다.

그동안 얼마나 힘들고 어렵게 이 나라가 성장해왔는가? 이제 꽃도 피어보지 못한 채 다시 하나님의 버림을 받을 것인가? 아 우리가 살길은 전도뿐이다. 많은 우리의 후배, 아들, 딸. 그리고 손자·손녀에게 복음을 전해야 한다. 이것만이 이 나라가 하나님의 버림을 받지 않을 수 있는 유일한 길이다. 일본을 보라. 신사를 섬기며 하나님을 부정하고 자기들의 지혜와 노력으로 나라를 발전시켜보겠다고 애써 왔지만, 오래 참으시던 하나님의 징계가 저들을 향하고 있다. 지금 일본은 서서히 무너지고 있지 않은가? 이 세상은 하나님이 친히 다스리시기에 하나님 앞에 합당하지 않은 나라들은 버림을 받을 수밖에 없다. 그러기에 우리 기독교인들은 정신을 바짝 차리고 전도에 힘써야겠다. 이것만이 이 나라를 구원할 수 있는 유일한 길이다.

우리 자녀부터 선한 기독교인으로 만들어야 한다

    우리나라의 기독교인 수가 급감하고 있다. 이를 방지하기 위한 하나의 방법은 우리 자녀들만이라도 선한 기독교인으로 만드는 일이다. 어린 시절부터 교회 주일학교에 보내고, 주일학교와 가정을 통해 철저히 성경과 기도로 교육하여 참된 기독교인으로 성장시키는 것이다.

    내가 제일 후회하는 것은 나의 자녀가 고등학생이 되었을 때 학교 성적이 자꾸 뒤처지므로 여름수련회, 신앙부흥회 등에 참석시키지 못하게 했던 일이다. 물론 나의 자녀들도 수련회와 부흥회에 참석하기를 싫어했고, 우리 부부도 학교 성적 때문에 적극 권면하지를 못했다. 그러나 지금 뒤돌아보면 이것은 우리의 큰 실수였다. 첫째 딸은 고등학생이 되면서 오히려 성적이 더 떨어졌고, 둘째 아들은 컴퓨터에 빠지어 7년 동안 허송세월을 보내야 했다. 나의 경우는 고등학교와 대학 시절 여름 수양회를 통해 큰 은혜를 받았었는데 말이다.

    축복은 하나님께서 주시는 것이다. 우선 하나님 앞에 바로 서면 세상 축복은 자연히 따라오기 마련이다. 하나님 앞에 올바르게 살려고 힘쓰는 자들에게 하나님께서는 기적의 은총을 내려주신다. "너희는 먼저 그의 나라와 그의 의를 구하라"(마 6:33)고 성경에 말씀하셨듯이 우리 자녀들을 참된 크리스천으로 만들 때, 그들이 세상 축복도 받을 수 있다.

    우리 세대는 아직도 크리스천의 수가 많으므로, 우리 자녀들부터 참된 크리스천으로 만든다면, 이 나라의 기독교인의 감소를 어느 정도는 막을 수 있을 것이다. 우리나라가 하나님의 버림받지 않아야 하는 것은 너무나 중요한 일이며, 하나님의 축복을 받기 위해 우리 기성세대는 국내 전도에도 온 힘을 기울여야 할 것이다. 더군다나 코로나 시대를 겪으면서 비대면 예배에 익숙해진 성도들이 교회 참석을 멀리하여 교회마다 30~40% 정도 출석 교인이 급감하였다. 어떻게 다시 예전과 같은 수준으로 회복할 수 있을지 엄두가 나지 않는다. 그러나 기도하면 하나님께서 친히 도와주실 것이다. 우리 자녀와 가족만이라도 우선 잘 챙겨서 하나님과 동행하는 삶을 살아가도록 이끌어 주어야 한다.

학업 능력과 사업 능력

IQ가 높아 초등학생부터 대학생까지 학업성적이 우수하여 모든 사람으로부터 부러움의 대상이 되어 살아가고, 대학 졸업 후 좋은 직장을 얻고 재력과 미모와 학식을 갖춘 여성과 결혼하여 나름 행복한 가정을 꾸려가는 사람들이 있다.

반면에 그렇지 못 한 사람도 우리 주위에 많다. 내가 알고 있는 두 사람이 있다. 그들은 IQ가 낮아 아무리 열심히 공부해도 학업성적은 부진하고 책상에 앉아 책을 보는 것도 싫어했다. 그래서 차라리 기술을 배우거나 장사를 좋아하여 고등학교 졸업 후 한 사람은 공장에서 기술을 배웠고, 한 사람은 서울 청계천에서 장사를 배웠다. 두 사람은 받은 월급을 악착같이 모아 15~20년 후에는 자기가 배워온 경험에 근거한 조그마한 회사를 만들어 3~4명의 직원을 두고 사업에 성공한 후 또다시 사업을 확장하여 20~80억의 재산을 이루기도 했다. 이들의 재산은 공부를 잘했던 사람들이 모은 재산 이상이다. 그들은 30세 이전에는 진가를 몰랐지만 30세 이후 진가를 더욱 발휘하여 여유로운 노년을 보내고 있다.

또 다른 사람으로 IQ는 110~120 정도 되고 70명의 반에서 10~15등 정도 학업성적을 내어 서울의 2류 대학을 나와 적당한 여성을 만나 가정을 꾸렸지만 좋은 직장에 취직하지 못하고 중소기업을 들락거리다가 50세 전에 직장을 그만두고 소일거리를 하며 살다 60세 넘어 모은 재산이 없고 연금이 적어 노후가 막막한 사람도 보았다.

나이 60세를 넘으면 재산이 중요한 것 같다. 어느 정도 재산이나 연금이 있어야 일할 수 없는 노후를 맞았을 때 여유롭게 보낼 수 있기 때문이다. 이와 같이 학생 시절 공부를 잘못한다고 해서 결코 그의 장래가 암울한 것은 아니다. 공장에서 여러 기계를 다루는 기술, 장비 제조 기술, 요리 기술, 물건이나 음식 장사 기술을 열심히 배워 성실히 땀 흘려 자신의 길을 개척하며 경험을 축적해가면 공평하신 하나님께서 그의 삶을 축복해 주셔서 많은 재산을 모을 수 있는 기회도 주시기도 한다. 그러므로 함부로 학창 시절의 학업성적만으로 사람을 평가해서는 안 된다.

또한 근면함과 사치하지 않는 절약성은 모든 성공하는 사람들에게 필요한 요소인 것 같다. 그러나 자신은 절약하지만, 이웃을 돕는 것에는 과감하여야 한다. 그럼에도 그 어떤 것보다도 중요한 것은 힘겨운 인생살이를 마치고 천국 문을 열고 하늘나라에 들어가는 지혜로운 사람이 되는 것이다. 이런 사람이 최후 승리자라 믿는다.

아내 뇌진탕 후 의식 회복

2020년 5월 8일 어버이날을 맞아 우리 부부는 서울 잠실 롯데 몰에서 오랜만에 딸 부부, 아들, 장모님과 함께 식사한 후 천호역 주변 아들의 오피스텔에서 하룻밤을 지내려고 했다. 아내는 아들 방의 침대보를 깨끗하게 빨아 말린 후 다시 씌우려 하다가 침대 가구 모서리에 발이 걸려 침대 옆 가구를 넘어 침대 아래로 꺼꾸러졌다. 너무나 순식간에 벌어진 일이었다. 쿵 하는 큰 소리와 함께 아내의 머리가 땅바닥에 부딪혔다. 나는 깜짝 놀라 아내의 몸을 나의 양 다리 사이에 넣고 아내의 머리를 나의 가슴에 올려놓았다. 그리고 아내를 흔들며 깨워 보았지만, 아내는 아무런 반응이 없고 축 처진 모습으로 의식을 잃고 있었다. 뇌진탕이었다. 순간 나는 너무 무서웠고 아내가 너무 불쌍했다. 나와 함께 지난 3.2년간 생지옥 같은 생활을 겨우 끝내고 그렇게 고대하던 평상의 생활을 시작한 지 2개월도 채 안 되었는데, 이대로 의식을 회복하지 못할지도 모른다는 생각에 아내가 너무 불쌍하여 나의 눈시울이 적셔졌다. 순간 나는 간절히 하나님께 부르짖었다.

"하나님, 내 아내를 살려 주세요. 의식이 돌아오게 해주세요. 이대로 의식을 잃는다면 너무 불쌍합니다. 하나님! 도와주세요."

내 아들도 깜짝 놀라 소리를 지르며 잔뜩 겁을 먹고 있었다. 나는 우선 119에 전화를 하라고 아들에게 말하고 계속 기도하였다. "하나님, 내 아내를 구해주세요." 그리고 약 3분이 지났을 때 아내의 손가락이 움직이며 서서히 아내가 의식을 찾기 시작하였다. 약 10분 경과 후 아내는 고개를 움직이며 우리가 하는 말을 알아듣기 시작했다. 15분 후 119 대원들이 왔을 때 아내는 거의 의식을 회복했지만, 머리에 멍 자국은 그대로 남아 있었다. 그때는 밤 12시가 다 되었다. 119대원들은 병원 응급실로 갈 것을 권유했지만 아내는 극구 반대하여 집에 머물렀고 이상 시에 연락드린다고 말하고 119 대원들을 돌려보냈다. 그 이후 아내는 떨어졌을 때 다친 머리와 가슴의 멍든 부분이 아물 때까지 한두 달이 걸렸지만, 머리에는 전혀 이상이 없었다.

만일 아내의 몸에 무슨 일이 있었다면 우리 가족에겐 정말 힘든 일이 일어났을 것이다. 나 자신 말고도 딸 부부와 아들은 누가 보살펴 줄 것인가? 아내야말로 우리 가족의 보물임을 다시 한번 깨달았다. 무엇보다 위기 때마다 나의 부르짖음에 응답하시는 하나님께 감사드렸다. 벌써 몇 번째인가? 위기 때마다 나의 부르짖음에 결코 외면하지 않고 찾아오셔서 도와주시는 살아계시는 하나님께 다시 한번 감사드렸다.

세월은 흐르고 죽음만이 저 문턱에서 기다리고 있다

천지를 창조하신 하나님께서는 우리가 행복한 삶을 살아가기를 바라신다. 또한 지난 한 해도 부족한 우리를 눈동자처럼 지켜주시어 건강하고 기쁘게 살게 해주심을 감사드린다. 세월은 너무나 쏜살같이 지나간다. 그토록 길게 보이던 인생이 순식간에 지나가 버렸다. 세상에서의 명예와 부를 얻기 위해 정신없이 살아왔건만 모든 것은 공허한 것이 되어버렸고 죽음이 저 문턱에서 나를 기다리고 있다. 오직 나 자신만을 위해 살아온 세월을 후회한다. 나 자신만을 위해 살면 지옥이요, 이웃과 예수님을 위해 살면 천당이라고 주님께서 말씀하셨다. 인생은 덧없는 것이며 천국에 가는 것만이 가장 중요한 것임을 고백한다. 나의 젊음이 다 가기 전에 시간을 아끼어 주님께 충성할 수 있게 되기를 소원한다. 나의 가장 귀한 것들을 주님께 드릴 수 있기를 소망한다. 나의 시간과 물질과 정성을 주님께 드릴 수 있기를 소망한다.

그 옛날 야곱과 요셉의 정성을 받아주셔서 삼십 배, 육십 배, 백 배의 축복을 주셨던 하나님! 나의 정성도 받아주셔서 나의 삶을 축복해 주시기를 소망한다. 더 이상은 세상 걱정 속에 살지 않고 나에게 주어진 달란트에 만족하며, 최선의 노력을 다하여 주님께서 주시는 축복에 만족하며 감사하며 살아가기를 소망한다. "이 세상 끝날까지 주 따라가리니 내 친구 되신 주여 날 인도하소서. 주 나와 함께하면 죽음도 겁 없고 주 나를 인도하면 늘 안심하도다."라고 찬양하며 살기를 소원한다.

사도 바울이 생각난다

하나님께서는 우리를 창조하시고 우리가 항상 행복한 삶을 살아가기를 바라신다. 오늘도 우리와 동행하셔서 우리의 영혼을 충만케 하며 자유롭게 해주시는 주님의 은총과 은혜에 감사와 영광을 드린다. 하나님의 뜻을 알면서도 그 뜻대로 살지 못하고 오히려 육신의 욕망과 본능대로 살 때가 많았음을 고백드린다. 세월이 흐를수록 사도 바울이 생각난다. 젊었을 때는 세상 욕심에 가득 차서 그렇게도 바울의 삶이 싫었다. 어느덧 순식간에 젊음이 지나가 버리고 인생이 짧다고 느껴지는 이 순간에는, 세상이 주는 모든 영화를 티끌만도 못한 것으로 여기고 주님 당신만을 위해 한평생을 아낌없이 바쳤던 바울의 삶이 내게는 너무나 크게 보인다.

오늘도 우리의 영혼은 복잡하며 세상의 시련은 끊임없이 계속된다. 하나의 시련이 끝나면 또 하나의 고통이 다가온다. 무서운 질병, 사업 실패, 직장에서의 좌절과 동료들의 시기 질투, 자녀들의 고통, 늙어가는 우리의 육신, 세상의 시련들은 우리 마음의 기쁨과 행복을 빼앗아 간다. 그러기에 바울이 부럽다. 수차례의 감옥에서 견디기 어려운 모진 매를 맞고 마침내는 목숨마저도 빼앗기는 극도의 시련 속에서도 찬송하며 감사하며 기뻐하는 삶을 살았던 바울이 부럽다. 세상의 어떠한 시련 속에서도 영혼만은 늘 자유로웠던 바울의 그 믿음의 생활이 부럽기만 하다.

우리는 프로 기독교인이 되어야 한다

요한계시록 20장 4절에 "예수를 증거 함과 하나님의 말씀 때문에 목 베임을 당한 자들의 영혼과 짐승과 그의 우상에게 경배하지 아니하고 그들의 이마와 손에 그의 표를 받지 아니한 자들이 살아서 그리스도와 더불어 천 년 동안 왕 노릇 하니 이는 첫째 부활이라 이 첫째 부활에 참여하는 자들은 복이 있고 거룩하도다"라고 했고, 또 요한계시록 21장 8절에는 "두려워하는 자들과 믿지 아니하는 자들과 흉악한 자들과 살인하는 자들과 성적으로 부도덕한 자들과 점술가들과 우상 숭배하는 자들과 거짓말하는 모든 자들은 불과 유황으로 타는 못에 던지리니"라고 적혀있다.

우리는 아마추어가 아닌 프로 신앙인이 되어야 한다. 예수를 증거함과 하나님의 말씀 때문에 목 베임을 당한 자들 즉 순교자들을 본받아 스데반 집사처럼 기꺼이 우리도 그렇게도 아끼는 우리의 생명조차 내놓을 수 있는 프로 신앙인이 되어야 한다.

하나님을 철저히 섬기지 않을 때 우리는 우상을 섬기게 된다. 돈의 우상, 자식들 출세에 대한 우상, 건강의 우상, 외적 아름다움에 대한 우상, 권력에 대한 우상, 그리고 다른 종교에 대한 우상 등이다. 또한 우리는 철저히 성결된 삶을 살아야 한다. 성적으로 부도덕한 자들은 유황불로 떨어진다고 했기에 늘 성령 충만하여 성결된 삶을 살려고 몸부림쳐야 한다. 하나님께서 우리에게 요구하시는 수준은 상당히 높다고 생각된다. 물론 예수님을 믿으면 구원은 받겠지만 하늘나라의 상급은 지상에서의 물질, 권세보다 훨씬 큰 것일 것이다. 우리에겐 곧 심판이 있을 것이기에 이 세상을 살아갈 때, 무엇이 소중한 것임을 깨달아 바른 방향의 삶을 살아가야 한다. 지금 우리가 중요하게 생각하는 것들이 정말 중요한 것인지를 더듬어보고 주님께서 우리에게 바라시는 것들을 핑계 대지 말고 프로처럼 실천해 나가야 한다.

성경 마태복음 6장 3절에 나오는 "구제할 때 오른손이 한 일을 왼손이 모르게 하라"는 말씀처럼 우리는 선을 행할 때 떠벌려서는 안 된다. 자기가 선을 행한 것을 떠벌리는 사람은 하나님에 대한 믿음이 없는 자들이고 아마추어 신앙인에 불과하다. 오직 하나님과 나만이 아는 많은 선한 일을 실행해 나갈 때 훗날 하나님이 우리에게 갚아주실 것이다. 우리는 프로 신앙인처럼 많은 구제와 선행을 수행해야 한다. 구두쇠처럼 돈을 정말 써야 할 때 쓰지 못하면 어리석은 사람이다. 하나님을 위해 우리의 피 같은 돈을 아낌없이 써 버린다면 기적의 하나님께서 우리의 곡간을 채워주시지 않겠는가? 평생 구두쇠처럼 살지 말고 우리 주변의 불쌍한 이웃들을 돕자. 물질뿐만 아니라 우리의 육체도 봉사에 참여시켜 궂은일에 땀을 흘려보자. 이런 이가 프로 그리스도인이다.

나이가 들어 중요한 것은 건강과 적당한 물질이다. 나이가 들어 건강을 잃고 수년간 고통당하시다 돌아가신 분들을 많이 보았다. 늙어 건강의 축복이야말로 정말 소중한 것이다. 재물은 남에게 꾸지 않을 정도 있으면 된다. 죽기 전에 남은 재물이 있다면 적당량은 자식에게 할당하고, 나머지는 헐벗고 굶주린 우리 주변 이웃들에게 아낌없이 베풀어 나누어 주어야 한다.

노년에 중요한 것들

　내 나이 64세, 이제 나이도 먹을 만큼 먹었다. 이 시점에서 중요한 것은 무엇인가? 물론 천국에 들어가는 것이다. 천국에 가기까지 나에게 필요한 것은 건강, 적당한 물질, 적당한 일이다. 건강을 잃으면 삶의 행복을 잃을 것 같고, 적당한 물질이 없으면 남에게 아쉬운 소리를 해야 하며 삶이 고달파지고, 할 일이 없으면 삶의 보람이 없어질 것이기에 이 세 가지는 필요하다.

　건강을 위해서는 음식조절과 운동이 필요하며, 적당한 물질은 65세 전 젊었을 때 부지런히 일하여 준비해 두어야 한다. 죽을 때까지 부부가 생활할 집과 적절한 생활비만 있으면 된다. 더 이상의 돈이 있다면 자립하지 못한 자식들에게 약간의 도움을 줄 정도면 되지 너무 많은 재산을 남긴다면 하나님 앞에 섰을 때에도 부끄러운 일이 될 것이다. 적당한 일로는 사회봉사도 좋다. 집주변 청소를 한다거나, 남을 대접하기 위한 음식을 만들어 준다거나, 아이들이나 장애인들을 돌보아 준다거나, 병원이나 교도소, 그리고 국내 외국인 선교, 고아나 과부, 탈북민과 외국 거주자들을 돌봐주는 것도 좋은 봉사가 될 것이다.

우리의 모든 기도에 응답해 주시는 하나님

지난 65년을 살며 많은 기도를 하나님께 드렸다. 지금 돌이켜보면 하나님께서 나의 모든 기도를 응답해주셨고, 그것도 넘치도록 주셨다. 그러기에 우리에게 기도는 너무 소중하다. 우리는 기도를 통해 우리의 부족한 부분을 채울 수 있다. 그러나 기도는 자기 분수에 맞게 구해야 한다. 우리에게 주어진 달란트를 확인하고 환경에 맞는 기도를 드려야 한다. 날 때부터 IQ가 100 이하인 사람에게 반에서 1, 2등을 요구한다거나 성장이 끝난 나이에 키를 크게 해달라고 기도한다면 잘못된 기도이다. 학교 성적과 키 작은 것이 천국에 들어가는 것과 무슨 상관이 있겠는가? 아무튼 자기 분수에 맞게 하나님과 묵상을 통해 협의하면서 우리의 필요한 것들을 하나님 뜻에 합당하게 간절히 구하면 하나님께서 반드시 응답해주신다. 다만 응답의 시간은 하나님께서 조절하여 우리에게 가장 적합한 시간에 들어주신다. "너희가 내 안에 거하고 내 말이 너희 안에 거하면 무엇이든지 원하는 대로 구하라 그리하면 이루리라"(요 15:7).

그러나 기도하지 않으면 하나님께서는 아무것도 들어 주시질 않는다. 그러므로 기도는 우리 신앙인에게 얼마나 소중한 것인지 모른다. 중보기도 역시 중요하다고 생각한다. 그 옛날 어거스틴의 어머니 모니카의 간절한 기도를 통해 어거스틴이 하나님 품으로 돌아왔듯이 우리 자녀 부모 형제 친척 교우 이웃들을 위한 기도는 너무 소중한 것이며, 기도는 각자에게 원자폭탄만큼 강력한 힘을 가졌다고 생각한다.

원자력발전의 필요성

우리나라는 원자력발전이 필요하다고 생각한다. 왜냐하면 우리나라는 단 한 방울의 기름도 생산되지 않아 원유를 모두 수입해야 하기 때문이다. 국제유가는 세계정세에 따라 크게 요동을 친다. 그러므로 안정되고 값싸고 CO_2 방출이 없는 원자력발전은 필요하다. 일본과는 달리 우리나라는 지진이나 쓰나미의 발생 가능성이 매우 낮고, 지금까지 30년 이상 원자력 발전소를 잘 운전해 온 것처럼 앞으로도 안전하게 운전할 가능성이 높다.

그러나 일본 후쿠시마 원자력발전소나 우크라이나 체르노빌 원자력발전소처럼 일단 사고가 발생하면 주변 지역에 대한 방사능 피해가 매우 크고 환경을 복구하는 데 많은 경비가 소요된다. 즉 원전 사고가 발생할 경우 원자력발전에 의한 전기 생산 비용을 결코 다른 화력이나 수력발전 그리고 풍력과 태양열 발전소보다 엄청나게 값싸다고 말할 수는 없다. 그러므로 원자력발전소를 안전하게 잘 운전하는 것은 무엇보다 중요하다. 원자력발전소 운영 중에 조금이라도 이상한 증상이 발견되면 운전을 즉시 중단하고 문제점을 파악하여 해결한 후 안전하게 운전하는 것이 필요하다. 또한 원자력연구원에서는 모든 원자력발전 운영을 자동화시키는 기술을 개발하여 불의의 사고 시 원자력발전 가동이 안전하게 중지되도록 해야 한다.

요즘 일본의 전기료가 우리나라의 전기료보다 2배 이상이고, 원자력발전소가 없는 독일은 3배 정도 비싸다고 들었다. 우리나라나 일본 정부는 모두 수출에 의지하여 나라 살림을 경영해 가고 있다. 값싼 전기료는 값싼 상품 제조비를 가져오기에 우리가 만든 값싼 상품은 높은 국제

경쟁력을 가져온다. 그러므로 값싼 전기료는 경제발전을 위해 필수적이다. 앞으로도 좀 더 안전한 원자력발전소의 운영시스템 개발에 많은 국가 예산을 투입하여 원자력발전소를 안전하게 운전하는 것은 매우 중요하다. 혹시도 모를 지진이나 해일 발생 시에도 안전을 지킬 수 있는 이중 삼중의 자동제어 시스템을 개발하여 운영해야 한다.

한편, 후쿠시마나 체르노빌처럼 뜻하지 않은 원전 사고가 발생하거나 핵무기를 개발하고 있는 북한으로부터 핵 공격을 받았을 경우에는 특단의 대책이 필요하다. 원자력시설 가동 중에 혹은 해체 후에 발생될 방사능 오염토양을 신속히 복원할 수 있는 경제적이며 효율이 높은 토양복원기술을 개발하고, 핵사고 시 주변 지역으로의 방사능 오염 확산을 방지할 수 있는 오염 확산방지기술들을 개발해 놓아야 한다.

안식일의 변경

원래 안식일은 금요일 일몰 몇 분 전부터 토요일 밤하늘에 별 3개가 나타날 때까지였다. 그러나 안식일의 변경은 AD 150년경부터 거의 3세기에 걸쳐 점진적으로 이루어졌다. 자신들이 유대인이 아님을 분명히 하려는 시도가 그리스도인들 사이에 있었고, 그 이후 그리스도인들은 예수님이 부활한 일요일을 높이고 유대인의 안식일인 토요일을 포기하였다. 그리스도인들은 예수님 부활 이후 주일에 모여 예배드리고 교제하며 떡을 떼어먹었다. 주일은 예수님의 부활을 상징하는 날이며 하나님이 타락한 인류를 그리스도 안에서 새롭게 창조하시는 새 창조를 기념하는 날이기 때문이다.

한편, 초대교회에서는 예배일로 일요일을 지켜왔으며, 로마의 콘스탄틴 황제는 일요일이 당시 태양신의 축제일이면서 동시에 기독교의 예배일이었다는 점을 참작하여 AD 321년 3월 7일 일요일을 휴업령으로 선포하였다. 안식일 후 첫째 날 제자들은 주님의 부활하신 날을 기념하여 예배를 드렸다(행 20:7). 바울은 3차 전도 여행을 마치고 예루살렘으로 가는 도중 드로아에서 한 주간을 보내었는데 안식 후 첫날 모임을 가졌고(행 10:7), 예수를 믿는 사람들은 일요일에 정기적으로 모여 성찬식과 교제를 나누었다.

유대인들은 구약만 믿지만, 그리스도인들은 구약과 신약을 믿는다. 안식일을 일요일로 변경한 최초의 의결은 AD 360년 라오디게아 가톨릭 공의회에서였다. 안식일의 거부는 유대인처럼 되는 것에 대한 거부도 하나의 이유였다. 일요일의 신성성이 발전한 이유는 그리스도인들이 유대인과 달라지려는 노력도 포함한다.

한편, 신약 27권은 AD 397년 가톨릭 카르타고 공의회에서 가톨릭 신부들의 회의에서 선정되었고, 그리고 구약 39권은 AD 90년 유대교의 얌니아 공의회에서 선정되었다. 마찬가지로 주일도 가톨릭 신부들의 공의회에서 결정되었다.

천년왕국

요한계시록 20장에 천년왕국에 대해 다음과 같이 설명한다.

"사탄을 사로잡아 결박하여 천 년 동안 무저갱에 던져 넣어 미혹하지 못하게 하고, 그 천년 동안 예수를 증언함과 하나님의 말씀 때문에 목 베임을 당한 자들의 영혼과 또 짐승과 그의 우상에게 경배하지 아니하고 그들의 이마와 손에 그의 표를 받지 않는 자들이 살아서 그리스도와 더불어 천년 동안 왕 노릇하니 이는 첫째부활이라 이 첫째 부활에 참여하는 자는 복이 있고 거룩하도다 둘째 사망이 그들을 다스리는 권세가 없고 도리어 그들이 하나님과 그리스도의 제사장이 되어 천 년 동안 그리스도와 더불어 왕 노릇하리라 천 년이 지난 후 사탄이 무저갱에서 나와 나라들을 현혹시키고 전쟁을 일으키고 성도들의 진과 사랑하는 성을 두르매 하늘에서 불이 내려와 그들을 태워버리고, 또 성도들을 미혹하는 마귀가 불과 유황 못에 던져지니 거기는 그 짐승과 거짓 선지자도 있어 세세토록 밤낮 괴로움을 받으리라 또 내가 보니 죽은 자들이 큰 자나 작은 자나 그 보좌 앞에 서 있는데 책들이 펴 있고 또 다른 책이 펴졌으니 곧 생명책이라 죽은 자들이 자기 행위를 따라 책에 기록된 대로 심판을 받으니 바다와 사망과 음부가 그 가운데 죽은 자들을 내주매 각 사람이 자기 행위대로 심판을 받고 불 못에 던져지니 둘째 사망이라 누구든지 생명책에 기록되지 못한 자는 물 못에 던져지니라"

　신학자들은 전천년설, 후천년설, 무천년설을 주장한다. 전천년설은 천년왕국이 오기 전에 예수님이 육체적으로 지상에 재림하는 것이고, 후천년설은 천년왕국이 온 후에 예수님이 지상에 재림하신다는 주장이다. 한편, 무천년설은 천년왕국 자체가 존재하지 않는다는 것이다. 천년왕국은 그리스도의 초림부터 재림까지의 복음시대 전 기간이고, 무천년설은 천년은 상징적 숫자일 뿐 문자적 묘사가 아니라고 주장한다.

　무천년설을 주장하는 교파는 예장통합, 예장합신, 예장백석, 루터교회, 성공회이며, 예장합동과 예장고신은 3가지 설이 혼재된 설을 주장한다. 가톨릭은 무천년설과 후천년설의 중간설을 주장하며, 성결교, 침례교, 감리교는 전천년설을 주장한다. 또한 전천년설은 역사적 전천년설과 세대주의적 전천년설로 구분된다. 역사적 전천년설은 초림-교회시대-환난-지상재림-천년왕국 순이며, 세대주의적 전천년설은 초림-교회시대-휴거(공중재림)-7년환난-지상재림-천년왕국 순이다.

기독교에 대한 비판문화에서 벗어나려면

일제 강점기 한국교회는 3.1운동의 주역을 감당했고, 해방 후에는 배재와 이화 고등학교, 연세대학, 세브란스병원 등을 세운 미국 선교사들을 통한 기독교 교육과 국민 계몽에 앞장서면서 국가 발전에 크게 공헌을 하고, 군부 독재정권들에 맞서서 자유 민주국가 설립에 기여하며 한국 사회의 신망이 두터운 문화를 형성했었다. 그리하여 70년대에는 여의도 부활절 합동 집회와 빌리 그래함 목사 부흥 집회 등을 통해 개신교는 서로 단합되며 크게 성장을 했다.

그러나 20세기 후반 포스트모던 신학, 종교다원주의, 혼합주의, 상대주의가 한국교회에 침투하고 대형교회가 생기기 시작하면서 현대 기독교의 본질은 크게 왜곡되기 시작하였다. 신적 권위와 절대적 진리를 부정하고 각 교회들은 자신의 교회만의 부흥을 위해 수단과 방법을 가리지 않았다. 교회는 실용주의를 추구하고 교역자와 평신도 간에 불균형을 이루었다. 또한 각 교회들은 물질만능주의를 추구하며 교회의 기업화를 모색해 왔다.

그 결과 2000년도 이후부터 한국 국민 신뢰도에서 개신교회는 천주교와 불교보다 못한 신뢰를 받았고, 많은 목회자의 헌금 부정 축재와 성범죄 등으로 인해 교회의 위신이 끝없이 추락해왔고, 교회는 자체 부정부패 때문에 잘못된 정권에 대해 바른 소리를 하지 못하였다. 한편, 대부분 기독인은 십일조와 건축헌금으로 많은 돈을 교회에 헌금하였다. 교회는 장로, 안수집사, 권사 등의 직분을 만들어 보이지 않는 경쟁 구도를 형성시켜 헌금을 강요하고 성도 간의 시기심과 질투심을 조장하였다. 그러기에 교회 교인들은 대부분 여유 있는 돈이 없다. 직장생활 속에서 직장동료들에게 식사를 대접하거나 커피를 사는 데 인색하며, 친척과 가난한 이웃을 돕지 못하기에 주변 사람들로부터 개신교인들은 이기주의자라는 말을 듣는 문화가 형성되었다.

또한 교회는 성경에 있는 것처럼 과부나 고아 그리고 다문화 사람들을 위해 많은 선행을 베풀어야 하건만 대형교회일수록 교회재정은 불투명하고 구제와 가난한 사회 구성원들을 돕기 위해 사용되는 재정은 너무 적고 인색하였으며, 대부분 교회 자체행사와 과도한 목회자 사례비, 목회자용 고급 승용차, 교회건축, 과도한 해외출장비, 그리고 성대한 음악회 등으로 지출하기에 일반 사회인들의 눈에는 교회와 기독교인들은 헌금을 거두어 교인 자신들을 위해서만 사용한다고 생각하며, 교회와 기독교인들을 비난하는 문화도 형성되었다.

요즘 코로나19 감염병의 처음 진원지로 신천지가 지명되어 사회적으로 엄청난 비판을 받았다. 신천지는 어느새 30만 신도로 성장했고 헌금도 어마어마하게 거두어들였건만 한국 사회를 위해 사용한 돈은 극히 미비해 보인다. 고아, 과부, 노숙자, 장애인 등 사회 약자들을 위해 헌금을 사용하지 않고 새로운 교회 건축과 교세 확장, 교주의 재산 축적, 신천지 자체행사 등 자신들만을 위해 사용해왔다. 그리고 아마도 일부는 정치자금으로 사용하여 신천지 지도부 개인들의 부정축재에 대한 조사를 막아온 것 같다. 그러기에 이번 사태가 발생했을 때 한국 사회 전체가 비난을 퍼붓고 있다. 어쩔 수 없이 신천지 지도부는 120억을 코로나19

치료비로 희사하려 했지만, 민심이 이미 떠나있기에 그 돈도 받아들여지지 않았다. 이 신천지의 모습이 현재 기독교의 극단적인 모습임을 보여 준다.

또한, 소규모의 교회일수록 재정이 빈약하여 교회 건물 월세에 쫓기기에 교회 헌금 감축 방지를 위해 감염병 예방규칙을 철저히 준수하지 않은 상태에서 주일 예배를 지속하다 여러 교회에서 많은 코로나 확진자들을 발생시킴으로 인해 교회에 대한 사회의 지탄을 받고 있으니 갈수록 설 자리를 잃어가는 것 같다. 교회 신자들은 힘겹게 헌금을 하며 경제적으로 어렵게 살아가지만, 교회는 헌금을 잘못 사용하여 신자들은 교회 내에서 자신들만 잘 먹고 잘 산다는 사회의 비난 대상자들이 되어버린 문화를 형성시켰다.

반면에 가톨릭교회는 개신교교회보다 절반 이하 정도의 헌금이 걷히는 데도 오히려 가난한 이웃을 돕는 데 많은 헌금을 사용해왔는데, 그 이유는 가정이 없는 신부들의 사례비는 소액으로 지급되어 지출이 적기 때문이다. 또한 가톨릭교회는 정부의 눈치를 살피지 않고 한국 정부의 잘못에 대해서는 과감히 지적해옴으로 한국 사회의 신망을 얻어왔다.

이제 한국교회는 초기 기독교 수도원 수도사들의 청빈, 순결, 육체적 노동, 순종의 삶을 되새겨야겠다. 현재의 기독교 목회자들이 세상 조류에 휩쓸리어 잘못된 가치관, 즉 지나친 재물 욕심과 세상 권력, 향락주의에 사로잡힌다면 사탄에 의해 성령 충만한 거룩한 삶을 유지할 수 없다. 한도를 벗어나는 물질에 대한 과잉 욕심과 세상에 대한 지배욕과 명예욕 그리고 한계를 벗어나는 성욕을 추구하며, 또한 이것이 올바른 방향이라고 교인들에게 설교하는 세상 욕망에 취한 목회자들을 퇴치할 수 있는 방안이 무엇인가? 먼저 기독교 각 교단에서는 각 교회 목회자가 교회헌금을 유용할 수 없고, 목회자의 성범죄를 차단할 수 있는 엄격한 교회법을 새로이 재정비해야 한다. 다음으로는 바울이 주장하는 것처럼 오직 그리스도를 믿는 믿음으로 거듭나서 늘 성령과 동행하므로 거룩하고 경건한 삶을 살며 한경직 목사나 김수환 추기경과 같은 청빈한 생활을 하는 거듭난 목회자들을 많이 배출해야 한다. 교회교인들은 이런 목회자들을 추앙하고 본받으려고 애써 나갈 때 비로소 한국 사회에서의 기독교 문화도 서서히 변화되어 한국 사회로부터 기독교인들이 신뢰받고 존경받을 수 있는 시대가 도래하리라 믿는다.

또한, 2,000명이 넘는 대형교회는 지금 분당우리교회 이찬수 목사가 시행하시는 것처럼 대형교회를 수십 개의 소규모 교회들로 나누고 여러 목사님에게 분배함으로 새로이 배출되는 목회자들에게 자리를 마련해 주어야 한다. 가능하면 성도 500명 이하로 나눈다면 자립할 수 있는 많은 교회가 생겨나고 목회자들과 신자들의 관계도 좀 더 친밀해질 것이다. 또 교회 목회자들은 좀 더 검소해져야 한다. 신부나 수녀들을 보라. 겨우 백만 원이나 이백만 원의 사례로도 충분히 살고 있지 않은가? 자동차도 집도 본인의 교회 교인들의 중상류 수준으로 하고, 생활수준도 검소해진다면 분명 한국 사회에서 보는 눈이 달라질 것이다.

한편 신자들은 교회 헌금을 줄이더라도 주변의 가난한 이웃과 친척을 돕는데 좀 더 힘을 써야 한다. 그리고 직장동료들에게도 인색하지 말고 성경 말씀처럼 손님 대접하기에 힘쓰고, 날마다 기도하여 성령 충만한 삶만이 가장 행복한 삶임을 체험하고 경건한 삶을 살려고 힘쓸 때 한국 사회의 기독교를 바라보는 눈이 달라질 것이며, 문화가 바뀔 것이라고 생각한다. 바울이 말한 것처럼 예수 그리스도를 닮아가려는 믿음으로 우리는 거룩한 삶을 살아낼 수 있으리라 확신한다.

한편, 성경에는 하나님을 사랑하고 이웃을 사랑하라고 말씀하셨다. 그러나 한국교회는 여태껏 수직적 사랑에만 치우쳤다. 각자 홀로 하나님으로부터 신령한 은총을 받기에만 갈급했다. 그러나 이제는 수평적 사랑을 시행해야 할 시기이다. 주일예배, 새벽 기도회, 성경통독을 통해 받은 신령한 은총을 우리 이웃에게 베풀어 주어야 할 때이다. 가난한 이웃을 위해 교회는 헌금을 쏟아부어야 한다. 성도들도 교회 헌금 이외에도 가난한 이웃과 친족을 위해 자신의 보물단지를 열고 그들을 도와주고 헌신적인 사랑을 보여주어야 할 것이다.

드디어 위드 코로나 시대가 시작되고 있다. 먼저 각 교회는 코로나로 인한 교회의 빈자리를 채워야 한다. 그리고 한국교회를 다시 새롭게 부흥시켜 나아가야 한다, 그리고 이웃의 기독교 불모지인 북한과 일본에 대한 선교의 꿈을 품고 최선의 선교전략을 수립하여 시행해 나아가야 한다.

마지막으로 창의적인 교회를 만들기 위해 평신도 성경교육과 기도훈련을 통해 교회의 영성의 수준을 높이고, 목회자들에 대한 교육 훈련과 세미나를 강화하여 목회자의 자질을 높여야 한다. 너무 교회의 외형과 건물에 집착하지 말고 출석 교인들의 성화와 영성강화에 집중해야 한다. 또한, 교회는 끊임없이 자기 성찰을 통해 한국 사회로부터 신뢰를 받을 수 있도록 교회의 본질을 해치는 것들을 바로바로 갱신해 나가는 자세가 요구된다.

서울시장 자살

서울시장이 자살했다. 참으로 믿기지 않는 일이다. 노무현, 노회찬, 박원순 이들 모두 최고의 학벌과 권력과 명예를 가진 사람들이었는데, 자살 몇 달 전만 해도 모든 사람이 부러워하는 사람들이었다. 도저히 이들이 앞으로 몇 달 뒤에 자살하리라 예상하는 사람이 없었다. 이들은 세상 모든 것을 가지고 있었다. 권력과 평생 돈 걱정할 필요 없이 살 수 있는 연금을 받을 수 있었다. 어디를 가도 모든 사람의 부러움을 받는 사람들이었다. 그러나 악마의 유혹에 빠져 약간의 잘못을 범했던 이들은 다가올 국민의 비난과 수모를 견뎌내지 못하고 자살했다. 성경의 가롯 유다도 예수님을 배반한 뒤 자살했다. 자살로 속죄를 대신한 것 같다. 그러나 성경은 자살은 자기 자신에 대한 살인이라고 말한다. 자살 후 우리의 삶은 하늘나라로 옮겨지는 것이며, 자살에 대한 하나님의 징계가 반드시 따를 것이다.

참된 크리스천의 경우는 어떻게 하라고 성경은 말하고 있는가? 그 옛날 다윗이 밧세바를 범하고 하나님 앞에 금식하며 회개했듯이, 그리고 사도 바울이 다메섹 도상에서 회심하며 회개했듯이, 닭 울기 전 세 번 예수님을 부인했던 베드로가 회개했듯이 교회에 나아가 하나님께 철저히 회개하고, 하나님께서 자기 죄를 용서하심을 믿고, 믿음으로 다시 새롭게 시작하는 것이다. 이들의 자살을 생각한다면 인생은 너무 허망하다. 60세가 넘도록 누구보다 성실히 살다 한순간의 잘못으로 모든 가족과 사랑하는 사람들을 내버리고 홀로 인생을 마감하는 것이 정당하다면 앞으로 얼마나 많은 사람이 자살해야 하는가?

그러기에 우리가 땀 흘려 공부하며, 일하며 그렇게 추구하던 세상 권세와 부와 명예는 결코 영원하지 못하고 죽음과 동시에 하찮은 것이 됨을 알 수 있다. 하나님 앞에 섰을 때 그것들은 아무것도 아니다. 오히려 한경직, 김수환, 안중근, 안창호, 윤봉길, 윤동주, 조만식처럼 하나님을 사랑하며, 사람을 사랑하며, 하나님의 나라와 의를 생각하며, 하늘에 보화를 쌓는 것이 가장 가치 있는 삶임을 믿고 살다 하나님께 돌아가는 것이 보람된 인생이다. 죽음은 강 하나를 건너 하나님이 다스리는 나라에 가는 것이다. 하나님께서는 죽을 만큼 고통을 주는 문제를 힘들고 고통스럽더라도 세상에서 해결한 후에 건너오라고 분명히 말씀하신다. 그리고 모든 것을 아시는 하나님께서 우리의 기도를 들어 주셔서 우리의 문제를 함께 해결해 주시겠다고 말씀하신다. 그러기에 힘들고 어렵더라도 결코 자살을 택하지 말고 지상에서 해결하고 가자. 이것이 하나님의 명령임을 명심하자.

코로나 사태로 다시 본 세계

2020년 코로나 사태 이전에 우리는 미국 영국 그리고 유럽을 가장 민주화된 선진국으로 인정하고 있었다. 그러나 코로나 사태 발생 후 가장 대응하지 못하여 많은 사망자를 낸 나라는 미국, 브라질, 러시아, 인도, 영국, 프랑스, 스페인, 이탈리아, 멕시코, 이란, 파키스탄, 터키 순이다. 이들 나라의 공통점은 의료혜택과 국가의 경제적 보호로부터 버려진 10%의 극빈한 국민을 보유한 나라들이다. 90%의 국민과 정권이 10%의 가난한 국민을 방치한 나라이다.

이 중에 미국은 코로나 사태에 대한 대응이 가장 불량한 국가이다. 미국에는 가난한 흑인들이 13%를 차지한다. 이들의 재산은 백인 재산의 1/10 정도라 한다. 그리고 의료보험 혜택을 받지 못하는 사람이 많다. 또한 많은 홈리스가 있는데 대부분 의료보험 혜택을 받지 못한다. 미국은 빈부격차가 심한 나라여서 가난한 하층류의 사람들은 의료보험 혜택을 거의 받지 못하고 최소 생활비 지원도 받지 못한 채 버려진 사람이 많다.

그러기에 이들이 코로나에 걸리면 치료도 못 받고 죽어가고, 이들은 한국처럼 스마트 폰이나 CCTV로 통제도 안 되기 때문에 사방팔방으로 코로나 바이러스를 퍼뜨려서 현재 미국은 국가적 큰 위기에 직면했다.

기타 다른 코로나에 잘 대응하지 못하는 나라들의 특징은 빈부 차가 심하여 주로 가난한 사람들이 의료보험 혜택에서 배제되어 치료를 받지 못하여 죽어가고 있다. 이런 나라들의 정권을 잡은 정치가들은 통렬히 반성하고 속히 이 버려진 10%의 국민을 그들 정부의 보호 안에 들여놓아야 한다.

반면에 중국의 경우 10%의 공산당들은 특별한 대우를 받아 잘 사는 반면에 다른 백성은 빈부 차이가 심하지는 않지만 통제 경제로 인해 잘 살지 못한다. 중국 정부는 우한시에 코로나가 번질 때 들판에 가건물 병원을 설치하고 수많은 환자를 값싸게 치료해 줌으로 희생을 최소화했다. 중국도 문제점을 가진다. 10%의 공산당원들은 특별한 대우를 받지만, 나머지 90%의 백성에게 자유와 민주를 빼앗아갔다. 코로19 사태 안에서만 미국과 중국을 다시 비교하면 두 곳 다 장단점은 있지만 오히려 백성의 생명을 살린 중국에 더 점수를 주고 싶다.

이런 현상은 영국, 스페인, 프랑스, 이탈리아도 마찬가지다. 보이지 않는 불평등과 빈부격차가 크기에 많은 빈곤한 사람들이 희생되었다. 코로나 사태로 그동안 선진국으로 높이 평가받던 미국, 영국, 프랑스, 스페인, 이탈리아에 대해 재평가를 하지 않을 수 없다. 이들은 완전한 선진국이 아니었다. 이 나라들은 속히 새로운 정책을 수립하여 하위 10%의 국민을 보호하는 정책을 실행함으로 완전한 선진국으로 만들어 나가야 한다. 그러나 미국과 유럽 선진국을 중국과 사회시스템을 비교한다면 그래도 90%의 국민에게 자유, 민주, 평등을 부여하는 미국과 유럽 사회시스템이 지금까지는 우수하다고 생각한다.

오히려 우리나라는 코로나 사태로 더욱 선진국의 반열에 진입하였다고 자부한다. 빈부격차는 있지만 거의 모든 사람이 의료보험 혜택을 받고 있고, 극빈자들이 먹고 살아갈 수 있는 최소 생활비를 정부가 지원해 주는 국가이기에 어떤 나라보다 좋은 나라로 평가하고 싶다. 2021년 살기 좋은 국가(SPI 지수) 평가에서 무려 17위였다. 선진국인 영국과 프랑스와 어깨를 나란히 한다. 교육, 의료시스템, 수명에서 최상위의 평가를 받았다. 이것은 하나님의 축복인 것 같다. 앞으로 더욱 성실히 노력하고 바른 정책 특히 탈원전 정책은 폐기하고, 과학기술 개발에 과감한 투자와 자유경쟁체제를 유지하며 올바른 국가경제정책을 수립하고 도약하여 민주화와 경제력에서 부러움을 받을 수 있는 국가로 발전하기를 기도한다.

뒤돌아보지 말기

우리는 롯의 아내처럼 심판 날 세상 것들에 대한 미련 때문에 뒤돌아보면 안 된다. 아브라함, 욥, 요셉, 다윗 등 신앙의 인물들은 세상에 살며 하나님께 많은 축복, 즉 재물, 명예, 지위, 건강 등을 받았다. 그러나 그들조차 세상살이는 쉽지 않았다. 하여튼 사람은 날마다 땀 흘려 일해야 하며 늙어가면서 육체가 망가지며 많은 잔병을 치르며 살아야 하기에 이 세상에서의 삶은 필연적으로 고통을 동반하는 고단한 삶이다. 그러나 하나님의 나라인 천국에서의 삶은 이 세상에서의 삶과 비교할 수 없는 풍족함과 행복과 기쁨이 충만하다고 말씀하셨다(롬 8:18).

결국 믿음의 문제로 돌아가겠지만 천국의 축복은 세상의 축복과 비교할 수 없다. 그러므로 심판의 때에 세상 것들에 대한 아쉬움으로 뒤돌아 보는 사람은 믿음이 없는 자이며 천국에 들어갈 수 없다. 그러기에 우리는 언제든 세상의 모든 것을 툴툴 털어버리고 하늘나라에 들어갈 준비를 하며 살아가는 것이 지혜롭고 참 믿음을 가진 삶이라고 생각한다.

예수님은 세상에 속하지 아니하셨고 우리 또한 세상에 속하지 않기를 바라셨다(마 17:14-16). 그러므로 우리는 세상에 살되 기름을 준비한 다섯 처녀처럼 언제든지 하나님께 돌아갈 준비를 하며 살아야 한다. 이 세상은 나그네길이며, 우리의 생명이 붙어 있는 한 고통은 계속된다. 나 자신과 가족의 건강과 생활에 대한 고통은 우리가 이 땅에 존재하는 한 계속된다. 우리가 죽는 날 비로소 고생과 수고는 끝이 나고 영원한 행복의 나라로 들어가게 되기 때문에, 죽음의 순간 세상의 것들에 대한 아쉬움 때문에 뒤돌아보는 어리석은 자가 되지 않게 해달라고 기도하자. 인간은 반드시 죽고 나의 삶도 평균적으로 따지면 15~20년 남았기에 욕심내지 말고 죽음을 준비하며 지혜롭게 살아야 하겠다.

자살

2016년 12월부터 2020년 2월 중순까지 3.2년 동안 나는 탈원전 정권과 환경단체들에 의해 큰 고통을 겪었다. 우리 5명 한국원자력연구원의 연구원들에 대한 고발내용은 방사선 관리구역 내에 보관된 비오염 폐기물을 외부로 방출했다는 것과 허가되지 않은 핵종을 사용했다는 것이었다. 이것은 한국원자력연구원이 한국원자력안전기술원과 협의하여 방사선구역 내에 보관된 비오염 폐기물(자체 처분 대상 폐기물)을 외부로

손쉽게 방출할 수 있는 규정을 지금까지 제정해 놓지 않았기 때문이었다. 우리의 대형 폐기물 실험실에서는 방사성 폐기물 제염실험 시에 다량의 비오염 폐기물이 산출되고 이것들을 보관할 공간이 연구원 내에 부족하였기 때문에 수십 년 전부터 관례적으로 다량의 비오염 폐기물들을 방사성구역 밖으로 방출해왔었다.

  우리가 실험 중 방출한 비오염 폐기물량은 아주 소량에 불과하지만, 연구원 전체적으로는 이제껏 70톤이 넘는 다량의 비오염 폐기물들이 방출되어 왔다. 우리 연구실에서는 이 실험 시에 발생된 비오염 폐기물의 방출 허가를 위해 한국원자력안전기술원에 서류 신청을 했지만 너무 절차가 어렵고 까다로워 최종 허가에 실패했었다. 또한, 허가되지 않은 핵종 사용도 병원과 공장에서 수십 번 지적받았지만 고발까지는 되지 않았다. 더군다나 이 경우는 기술 이전을 받은 회사에서 시급히 요청한 실험이었다.

  또 다른 문제는 방사성 토양제염기술이 연구부정에 해당된다는 것이었다. 방사성 토양제염 실험을 소규모로 할 때는 토양제염장치의 방사성 토양 투입부 윗부분의 토양은 실험 시에 제염용액으로 포화되지 않기에 잘 제염이 되지 않은 토양제염장치 위쪽 토양은 실험 완료 후 작은 삽으로 걷어낼 수밖에 없었다. 그러나 토양제염장치가 커지면 이것을 일일이 걷어내는 작업이 힘들고 시간이 많이 소요됨으로, 실험작업의 편의를 위해 확장된 대용량 토양제염장치 실증실험 시에는 실험 전에 방사성 토양 투입부 윗부분을 비오염 토양으로 덮었고, 다량의 토양제염 실험 후 토양제염장치로부터 꺼낸 제염 완료된 토양 중 일부의 제염이 덜 된 토양에 비오염토양을 혼합했다. 이와 같이 방사성 토양제염장치로 제염실험 시 방사성 토양에 비오염 토양을 혼합했다는 이유로 고발되었다.

정부의 과학기술부는 한국연구재단을 통해 10명 이상의 교수 전문가들로 팀을 구성하여 나의 연구과제에 대한 1차 연구부정을 조사하였지만 대용량 방사성 토양제염 실험 시 작업의 편이를 위해 약간의 비오염 토양의 혼합은 연구 부정이 아니라는 결론이 내려졌다. 그러나 이 고발 건은 탈원전 정권하에 국회에 다시 고발되어 국정감사에서 민주당 의원들의 제안으로 2번씩이나 조사팀을 새로이 꾸려 각각 6개월씩 재조사가 단행되었지만 연구 부정이 아닌 것으로 2번 다 결론이 났다. 한 연구과제에 대해 3번씩 연구 부정에 대해 조사한 것은 불법이며, 탈원전 정권하에서만 가능했으리라 생각된다.

나는 이 3.2년 동안 심적으로 극심한 고통을 겪었다. 심할 때 약 10개월간은 수면제 없이는 잠을 잘 수 없었고 생지옥과 같은 생활을 보냈었다. 나는 하루하루 나에게 가해지는 심적 고통이 너무 견뎌내기 힘들어 이 고통을 잊기 위해 한때 자살까지도 생각했었다. 서울에 있는 한강대교 중간에서 뛰어내릴 생각을 구체적으로 계획했었다. 그리고 유서까지 써 놓았었다. 그러나 나의 자살계획을 막은 것은 자살하면 죽어 지옥에 떨어진다는 성경 말씀에 대한 두려움이었다. 가룟 유다는 이 말씀을 진심으로 믿지 않았기에 회개 대신 자살을 택한 것 같다.

현대사회의 자살 동기는 대부분 현실의 극한 고통에서 벗어나기 위한 회피 방법이다. 자살은 물론 생명에 대한 자신만의 고유권한이긴 하지만 남은 사람들은 그의 사후에 정신적·물질적인 뒷감당을 해야 한다. 무엇보다 자살은 다른 이를 자극해 또 다른 자살을 초래하는 이기적인 동기에 유발된 행위이다. 성경에서 자살은 자신을 살인하는 것이기 때문에 자살은 죄이고 죽어 하나님 앞에 갔을 때 심판을 면할 수 없다고 경고한다. 하나님의 말씀을 떠나 인간이 자신의 삶의 주인이 되어 자신의 판단에 따라 살아가는 것은 하나님과 동행하는 삶이 아니다. "오직 주께서는 너희를 대하여 오래 참으사 아무도 멸망하지 아니하고 다 회개하기에 이르기를 원하느니라"(벧후 3:9). 하나님께서는 자살보다는 철저히 회개하여 죄를 용서받고 믿음으로 이 땅에서 새로운 삶을 살 것을 말씀하신다.

자살할 수밖에 없는 고통스러운 상황도 하나님은 다 알고 계신다. 그러기에 하나님을 끝까지 붙들고 기도하면 하나님이 정한 시간에 그 고통의 문제를 해결해 주실 것이다. 다행히 나는 성경 말씀에 대한 두려움 때문에 극심한 심적 고통 속에서도 날마다 아내와 함께 간절히 기도하며 모든 걱정을 하나님께 맡기려고 노력하며 버텨내었다. 마침내 하나님께서는 내가 생각하지 못했던 방법으로 나의 문제에 개입하시고 도와주셔서 탈원전 정권하의 상엄한 상황에 있었지만 그런대로 고발된 사건들이 잘 마무리되었다.

성경 말씀에 의하면 자살은 분명 죄악이다. 자기에게 다가온 고통들을 통해 지난 세월 동안의 잘못들을 철저히 회개하며 하나님의 도움을 간절히 구하면 능력의 하나님께서 우리가 생각지도 못하는 방법으로 우리를 지키시고 도와주시기에 자살은 결코 해서는 안 되는 것임을 다시 한번 깨닫게 되었다. 그리고 이제 와서 돌이켜보면 3.2년간의 가혹한 시련은 하나님께서 나의 신앙을 더욱 연단시키기 위한 하나의 훈련의 과정이었다.

인생은 혼자 왔다 혼자 간다

나는 2016년 12월부터 2020년 2월 중순까지 3.2년 동안 큰 고통을 겪는 와중에 나를 도와줄 수 있는 사람이 내 곁에 아무도 없음을 깨달았다. 인간은 자신의 삶에 바빠 남을 도와줄 능력이 없다. 가족의 도움도 한계가 있다. 개중에 선한 사마리아인 같은 사람들은 고통에 빠진 인간을 어느 수준까지는 도와줄 수 있지만, 인간의 무능력으로 인해 자살을 결심한 사람을 진정으로 도와줄 수 없다. 자살을 결심한 사람을 도와줄 수 있는 분은 오직 하나님밖에 없다. 우리는 하나님께서 우리의 현재 고통스러운 상황을 모두 알고 계심을 믿어야 한다. 그러기에 우리의 상황을 하나님께 고백하고 자신의 잘못을 철저히 회개하면, 모든 것을 아시는 하나님께서는 하나님의 방법으로 하나님이 정하신 때에 우리에게 구원의 길을 열어주실 것이다.

인간은 홀로 세상에 왔다가 홀로 죽는다. 죽음의 문턱에서 우리를 건져줄 사람은 아무도 없다. 가족도, 친구도 우리를 도와줄 능력이 안 된다. 다만 우리는 무릎을 꿇고 하나님께 간절히 기도할 뿐이다. 이 고난에서 나를 건져달라고, 죽기까지 천국을 사모하며 하나님의 도움을 간구하는 것만이 지혜로운 행위라고 생각한다. 가족도 친구들도 원망할 필요가 없다. 그들은 우리를 도울 능력이 없기 때문이다. 지혜로운 인간은 하나님을 가까이하며 하나님께 소망을 가지고 날마다 기도하며 묵묵히 성령의 능력을 힘입어 다가오는 시련들을 헤쳐나간다.

교회분열, 음행, 육체의 부활

　교회의 분열은 지금 한국교회에도 만연해있는 현실이다. 장로교, 감리교, 성결교, 침례교, 순복음 등 여러 교파로 나뉘었고, 각 교파들은 내부적으로 다시 여러 파로 분열되어있다. 그러나 이것들은 성경해석과 교회운영 방식의 차이 때문이며, 하나님의 복음의 핵심은 모두 같다. 그러므로 각 교파는 더 이상 분열하지 말고, 그리스도 안에서 통합을 추구하며 하나님의 선교에 서로 힘을 합해야 한다.
　다메섹 도상에서 주님을 만난 후 회심한 바울은 결혼도 하지 않은 채 음행을 피하고 성결된 삶을 살았다. 바울은 사람이 범하는 죄마다 몸 밖에 있거니와 음행하는 자는 자기 몸에 죄를 범하는 것이라고 하며 음행을 피할 것을 강조하였다. 또한, 장차 우리가 죽은 후 하나님의 심판을 받고 천국으로 간다면, 영혼은 부활되며 육체는 하나님의 형상을 닮은 썩지 않고 죽지 않는 신령한 모습으로 부활되고, 천국에서의 삶은 슬픔과 저주가 없고 하나님과 동행하며 경배하는 삶을 살 것이다.

믿음과 행실은 신앙의 양면임으로 분리될 수 없다.

　모세의 규례에 의하면 언약궤는 수레에 싣지 말고 거룩하고 구별된 레위인들이 어깨에 메어야 한다고 하였는데, 다윗의 사람들은 이것을 어기고 수레에 싣고 오다가 악기들의 연주에 놀라 소들이 뛰자 아비나답의 아들 웃사가 넘어지는 언약궤를 건드림으로 죽임을 당했다. 언약궤는 짐승의 수레에 실어 운반하는 것이 아니라 레위인들인 고핫 자손이 직접 손을 대지 않고 궤의 고리에 끼워진 막대로 들어 운반해야 했다. 이 사건은 무지한 종교적 열심이 빚을 수 있는 위험한 결과에 대해서 말해준다. 이렇게 언약궤를 잘못 다룬 아비나답 집안은 무서운 징계를 받았다. 무지한 종교적 열심은 또한 우리를 쉽게 포기하게 만든다. 사고가 일어나자 다윗은 마음이 바뀌어 궤를 가져오기를 포기하고 오벧에돔의 집에 언약궤를 방치하였다. 그러나 하나님은 언약궤를 맡아 보관한 오벧에돔의 집에 복을 주시되, 모든 사람들이 오벧에돔에게 임한 하나님의 복을 알아볼 수 있도록 축복하셨다. 그 옛날 하나님께서는 정성을 다하지 않은 가인의 제사는 받아주시지 않았고, 사울은 제사장의 거룩한 권한인 제사를 사무엘을 기다리지 않고 자신이 직접 드림으로 징계를 받았으며, 신약시대의 유두고는 예배 중에 졸다 2층에서 떨어져 죽었다. 십계명에는 하나님의 이름을 망령되이 부르지 말고, 안식일을 거룩하게 지키라 하였다. 그러므로 우리는 하나님의 거룩성을 인정해야 하며 예배는 온 정성을 다해 드려야 한다. 저도 가끔씩 예배시간에 조는 때가 있는데 혀를 깨물거나 손가락을 꼽았다 폈다 하며 잠을   곤 한다. 이제 가을이 오며, 코로나 확진자가 감소되었기에, 본격적으로 전교인 대면예배를 개시할 시기이다. 모든 성도들은 모든 정규집회에 참석하여 정성스럽게 온 마음을 다해 예배를 드림으로 하나님께 영광을 드려야 한다. 그 옛날 바울은 그의 서신들에서 특별히 믿음을 통한 구원을 강조했지만 그의 삶은 고난과 시련으로 점철되어 있다. 바울은 성령에 힘입어 하나님에 대한 자신의 믿음을 실천하기 위해 어떤 어려움도 마다하지 않았다. 믿음과 행실은 신앙의 양면임으로 분리될 수 없다. 한국교회는 지난 70, 80년도에 양적으로 크고 놀라운 부흥을 이루었지만, 이후 목회자와 성도들이 그들의 믿음을 생활을 통해 실제로 실천함이 많이 부족하였었기에 오늘날 한국사회로부터 많은 비난을 받고 있다. 이제 이 가을을 맞이하여 모든 성도들은 모든 정규 집회에 반드시 참석하고 온 마음을 다하여 예배드려야 할 때이다. 정성된 예배를 통해 성령 충만함을 받고, 우리의 믿음을 행실로 나타냄으로써 한국교회를 다시 한번 부흥시켜야 할 때이다. 좀 더 거룩한 삶을 살고, 주변의 가난한 이웃과 병자들을 보살피고 돌보아주어야겠다. 그래서 다시 한번 한국교회를 새롭게 부흥시켜서 70년이 넘도록 독재와 가난으로 고통받는 북한 구석구석에 복음을 전하고, 신사를 숭배하는 우상의 나라 일본까지도 선교해 나갈 수 있도록 기도해야겠다.

3부

설교문과 기도

설교 1
"음란과 우상숭배를 버리자"

호세아 2:1-7

다같이 호세아 2장 1-7절을 합독하겠습니다.

본문에서 호세아는 자신의 아내 고멜의 음란한 행위를 통해 당시 이스라엘의 우상숭배를 고발하며 하나님께 돌아갈 것을 호소하고 있습니다. 1절에서 하나님께서는 '암미' 즉 내 백성이라 부르고, '루하마' 즉 긍휼히 여김을 받는 자로 부르십니다. 이스라엘 백성은 비록 죄를 저질렀지만 여전히 하나님의 백성이며 긍휼히 여김을 받을 자라고 하십니다. 그러나 하나님의 긍휼을 받기 위해서는 반드시 회개가 필요합니다.

2-4절에서 "그 얼굴에서 음란을 제하고 그 유방 사이에서 음행을 제하라. 고멜이 음란을 제거하지 않으면 벌거벗겨 그가 나던 날과 같게 하겠고 광야같이 만들어 버리며 자식들도 불쌍히 여기지 않으시겠다"고 하셨습니다. 고멜의 죄는 정절을 지키지 않은 죄였습니다. 호세아 1장에서 호세아는 하고 싶지 않은 결혼이었지만 하나님의 명령이었기 때문에 고멜과 결혼하였고 2남 1녀를 얻었습니다. 그럼에도 고멜은 남편을 버리고 자신이 연애하는 자를 따랐습니다. 이것은 고멜의 한순간의 실수가 아니라 문란한 성적 습관 때문이었습니다. 더군다나 고멜은 가출하여 다른 남자의 자식까지 낳았습니다.

4-5절에 "그들이 음란한 자식들임이니라. 그들의 어머니는 음행하였고 그들을 임신했던 자는 부끄러운 일을 행하였나니… 대저 저가 이르기를 나는 나를 사랑하는 자들을 따르리니 그들이 내 떡과 내 물과 내 양

털과 내 삼과 내 기름과 내 술들을 내게 준다 하였음이라"고 했습니다. 여기서 '사랑하는 자'란 이스라엘 주변의 애굽이나 아람, 앗수르 같은 강대국들이며, '이들을 따른다'는 것은 하나님을 의지하지 않고 이방나라의 권세와 부귀와 우상숭배를 따른다는 것입니다.

6절에 "하나님은 이스라엘에게 가시로 그 길을 막으며 담을 쌓아 그 길을 찾지 못하게 하겠다"고 했습니다. 가시와 담은 하나님께서 내리시는 징계요 환란입니다. 하나님은 징계를 통해서라도 그의 백성들이 하나님께로 돌아오기를 원하십니다.

저의 인생에도 두 번의 혹독한 징계가 있었습니다. 20세 때 대학 재수를 하던 시절 극심한 공황장애에 걸려, 먹은 것은 다 토해내고, 수시로 가위에 눌리고, 늘 불안하여 버스도 못 타고, 10분도 책상에 앉아 있지를 못하는, 아무것도 할 수 없는 폐인이 되었던 적이 있었습니다. 또 60세쯤 연구원 퇴직 3년을 앞두고 문재인 정권에서 탈원전을 시행하면서 저의 연구과제가 탈원전의 공격 대상이 되어 약 3년간 자살을 생각할 정도로 혹독한 시련을 받았었습니다. 이 두 차례의 가혹한 시련은 저로 하여금 오직 하나님께만 밤낮으로 기도하게 하셨으며, 저를 철저하게 훈련시키셔서 믿음 안에 강하고 단단하게 단련시켜주셨고, 하나님의 기적과 같은 긍휼을 체험시켰으며, 저의 남은 노년의 시간을 하나님께 충성하도록 다짐시켜주셨습니다.

7절에 "그제야 그가 이르기를 내가 본 남편에게로 돌아가리니 그 때의 내 형편이 지금보다 나았음이라 하리라"고 했습니다. 고멜은 형편이 비참해지자 제정신으로 돌아왔습니다. 호세아는 회개한 고멜을 다시 받아주었습니다. 호세아가 고멜을 받아주었듯이 하나님께서는 음란과 우상숭배를 하던 이스라엘 백성을 회개를 통해 다시 받아주시기를 원하신다고 말씀하고 계십니다.

현대를 살아가는 젊은이들은 본능을 자극하는 많은 성적 유혹들이 주변에 산재하기에 성적 쾌락의 유혹에서 벗어나기가 참으로 어렵고 불가능까지 합니다. 우리는 수없이 거룩하게 살겠다고 맹세를 거듭했지만 얼마나 쉽게 또다시 쾌락의 유혹에 넘어가는 자신을 발견하곤 합니다. 요한복음 8장 7절에 간음하다가 현장에서 잡혀 온 여자를 두고 예수께서 "너희 중에 죄 없는 자가 먼저 돌로 치라"고 말씀하셨을 때, 하나하나 다 가버리고 남은 자가 없었습니다. 예수는 여인에게 돌아가 다시는 죄를 짓지 말라고 하셨습니다.

그럼에도 당대의 의인이었던 노아와 죽음을 맛보지 않은 에녹과 엘리아 그리고 밧세바 사건 이후의 다윗의 거룩한 삶을 기억하고, 마태복음 5장 29절에 나오는 "만일 네 오른눈이 너로 실족케 하거든 빼어 내 버리라 네 백체 중 하나가 없어지고 온 몸이 지옥에 던지우지 않는 것이 유익하며"라는 말씀을 마음에 새기며, 우리의 성결의 목표를 마음의 간음까지 두게 하신 예수님 말씀을 깊이 명심하고 살아야 합니다.

인간은 홀로 세상을 살아갑니다. 태어날 때도 홀로 태어나고 죽을 때도 홀로 죽습니다. 물론 아프거나 힘들 때 가족이나 이웃의 도움은 중요합니다. 그럼에도 하나님 뜻에 부합하도록 우리 자신을 스스로 잘 절제해 살아가야 합니다. 본문에서 말하는 우상숭배는 현대를 사는 우리에게는 무엇일까요? 권력, 건강, 재물이 아닐까요?

얼마 전 새 정부의 장관 임명이 있었습니다. 그러나 장관으로 추천받은 사람 중에 일부는 한국에서 가장 많은 돈을 벌 수 있는 의과대학에 자신의 직위를 이용하여 자녀를 합격시키고, 불법한 수단을 활용하여 자녀의 논문 작성에 관여하며, 부정한 방법으로 재산을 불린 사람들이 있습니다. 우리는 지나친 권력에 대한 욕심을 버리고 자신을 잘 절제해야 합니다. 연세대 김형석 교수님이 100세 이상 건강하게 사신 것은 과도한 욕심을 버리고 음식을 절제하며 적절한 운동을 지속하여 철저히 자신의 건강을 잘 관리하셨기 때문입니다. 그러나 건강도 너무 지나치게 우상화해서는 안 되며 하나님의 돌보심에 맡겨야 합니다.

또한, 저처럼 나이가 65세가 넘으면 더 이상 직장생활이 힘들기 때문에 연금이나 노후자금이 필요합니다. 저 같은 경우는 약 35년간 직장생활을 했습니다. 직장생활은 치열한 경쟁사회이며 시기 질투가 난무하는 곳입니다. 그럼에도 잘 참고, 관용하며, 직장 동료들과 화합하며 잘 견뎌내야 합니다. 그래야 정년 후 여유로운 노년을 맞이할 수 있습니다. 그럼에도 우리 곡간에 쌓인 재물들은 우상화하지 말고 선교와 구제를 위해 이웃에게 나누어주어야 합니다.

우리는 결혼도 안 한 채 하나님의 선교를 위해 평생을 바쳤던 사도 바울을 본받아 날마다 성령과 동행하여 하나님의 능력과 힘으로 우상숭배와 음란을 버리고 경건하고 순결한 삶을 살아가야 합니다. 그래서 장차 하나님의 심판대 앞에서 잘했다 칭찬받을 수 있는 우리 모두가 되시길 소원합니다.

설교 2
"주어진 달란트에 감사하고 충성을 다하자"

마태복음 25:14-30

서론

오늘 본문은 마태복음 25장 14-30절로, 하나님의 충성된 종, 달란트 비유입니다. 이 비유는 바로 앞 열 처녀 비유와 함께 종말적 심판에 관한 내용이라는 점에 서로 연관이 있습니다. 열 처녀 비유는 종말의 때를 모르므로 항상 깨어있으라는 주제이며, 달란트 비유는 예수께서 우리에게 할 일을 맡기시고 승천하셨다가 다시 오셔서 맡겨진 일의 결실에 대해 심판하시겠다는 것이 주제라 할 수 있습니다.

본론

사람은 태어날 때부터 부모로부터 3가지 달란트를 받아 태어납니다. '재산, 아이큐, 인물'입니다. 이것 없이는 세상을 살아갈 수 없습니다. 태어날 때 드물지만 그의 부모가 수백억 원 이상을 가진 재산가도 있습니다. 이들은 여유롭게 한평생 돈 걱정 없이 호화로운 집에서 멋진 차를 타며 살아갈 수 있습니다. 아이큐는 세계 평균이 100이지만, 우리나라는 105로 싱가포르, 홍콩, 대만 다음으로 높습니다. 태어날 때 아이큐가 좋아서 책을 한번 보면 사진을 찍듯이 머리에 새기고 이해력이 뛰어나 조금만 노력해도 우수한 성적을 내는 사람이 있습니다. 이들은 일류학교를 다니고 좋은 직장을 얻을 수 있습니다. 또한 태어날 때 인물이 좋아서 화장이나 비싼 옷으로 치장하지 않아도 현빈이나 전지현처럼 얼굴과 몸매가 빛이 나는 사람들이 있습니다. 이들은 수많은 이성으로부터 사랑을 받고 인기를 얻습니다. 그리고 우리는 이 세 가지를 얻기 위해 한평생 최선을 다하며 살아가고 있습니다. 그러나 이것들을 우상화해서는 안 됩니다. 이것들은 인간이 이 세상을 살아가는 동안만 필요한 것들입니다. 죽음 후에 하나님 심판대 앞에 섰을 때 이 세 가지는 아무 쓸데 없는 쓰레기에 불과하기 때문입니다.

다같이 마태복음 5장 14-16절을 읽겠습니다. "어떤 사람이 타국에 갈 때 그 종들을 불러 자기 소유를 맡김과 같으니 각각 그 재능대로 한 사람에게는 금 다섯 달란트를, 한 사람에게는 두 달란트를, 한 사람에게는 한 달란트를 주고 떠났더니 다섯 달란트 받은 자는 바로 가서 그것으로 장사하여 또 다섯 달란트를 남기고"

태어날 때부터 많은 달란트를 가지고 태어난 사람은 세상을 살면서 큰 일을 할 수 있습니다. 언더우드 선교사님은 1859년에 영국 런던에서 태어나서 13세 되던 해에 미국으로 이주하였습니다. 그는 뉴욕 대학교를 졸업하고, 뉴브런스위크 신학교에서 공부하였습니다. 그리고 장로교 목사가 되었고, 1884년 조선 최초의 장로교 선교사로 선정되었습니다. 1885년에 한국 선교사로 입국하였는데, 조선 정부에서 선교활동을 허락하지 않았기 때문에 제중원에서 수학, 물리, 화학 등 의과대학 과정의 과목을 가르치면서 본격적으로 선교활동을 시작했습니다. 1887년 서울에서는 한국 최초의 장로회 교회인 새문안교회를 설립하고, 평양 지방까지 교세를 확장했습니다. 이 해부터 거의 20년 동안 언더우드는 평안도 전역을 순회하며 복음을 전하고 교회를 세우는 선교활동을 하였습니다. 또한, 번역과 교육에도 힘써서 입국한 직후부터 신약의 4대 복음서를 번역했으며, 한국에 머문 30년 동안 한국어 자료를 모아 한불사전, 한영사전, 한영문법을 편찬했습니다. 입국하자마자 한국 최초의 고아원인

언더우드 학당, 근대적 중등 교육 기관인 경신학당을 설립했고, 1915년에는 경신학당을 모태로 연세대학교의 전신인 경신학교 대학부를 설립했습니다. 일제가 '조선의 모든 교육자는 일본어를 유창하게 할 수 있어야 한다.'는 교육 시행령을 내리면서 일본어 공부까지 겹쳐서 하는 과로로 몸이 상하게 되었습니다. 건강이 급격히 악화되어 1916년 57세의 나이로 사망했고, 그의 시신은 양화진 묘지에 안장되었습니다.

본문 17절에 "두 달란트 받은 자도 그같이 하여 또 두 달란트를 남겼으되"라고 말합니다. 태어날 때 보통의 달란트를 가지고 태어난 사람들도 세상을 살면서 얼마든지 많은 일을 할 수 있습니다. 엘리자베스 쉐핑 선교사는 독일계 미국인 간호사로 1912년 32세 나이에 한국에 왔습니다. 그녀의 한국 이름은 서서평이었고 검정 고무신을 신고 한복을 입고 된장찌개를 먹으며 한국인으로, 한국인의 친구로 살았습니다. 일제강점기에 의료혜택을 받지 못했던 전라도 가난한 지역의 미혼모, 고아, 나병환자, 노숙인 등 가난하고 병약한 사람들을 보살폈습니다. 입양하여 키운 고아가 14명, 오갈 곳 없는 과부를 가족처럼 품어 집에서 같이 지낸 사람이 38명이었습니다. 약한 자들을 위해 많은 헌신과 섬김을 베풀었습니다. 하지만 1934년 54세 나이에 만성 풍토병과 과로로 숨졌습니다. 그녀는 자신의 몸마저 의학연구용 시신으로 기증하면서 자신의 모든 것을 내어주었습니다. 그녀가 떠난 남루한 방에 남은 것이라고는 낡은 옷 몇 가지와 동전 일곱 전, 강냉이 두 홉, 그리고 그의 좌우명이 적힌 메모지 한 장이었습니다. 거기에 이렇게 적혀있었습니다. '성공이 아니라 섬김이다.' 그녀는 십자가에 피 흘려 돌아가신 예수 그리스도를 본받아 평생 철저히 섬김의 삶을 살았습니다. 우리가 지금 걷고 있는 길은 성공을 위한 길인지 섬김의 길인지 되돌아보아야 하겠습니다.

제가 존경하는 사람 중에 한 분은 대전 대덕한빛장로교회 원로목사인

이재화 목사님이십니다. 자그마한 체구인 목사님은 평생 6개 이상의 교회를 개척하시고, 기꺼이 후배들에게 교회를 값없이 넘겨주셨습니다. 이분은 교회 지역 장로회 총회장도 한 번도 역임하지 않으셨습니다. 철저한 겸손이 온몸에서 베여있었고 항상 소년처럼 해맑은 미소를 띠고 사람을 대하며 온화하고 사랑이 넘쳤습니다. 그러기에 하나님께서는 그의 모든 자녀가 일류학교를 졸업하고 좋은 직장에 다니며 훌륭한 신앙들을 갖추게 하셨습니다. 목사님이 돌아가신 후 목사님이 유일하게 소유하셨던 아파트마저도 자녀들은 서로 다투지 않고 모두 교회에 헌금했습니다. 목사님은 92세에 돌아가셨는데, 돌아가시기 약 4개월 전에 우리 집에서 우리 부부와 함께 식사를 같이하시기도 했습니다. 그때까지도 정정하시고 기억력도 좋으셨습니다. 목사님은 하나님 곁으로 가셨지만 지금도 그의 모습은 내 기억 속 깊이 자리 잡고 있습니다. 이런 청렴하고 순수한 목사님들이 많이 계실 때 한국교회는 발전하며 대한민국은 축복받는 나라가 될 것입니다.

본문 18절에 "한 달란트 받은 자는 가서 땅을 파고 그 주인의 돈을 감추어 두었더니"라고 했습니다. 여기서 한 달란트는 6,000데나리온입니다. 1데나리온은 노동자의 하루 품삯으로, 하루에 10만원 받는다고 하면, 한 달란트는 6억원이 되므로 결코 작은 돈이 아닙니다. 그러나 본문에 나오는 한 달란트 받은 자는 모험을 두려워하여 땅속 깊이 묻어두는 것이 안전하다고 생각했습니다. 그러나 그는 한 달란트를 맡긴 주인의 의도를 정확히 간파하지도 못했으니, 주인을 위한 적극적 충성과 봉사를 등한히 한 것입니다. 오히려 자신이 받은 작은 달란트에 대해 깊은 열등의식을 가지고 신세 한탄을 하며 극단 이기주의에 빠져 아무 일도 하지 않았던 것입니다.

19절에 "오랜 후에 그 종들의 주인이 돌아와 그들과 결산할 새"라고 하여 심판과 재림의 주께서 종말의 심판 때에 지상에 거하는 모든 종들의 사역 결과를 놓고 결산하실 것임을 예시합니다. 다 같이 20-26절을 읽겠습니다. "다섯 달란트 받았던 자는 다섯 달란트를 더 가지고 와서 이르되 주인이여 내게 다섯 달란트를 주셨는데 보소서 내가 또 다섯 달란트를 남겼나이다. 그 주인이 이르되 잘하였도다. 착하고 충성된 종아 네가 적은 일에 충성하였으매 내가 많은 것을 네게 맡기리니 네 주인의 즐거움에 참여할지어다 하고, 한 달란트 받았던 자는 와서 이르되 주인이여 당신은 굳은 사람이라 심지 않은 데서 거두고 헤치지 않은 데서 모으는 줄을 내가 알았으므로 두려워하여 나가서 당신의 달란트를 땅에 감추어 두었나이다. 보소서 당신의 것을 가지셨나이다. 그 주인이 대답하여 이르되 악하고 게으른 종아 나는 심지 않은 데서 거두고 헤치지 않은 데서 모으는 줄로 네가 알았느냐."라고 했습니다. 여기에서 이 심판은 하나님이 공의로우신 분임을 보여주며, 또 종의 반문에 대한 대답에서 주인인 자기 자신은 절대로 일하지 않고 거두려는 부도덕한 사람이 아님을 밝히고 있습니다.

다 같이 27-30절을 읽겠습니다. "그러면 네가 마땅히 내 돈을 취리하는 자들에게나 맡겼다가 내가 돌아와서 내 원금과 이자를 받게 하였을 것이니라 하고 그에게서 그 한 달란트를 빼앗아 열 달란트 가진 자에게 주라 무릇 있는 자는 받아 풍족하게 되고 없는 자는 그 있는 것까지 빼앗기리라 이 무익한 종을 바깥 어두운 데로 내쫓으라 거기서 슬피 울며 이를 갈리라 하니라"라고 했습니다. 열심히 노력한 자에게 큰 상을 주고 게으른 자에게는 가진 것도 빼앗고 끔찍하고도 영원한 징벌을 하겠다고 선언하셨습니다.

부자가 지옥에 가는 것은 돈이 많아서가 아니라 가난한 이웃을 돕지 않고 곳간에 재물만 가득 채운 채로 죽었기 때문입니다. 우리는 세상 학벌에 너무 목매지 말아야 하며, 훈남 훈녀의 외모지상주의를 너무 추구하고 우상화하지 말아야 합니다. 왜냐하면 하나님께서 제일 싫어하시는 교만한 사람이 되기 쉽기 때문입니다. 이 세 가지 달란트를 모두 가졌다며 오만하고 절제 없이 자기 본능대로 살아간다면 지옥 불에 떨어질 수밖에 없을 것입니다.

누가복음 16장에는 부자와 나사로 이야기가 나옵니다. 여기서는 반대로 많은 달란트를 받은 부자는 지옥에 가고, 적은 달란트를 받은 나사로는 천국에 갑니다. 그럼 무엇 때문에 나사로는 천국에 갔을까요? 누가복음 16장 29-30절에 나오는 아브라함과 지옥에 간 부자의 대화를 함께 읽겠습니다. "아브라함이 이르되 그들에게 모세와 선지자들이 있으니 그들에게 들을지니라. 이르되 그렇지 아니하니이다. 아버지 아브라함이여 만일 죽은 자에게서 그들에게 가는 자가 있으면 회개하리이다." 여기서 우리는 나사로가 천국에 간 이유는 회개하고 하나님을 믿었기 때문임을 알 수 있습니다. 거지 나사로처럼 작은 달란트를 가지고 태어났을지라도 경건하게 하나님을 두려워하며 자기가 가진 형편에서 최선을 다해 이웃을 돕는다면 얼마든지 천국에 들어갈 수 있음을 보여주고 있습니다.

하나님께서 모세에게 십계명을 주셨습니다. 이것을 레위기, 민수기, 신명기를 통해 613개의 계명으로 세분화하였습니다. 이것을 유대교는 아직도 철저히 지키고 있습니다. 그러나 이 613계명은 모세 광야시대부터 지켜야 할 계명이 되었습니다. 현대를 살아가는 우리는 십계명의 의미를 생각하며 신약에서 예수 그리스도가 말씀하신 '너의 하나님을 사랑하고 이웃을 사랑하라'는 계명을 지켜나가면 된다고 생각합니다. 하나님을 믿는 믿음이 중요하고 하나님을 진정으로 사랑하면 필연적으로 이웃을 사랑하게 된다고 생각합니다.

결론

이 세상에서 가장 중요한 것은 천국에 들어가는 것입니다. 그러므로 우리는 하나님이 주신 달란트를 직시하며 지금의 형편에 자족하고 감사하며 일상의 소소한 것들에 행복을 느끼며 살아가는 것이 중요하다고 생각합니다.

아직 건강 주심에 감사하고 열심히 일한 후에 한 잔의 커피에 행복을 느끼며, 사랑하는 가족들과 소박한 여행 속에서도 감사드리는 삶을 사는 것입니다.

선교사 언더우드와 엘리자베스 쉐핑이 우리나라에 복음을 심었듯이, 이웃 북한과 일본뿐만 아니라 세계 방방곡곡에 복음을 전할 수 있는 세계 제일의 선교 국가가 될 수 있도록 죽기까지 충성을 다해 나가야 할 것입니다.

지금 한국교회는 한국 사회로부터 외면을 받고 있습니다. 한국 사회의 개신교에 대한 신뢰도는 가톨릭, 불교 다음으로 세 주요 종교 중 가장 낮습니다. 한국교회는 여태껏 수직적 사랑에만 치우쳐왔습니다. 각자 자신만 하나님으로부터 신령한 은총을 받기에 급급해했습니다. 그러나 이제는 수평적 사랑을 시행해야 할 시기입니다.

주일예배, 새벽 기도회, 성경 공부를 통해 받은 충만한 은혜와 성령의 능력을 우리 이웃에게 베풀어 주어야 할 때입니다.

교회 성도들은 자기들끼리만 잘 먹고 잘산다고 비난하는 교회 밖 이웃의 목소리에 귀를 기울여야 합니다. 교회 재정을 최대한 절약하여 코로나로 쓰러져가는 이웃을 도와야 합니다. 성도들은 하늘의 부름을 받기 전에 미리 곡간 문을 열고 양식이 떨어지고 병마로 고통받는 이웃에게 나누어 주어야 합니다.

오늘 달란트의 비유는 부자와 나사로의 교훈처럼, 받은 달란트에 상관

없이 우리가 열심히 일하여 곡간에 쌓아둔 달란트로 우리의 이웃을 돌보며 섬기라는 명령임을 명심해야 할 것입니다. 그래서 장차 하나님 최후 심판대 앞에서 착하고 충성된 종아 잘했다 칭찬받는 우리 모두가 되시길 소원합니다.

설교 3
"우리아 장군"

삼하 11:1-27

성경에 나오는 인물 중 강직하며 충성스러웠으나 최후가 너무 불행했던 사람이 우리아 장군이다. 천국을 인정하지 않고 세상적인 것만으로 평가한다면 하찮은 사람으로 평가되겠지만 천국에서는 이 세상에 태어난 누구보다 자랑스럽고 영광된 사람 중의 한 사람으로 추앙받을 것이다. 천국에 대한 믿음이 없다면 이 세상은 너무 불공평하다고 생각할 수밖에 없지만 천국을 인정한다면 정말 충성된 장군이기에 우리는 더욱 하나님에 대한 믿음을 가져야 이 세상을 공평하고 올바르게 평가할 수 있음을 자각하게 된다.

우리아 장군은 가나안 족속이었지만 그의 이름으로 보아 유대교로 개종한 아버지에게서 물려받은 이름이며, 그 이름의 뜻은 '여호와는 나의 빛'이다. 다윗 왕국이 점차 강력하게 된 것은 성경에 열거된 충성스런 다윗의 용사들이 있었기 때문이며, 이 용사 중의 한 사람이 우리아였다.

이스라엘이 점차 나라의 질서를 잡아가고 있었을 때 다윗이 치른 전투가 암몬과의 전쟁이었다. 이 전쟁은 다윗이 어려웠을 때 도움을 준 암몬 왕 나하스가 죽고 그의 아들 하눈이 왕위를 이어받았다는 소식을 들은 것에서부터 시작된다. 다윗이 나하스 왕을 조문하고 하눈의 등극을 축하해주기 위해 사절단을 파송했는데, 오히려 하눈은 그들이 문상을 평계로 정탐하러 방문하였다고 오해하고는 사절단의 수염을 자르고 엉덩이 부분의 옷을 잘라 성 밖으로 추방하였다. 이에 격분한 다윗은 요압 장군을 총사령관으로 임명하여 암몬 랍바성으로 진격하였는데, 요압 휘하의 장수가 바로 우리아였다.

한편, 다윗은 어느 날 저녁 왕궁 지붕 위에서 거닐고 있었는데, 거기에서 목욕하고 있는 여인을 목격하게 되었다. 그가 보기에 그녀는 심히 아름다워 안목의 정욕과 타오르는 욕정을 제어할 수 없어서 그 여인이 누구인지를 알아본 결과 엘리암의 딸이며 헷 사람 우리아의 아내임을 알게 되었다. 자신의 충직한 부하의 아내임에도 불구하고 여태껏 하나님을 두려워하며 살아왔던 다윗이었건만, 작금에는 막강한 권세를 얻어 교만한 마음을 가졌었기에 그의 충동적인 욕정을 제어하지 못하고 마침내 그녀를 자기 방으로 불러들여 그의 욕정을 채워버렸다. 이런 행위는 현재도 많은 재산과 권세를 가진 세도가들이 세상을 즐기는 방법이며, 정욕이 왕성한 젊은 청년들이 난무하는 야동의 유혹을 이기기 어려운 현실이기도 하다. 이 유혹을 극복하기 위해서는 오직 주님께 경건한 삶을 살겠다고 날마다 다짐하며 간절히 기도하는 수밖에 없다고 생각한다. 그나마 상당수의 신실한 신자들은 현대 음란의 수렁 속에서도 간절한 기도로 이겨내고 있으리라 믿는다.

그러나 얼마 후 다윗은 밧세바가 아이를 배었다는 소식을 듣게 된다. 다윗은 이 불륜을 감추기 위해 즉시 우리아를 전쟁터에서 불러내서 밧세바와 동침할 수 있도록 자리를 마련해주었다. 그러나 올곧은 우리아는 자기 집으로 가지 않고 왕궁 문 곁에 있는 근위병 숙소에서 잠을 잤다. 다음날 다윗은 우리아를 불러 물으니 그는 온 이스라엘 용사들이 전쟁터에서 암몬 군사들과 싸우며 죽어가고 있는데 자신만 편안한 잠자리를 갖는 것은 도저히 용인되지 않았다고 대답했다. 그래서 다윗은 다음날 우리아에게 술을 잔뜩 먹여 만취 상태로 집으로 돌려보냈지만 이번에도 충직한 우리아는 집으로 가지 않았다. 우리아 장군의 강직한 충성심 앞에 다윗도 어쩔 도리가 없었다. 다윗은 그의 간통의 죄악을 감추기 위해 우리아를 돌려보내며 편지를 써서 요압 장군에게 전하라고 하였다. 그 편지에는 우리아를 가장 치열한 전쟁터 맨 앞에 배치하고 모두 물러나 우리아를 죽게 하라는 명령이 적혀 있었다.

얼마 후 전쟁터에서 다윗에게 전령이 와서 당신의 종 헷 사람 우리아가 전사했다고 전언하였다. 다윗은 "이 일로 걱정하지 말라. 칼은 이 사람이나 저 사람이나 삼키느니라. 그 성을 향하여 더욱 힘써 싸워 함락시키고 요압 장군은 담대하라"고 답했다. 이렇게 충직한 우리아 장군은 다윗의 계략으로 아무도 모르게 허무하게 죽임을 당했다. 그러나 하나님께서는 이 모든 것을 보고 계셨다. 왕 앞에서는 무력한 약자인 군인이지만 자신이 처한 입장에서 최선을 다해 나라에 충성하고 하나님께 충성한 우리아 장군을 하나님은 잊지 않으셨다.

마태복음 1장 6절에 나오는 예수님의 족보를 보면 "우리아의 아내에게서 솔로몬을 낳고"라고 쓰여 있다. 이것은 "밧세바"라고만 쓸 수 있는데도 밧세바 대신 "우리아의 아내"라 명명함으로 우리아 장군의 명예를 회복시켜 준 것이다. 그는 이름 없이 비명에 죽었지만 예수님의 족보에 언급됨으로 영원히 후세에 기억되게 되었다. 이를 통해 하나님께서는 의롭고 충성되게 산 사람들을 최후 심판에서 높이시는 분임을 깨닫게 된다. 그러기에 우리가 세상에 살며 비록 억울한 일을 당하며 이름 없이 빛도 없이 살아갈지라도 하나님 앞에 의롭고 거룩하고 충성된 삶을 산다면 죽음 후라 할지라도 하나님은 높여 주심을 믿어야 한다.

그러나 우리나라에는 신자들이 억울함 때문에 자살을 택하는 경우가 많다. 이것은 분명 잘못된 선택이다. 우리아 장군은 자살한 것이 아니다. 하나님께 끝까지 포기하지 않고 싸우며 충성하다 하나님께서 좀 더 평안한 천국으로 데려가신 것이다. 자살은 어리석은 짓이며 믿음이 없는 행위이다. 주기도문에 보면 "뜻이 하늘에서 이루어진 것 같이 땅에서도 이루어지이다"라고 하였다. 하나님께서는 우리가 자살한 후 천국에서 하나님께 직접 우리의 처지와 억울함을 호소하라고 말씀하시지 않았다. 우리가 사는 이 땅에서 드리는 우리의 간절한 기도를 하나님께서는 들어 주신다는 것이다. 지금 우리 옆에 계셔서 우리 기도를 들어 주시겠다는 것이다. 그러므로 우리는 끝까지 생명을 포기하지 않고 믿음으로 현 상황을 이겨내야 한다. 하나님께 믿음으로 기도해야 하며, 반드시 하나님은 우리에게 응답하실 것임을 믿어야 하고, 천국 소망을 끝까지 가져야 한다. 우리의 지난 삶을 돌아보자. 하나님은 얼마나 많이 우리 곁에서 우리의 기도에 응답해주시지 않았는가?

지금 한국 사회의 정치판을 보면 너무나 믿을 사람들이 없다. 하나님 앞에 정직하고 깨끗하고 충성된 사람들이 아주 드물다. 우리나라의 부패도는 세계 50위 언저리에 있다. 가장 좋았을 때는 김영삼 대통령이 있을 때 25위 정도인 것으로 알고 있다. 김영삼 대통령은 비록 경제에는 실패했지만 가장 청빈한 대통령이었다. 대통령이 청빈하면 나라도 어느 정도 청빈해진다. 지금 우리나라의 고위 공직자들의 재산을 보면, 우리가 고급공무원 연봉에 근거하여 상상할 수 있는 수준의 몇 배나 된다. 청빈한 공직자는 찾아보기 힘들고 오히려 청빈한 공무원들이 무시당하는 분위기다. 어떤 제도를 활용하든지 우리나라의 부패도를 줄여야 이 나라가 발전할 수 있다. 돈을 벌려면 고위 공직자가 되지 말고 사업을 하거나 의사가 되어야 한다(의사의 평균 월급도 다른 나라에 비해 너무 많으므로 30% 이상 줄여야 공평하며, 정말 뛰어난 사람들은 공과대학에 가서 빌 게이츠나 스티브 잡스처럼 신기술 개발에 몰두하게 해야 한다고 생각한다). 여태껏 한국은 그래도 모든 대통령이 최선을 다했기에 1953년 전쟁이 끝난 후 65년 만에 지구상에서 가장 빨리 경제발전과 민주화를 이룬 나라가 되었다. 이런 추세로 앞으로 50년만 지속된다면 정말 우리는 북한 복음화와 일본 복음화를 달성할 수 있을 것이다.

우리아 장군은 아마 어려서부터 하나님을 가까이하기 위해 많은 기도를 하나님께 드리며, 그 기도에 대한 하나님의 응답을 체험함으로 믿음이 굳건해졌을 것이다. 전쟁터에서 대부분 군인은 어떻게든 자신의 목숨만 부지하려고 노력하지만 믿음의 우리아는 하나님이 자신을 돌보시며 보호해주심을 굳게 믿었기에 용감하게 암몬 군대와 싸우며 죽음을 두려워하지 않았다. 비록 다윗이 계략으로 우리아에게 휴가를 주었지만 동료들의 고통을 생각하며 편안한 잠자리도 거부했다. 우리 중 얼마나 많은 사람이 편안한 잠자리와 재물의 유혹에서 견뎌낼 수 있을까? 그리고 그는 마지막 전쟁터에서 죽음을 두려워하지 않고 최선을 다하다가 적군의 활에 맞아 전사했다.

사람은 누구나 죽는다. 나이가 들어 병에 걸려 병상에서 수년간을 극심한 고통을 받다가 죽는 사람들을 본다. 이것은 세상에서의 지옥생활일 것이다. 인생에서 가장 중요한 것이 천국에 들어가는 것임을 믿는다면, 우리아 장군 같은 순간의 죽음은 복된 죽음일 수 있다. 현대처럼 무한 경쟁의 시대에 젊어서 살기도 고단한데 나이가 들어 몸이 아프기 시작하면 더욱 힘들 것이다. 그렇다고 자살할 수도 없기에 우리아 장군의 삶은 비록 짧았지만 하나님과 늘 동행하였기에 행복한 삶이었다고 생각한다.

우리나라 정치, 경제, 연구, 산업 등 여러 분야에서 우리아처럼 의롭고 충성된 믿음을 가지고 자기의 처지에서 최선을 다하는 사람이 많아진다면 이 나라는 세상에서 가장 축복받은 나라로 성장할 것이다. 많은 젊은 이가 우리아 장군과 같은 믿음을 계승한다면 그들 자신의 삶도 늘 하나님과 함께하므로 행복할 것이며, 이 세상을 창조하신 하나님께 영광을 돌릴 수 있을 것이다.

한편, 우리아 장군과는 대조적인 인물로 다윗 왕의 조카이자 이스라엘 군대 사령관이었던 요압 장군이 있다. 그는 다윗의 누이인 스루야의 아들이었다. 다윗이 이스라엘 왕위에 오른 후 암몬 군대, 아람 군대, 압살롬의 반란군대를 물리치며 다윗의 왕국 건설에 일조한 명장이었다. 그러나 무죄한 이들의 피를 너무 많이 흘린 대가로 솔로몬에 의해 죽임을 당하였다. 역대 누구보다 용감한 전략가로 오랫동안 총사령관을 지냈지만 나이 들어 권력을 상실했을 때, 그가 무죄한 사람들의 피를 흘리게 했던 행실들 때문에 하나님의 심판을 당한 요압 장군의 길고 험난했던 삶을 우리아 장군의 삶의 모습과 비교해볼 수 있다.

요압 장군은 다윗 왕의 명령으로 암몬을 무찌르고 랍바를 포위했다. 다윗은 예루살렘에서 간통한 후 이 죄악을 감추기 위해 요압 장군에게 편지하여 맹렬한 싸움터에 우리아를 앞세워 죽게 하라고 명령하였다. 우리아는 충직한 장군이었기에 요압 장군도 우리아를 눈여겨보고 있었을 것이다. 그러나 다윗 왕의 명령이기에 그는 다윗과 밧세바 사건을 대략적으로 직감했으면서도 다윗으로부터 좀 더 인정받기 위해 우리아를 억울하게 죽음으로 내몰았다.

작년 일 년 내내 박근혜와 이명박 대통령에 대한 지위를 이용한 권력남용 죄로 수십 명의 고위공직자들이 징역형을 받았으며, 지금 문재인 정권에서도 권력 유지를 위해 똑같은 권력남용의 죄들을 자행하고 있다. 요압 장군이 좀 더 의로운 장군이었다면 우리아를 쉽게 죽음으로 내몰지는 않았을 것이다. 한 번 더 깊이 생각하여 우리아의 목숨만은 건져줄 새로운 방도를 고안해 낼 수도 있었다고 생각한다. 현대사회에서 간통죄는 무수히 일어나고 있는 일이며 우리아를 바로 군대에서 전역시켜 밧세바와 함께 있게 했다면 어떠했을까? 이것을 볼 때 아무리 자신에게 목숨을 다하여 충성하는 부하라 할지라도 자신의 출세를 위해서라면 얼마든지 쉽게 그 의로움을 저버릴 수 있는 것이 인간의 사악함이다.

세상을 살 때 모든 직장에서 시기와 질투가 일어난다. 남을 눌러야 자기가 승진할 수 있기 때문이다. 실제로 능력이 월등하지 않지만 상관에게 아부를 잘하므로 출세 가도를 달리는 사람들도 많다. 우리 그리스도인들은 어떻게 살아가야 할까? 시기와 질투는 정말 어리석은 짓이며 경계해야 할 일이다. 다만 하나님께 모든 것을 맡기며 성실히 올곧게 살다 보면 하나님이 높이시는 날이 온다는 믿음을 가져야 한다. 우리의 이기적인 생각으로 수단과 방법을 가리지 않고 출세만을 지향한다면 언젠가 하나님의 심판이 우리에게 찾아들 것이다. 요압 장군도 그 순간에는 승리한 것 같았지만 결국은 어리석은 선택이었다. 보라. 이런 일들이 하나둘씩 쌓여 마침내 그는 비참한 죽음을 맞게 되지 않았는가? 정말 우리는 세상을 지혜롭게 살아야 하며 철저히 하나님께 순응하는 삶을 살아야 한다.

우리는 우리아 장군과 요압 장군을 비교함으로 좀 더 명확히 하나님의 뜻을 찾을 수 있다. 우리아는 하나님과 늘 동행하려고 힘쓰며 하나님의 뜻에 귀를 기울이고 자신의 욕심보다 하나님의 뜻에 순복하며 살아가는 것이 오랫동안 습관화된 사람이었다. 그러기에 자기 생명이 풍전등화 같은 전쟁터에서도 목숨을 아끼지 않았으며, 휴가 중에도 동료들을 생각하여 자기 육신의 안락을 취하지 않았다. 그러기에 우리아는 험난한 인생길을 명예롭게 마칠 수 있었다. 천국의 열쇠를 부여잡을 수 있었다. 성경 중에 나오는 훌륭한 인물 중의 하나로 평가될 수 있었다. 비록 그의 생명이 좀 더 연장되었던들 전쟁터에서 장렬하게 전사하는 숭고한 삶보다 나아질 수는 없었을 것이다.

반면에 요압은 어떠한가? 물론 그도 한때 목숨을 아끼지 않고 전쟁터에서 열심히 싸웠다. 그리고 우리아 장군보다 오랫동안 장수했다. 그러나 하나님 뜻에 순복하는 것보다 세상 권력에 대한 야망이 항상 그를 압도했고, 그것이 오랫동안 습관화되었다. 그러기에 요압 장군은 기브온 전투에서 그의 동생 아사헬을 죽이고 이스보셋을 배반한 후 다윗에게 망명한 아브넬 장군을 다윗 왕의 허락 없이 헤브론에서 살해했으며, 세바의 난을 진압하는 과정에서 군대 사령관 자리를 놓고 다투던 아마사 장군도 쉽게 살해할 수 있었고, 또한 우리아를 죽음에 내몰고도 별로 죄의식을 느끼지 못했던 것이다. 요압 장군도 우리아 못지않게 험난하고 고단하게 살아왔지만 종국에 가서 의롭지 못했다는 평가를 받았으며, 무죄한 사람들의 피를 너무 많이 흘렸기에 지옥에 떨어졌을 가능성이 많으리라는 생각이 든다. 그러나 인간의 구원 여부는 하나님만이 아신다.

한편, 세상 사람들은 다르게 평가할 수도 있다. 우리아는 자기 아내도 빼앗기고 이름 없이 허망하게 죽은 실패한 인물이고, 요압 장군은 처세술의 달인으로 이스라엘의 두 번째 권력자로 오랫동안 권세를 누렸고, 부와 명예를 한 몸에 받아 호화롭게 살다 긴 고통 없이 단숨에 죽었기에 훨씬 멋진 삶이었다고 판단할 수도 있다.

그러므로 지혜로운 판단을 위해 하나님에 대한 믿음을 갖는 것은 중요하다. 우리아는 날마다 기도하며 하나님 말씀을 늘 가까이했기에 다윗이 범한 간통 같은 죄도 물리쳐왔을 것이고, 그의 습관화된 의로운 생활이 죽음의 길도 담대하게 뛰어들 수 있는 용기를 주었기에 시기와 질투에 둘러싸인 현실 속에서도 하나님이 뜻하시는 방향을 지향하며 요압 장군 같이 세상의 권세보다는 하나님의 의의 길을 따르기를 주저하지 않았다. 우리아는 하나님이 자신과 함께하시며 그의 앞길을 인도하심을 꿈꾸며 살았기에 어떤 세상의 시련 속에서도 넉넉히 기쁨으로 이겨 낼 수 있는 여유로움을 가질 수 있었다고 생각한다.

　우리의 남은 삶을 날마다 기도하고 철저히 회개하며 하나님의 뜻이 무엇인지 깊이 생각한 후 행동하고 우리아 장군처럼 하늘나라를 꿈꾸며 성령 충만하게 살아간다면, 험난하고 고단한 우리 인생의 여정을 마친 후 하늘나라에 올라가 하나님의 심판대 앞에서 최후 승리를 거둘 수 있으리라 믿는다.

기도문

이 세상을 창조하시고 우주 만물을 주관하시는 하나님 아버지!
오늘도 코로나 전염병과 혹한 속에서도 우리를 지켜주시고 우리에게
건강한 육체와 일용할 양식을 주신 주님께 감사드립니다.
우리를 사랑하시며 우리의 삶과 영혼을 귀하게 여기시고,
우리가 이 땅에서 주님께 영광드리며 감사과 기쁨이
충만한 삶을 살기를 바라시는 주님께 감사를 드립니다.
주님! 우리는 주님의 자녀임을 고백하며 주님을 따르겠다고 수없이
맹세했음에도 우리의 육신이 연약하여 죄 가운데 빠졌음을 고백합니다.
음란한 세상과 구별되게 정결한 생활을 하지 못했음을 고백합니다.
주님께서는 골고다 십자가에서 온갖 멸시와 조롱을 받으셨건만
우리는 가족과 동료와 이웃을 섬기지 못하고 낮아지지 못했음을 고백
합니다. 세상 재물을 우상화하며 곳간에 쌓아두기만을 급급해 왔었음을
고백합니다. 주님을 위해 우리의 시간과 정성을 드리지 못했음을
고백합니다. 썩어질 세상 것들에 대한 걱정 근심 때문에
감사와 기쁨의 삶을 살지 못했음 고백합니다.
주님, 우리의 죄악들을 용서하여 주옵소서.
세상의 모든 것을 친히 간섭하시며 운행하시는 하나님 아버지!
우리의 모든 환경은 하나님의 뜻이며 하나님께서 우리에게 허락하신
것임을 깨닫게 하옵소서. 험난한 세상 조건에도 감사하며 기뻐하며
살아갈 수 있게 도와주옵소서. 어떠한 역경 속에서도 주님께서는
우리의 모든 기도에 응답하시며 우리를 눈동자처럼 지켜주시고
보호하심을 믿게 하옵소서.

하나님 아버지!

이 세상에서 가장 중요한 것은 천국에 가는 것이며, 가장 무섭고 떨리는 것은 주님의 심판대 앞에 서는 것입니다. 많은 사람 중에 우리를 선택하시고 구원의 은총을 허락하신 주님께 감사를 드립니다.

구원의 은총 하나만으로도 넉넉히 이 세상을 감사하며 기뻐하며 살아갈 수 있게 도와주옵소서.

공의로우신 하나님!

우리가 항상 기뻐하며 살아갈 수 있는 것은 재물도, 지위도, 명예도, 낭만도 아니요, 늘 기도에 힘쓰므로 우리의 영혼을 성령 충만케 하는 것입니다. 그러기에 바울은 감옥에서조차 성령의 능력으로 찬양하며 기쁨 충만한 삶을 살 수 있었습니다. 우리에게 지혜를 주셔서 아담과 하와처럼 달콤한 세상 유혹에 빠져 선악과를 따먹는 죄악을 범하지 않게 하옵소서. 세상 사람들처럼 잘못된 세상적인 열등의식에서 벗어나게 하시고, 하나님께 죽도록 충성하는 믿음의 형제자매들에게 깊은 열등의식을 느끼게 도와주옵소서. 우리의 성령 충만한 삶을 방해하는 모든 악한 생각과 사탄의 세력을 물리칠 수 있는 능력을 허락해 주옵소서. 우리의 욕심과 정욕대로 살게 하지 마시고 주님의 영광을 위해 낮아지며 섬기며 살아가게 도와주옵소서.

주님! 코로나19로 많은 성도들이 교회를 등한시하고 성경과 기도생활로부터 멀어지고 있습니다. "너희는 새 사람을 입어 우리를 창조하신 이의 형상을 따라 지식에까지 새롭게 하심을 입으라"는 말씀을 명심하여 국가 방역 방침을 철저히 준수하면서도 예배 참석과 성경 읽기와 기도에 더욱 매진하게 하옵소서.

그래서 성령의 능력을 힘입어 하나님과 동행하는 삶을 살아가는 성도들이 될 수 있도록 도와주옵소서.

지금도 우리와 함께하시는
주 예수 그리스도의 이름으로 기도드립니다.

4부

목회사역 계획

나는 다양한 문화를 이해하고 넓은 세계관을 가져야 하며, 세상을 품는 리더로 성장해야 한다. 또한 민족주의를 넘어 국제적 사람이 되어야 하며, 역사에 갇혀있지 말고 역사를 창조하는 사람이 되어야 하고, 하나님의 장성한 분량에 이르도록 성장하기 위해 가치관, 의식구조, 삶의 방식을 성장시켜나가야겠다. 상대방의 문화와 처한 상황을 알아 그들의 눈높이에서 메시지를 전달하고 이해시킬 수 있어야 하며, 정치, 경제, 문화의 경계를 넘어선 글로벌 지도자로 성장해야 하며, 성경 말씀은 오점이 없지만, 하나님은 문화를 통해 말씀하셨기에 시대 문화에 맞는 새로운 해석을 찾아가야겠다.

선한 영향력을 미칠 수 있는 리더가 되기에 노력하고, 설교 또한 모든 사람들이 이해할 수 있도록 쉽고 평이한 단어를 사용하며, 상대방 이야기를 주의 깊게 듣고, 생각의 틀을 상대방의 입장으로 들어가 이해의 폭을 넓히며, 이웃에게 신뢰감을 주는 것은 매우 중요하므로 신뢰할 수 있는 채널을 열어 놓고, 이웃이 전적으로 신뢰와 확신이 생기도록 노력하되, 신임은 일방이 아닌 쌍방 관계임을 명심하여, 몇몇 이웃에 대한 잘못된 고정관념과 선입견을 버리겠다.

코로나19 이후 세계는 하나임을 다시 자각하게 됐다. 한 나라만 코로나가 완치된다 한들 각각의 고립된 나라가 존재할 수 없기에 세계 모든 나라에서 동시에 코로나가 진정되어야 비로소 코로나 상황에서 벗어날 수 있을 것이다. 그러므로 나는 먼저 세계의 다양한 문화를 이해하고 넓은 세계관을 가져서 세상을 품는 리더로 성장해야 한다.

침례신학대학원 졸업 전까지 오래전부터 작성 중인 신앙 간증 및 묵상집을 완료하고 출판하여 선교와 전도에 활용하고, 신학대학원 졸업 후 대전시에서 한 시간 거리 내의 지역에 위치한 교회 중에 50~500명 정도의 교인들이 출석하는 교회들을 탐방한 후 최적의 교회를 선정하여 협동목회자로 봉사하며 그 교회의 양적 질적 성장을 돕겠다. 한두 달에 한 번 이 교회 저 교회의 초빙을 받아 자비량으로 한국사회로부터 한국교회의 신뢰도를 높이기 위해 우리가 가진 믿음을 실행하는 것과 병마와 가난으로 고통받는 이웃을 돕는 일이 중요함을 알리고, 나의 삶에 대한 신앙 간증과 한경직 목사와 김수환 추기경처럼 청빈한 생활을 통해서도 충분히 행복과 기쁨이 충만한 삶을 살아갈 수 있음을 깨닫게 하며, 복음 확장과 영혼 구원에 힘쓰겠다.

또한 힘이 닿는 대로 일본과 북한 선교 그리고 농촌 선교에 도움이 되고 싶다. 그리고 우리 부부의 노후를 위해 마련했던 재산 중에 10% 이상은 선교와 어려운 이웃을 위해 사용하려 한다. 전도와 선교의 절반은 말이 아니라 나 자신의 행실로 보여주어야 하므로 하나님 앞에 땀 흘려 기도하고 성령의 능력에 힘입어 거룩하고 경건하고 청빈한 삶을 살며, 하나님을 위한 순교에도 기꺼이 순종할 수 있는 믿음을 가질 수 있기를 간절히 간구하겠다. 또한 종교개혁 당시 복음전도자의 특징인 학문의 깊이가 있는 신학자, 능력 있는 설교가, 모든 사람이 이해 가능한 말로의 선교, 확실한 구원의 길을 알려주고, 부지런하며 하나님 앞에 겸손하고 영혼을 사랑하며, 복음의 본질로 돌아오게 하는 기도를 수행해나가는 목회자가 되겠다.

현대는 점점 물질만능주의 사회로 변화되는 것 같다. 요즘의 몇몇 TV 드라마는 가난한 여인이 돈 많은 회장 아들과 결혼하는 것이 가장 성공한 삶인 것처럼 보여주며, 부자가 되는 것이 성공하고 존경받는 인생임을 조장한다. 그래서 대학교 학과도 한국 사회에서 가장 돈을 많이 벌 수 있는 의과대학의 입학점수가 점점 높아지고 있다. 한국에서의 의사 평균 연봉은 다른 나라에 비해 높은 편이며 의사와 간호사의 연봉 차이는 10배 가까이 된다. 그러나 실제로 국가가 발전하기 위해서는 과학기술이 발달하여야 하며 그러기 위해서는 많은 우수한 석학들이 공대에 진학해야 하는데, 공대 졸업 후 연구개발에 참여하는 연구원이나 교수와 의사의 평균 연봉이 너무 차이가 크기에 인재들이 의과대학에만 몰려 국가 발전에 지장을 주는 상황에 이르렀다. 앞으로 새로운 정권에서는 의사의 평균 연봉을 하향 조정하고 과학기술 연구개발 연구원들을 우대하는 시스템을 마련해야 한다.

한편, 사회 기류에 편승하여 대부분 부자들은 죽는 순간까지 자신의 재산을 조금이라도 늘리기 위해 애쓰다가 어느 순간 모든 재물을 남겨두고 갑자기 건강 악화로 세상을 떠난다. 100억을 가진 사람은 200억을 만들기 위해, 200억을 가진 사람은 500억을 만들기 위해 죽는 날까지 안달하며 산다. 그러나 예수님은 천국에 가려거든 자신의 재산을 팔아 가난한 사람들에게 나누어 주고 나를 따르라고 했다(마 19:21). 만일 어떤 부자에게 자신의 재산의 절반을 팔아 가난한 이웃에게 나누어 주라 하면 몇 퍼센트의 사람들이 실행할 수 있을까? 심지어 대형교회의 많은 목사님도 고급자동차를 선호하고 자신의 손자 손녀까지 챙기기 위해 한 푼이라도 더 모으려고 애쓰는 모습을 본다. 참된 기독교인들은 죽기 전까지 자신이 살고 있는 집 이외에는 모든 재산을 가난한 이웃과 친족에게 넘겨주고 빈 몸으로 죽음을 맞이하는 것이 하나님의 뜻이라고 생각한다. 진정 존경할만한 사람은 안중근과 같이 나라와 하나님의 의를 위해 목숨을 바치는 사람일 것이다.

나는 퇴직하고 소규모 소방설비업체에서 시공 자문을 하고 있다. 현재의 총수입은 나와 아내가 먹고살고 수입이 적은 아들을 약간 도와줄 수 있는 정도이다. 그동안 35년간의 직장생활을 통해 어느 정도의 재산은 노후를 위해 저축하였다. 나도 역시 나의 재산의 절반을 하나님께 바치지는 못할 것 같다. 또한 남들처럼 어느 정도는 자식들에게 남겨주고 싶다. 그럼에도 불구하고 이후로는 더 이상의 재산 모으기는 그만두겠다. 그리고 모은 재산의 10% 이상은 남은 인생 동안 신학대학원 졸업 후 목회 활동과 어려운 이웃을 돕기 위해 사용하겠다. 세상에 재물을 쌓아놓는 것보다 하늘나라에 쌓아두는 것이 훨씬 가족들이 이생과 천국에서 행복하게 되는 길임을 깨달을 수 있는 믿음을 간절히 간구하겠다.

35년간의 직장생활을 통해 주변의 많은 직장동료를 만났다. 직장 동료 간에는 보이지 않는 경쟁심이 있다. 물론 더러는 순수하고 진실한 동료도 있다. 그러나 더러는 질투심으로 이웃 동료가 결코 자신보다 잘되는 것을 용납하지 못하는 이들이 있었다. 이들을 미워하지 않고 사랑하는 것은 참으로 어렵다. 나의 노력으로는 결코 이들을 용납하기 어렵다. 예수님은 이웃을 용서하고 사랑하라고 하시지만 바울이 고백한 것처럼 성령의 능력으로만 이것이 가능하다고 믿는다.

나 자신을 바라본다. 하나님 앞에 나는 그동안 얼마나 많은 잘못을 저질러 왔는가? 수많은 자범죄를 저질렀으며, 자신만을 위하는 이기적인 죄들을 범했는지 모른다. 내가 하나님께 범한 죄가 10이라면 직장동료와 이웃이 나에게 잘못한 것은 1도 안 된다. 그럼에도 직장동료의 잘못을 용서할 수 없다면, 하나님은 결코 나의 죄를 용서하시지 않을 것이다. 나는 이웃을 사랑하고 섬기기 위해 교회에서는 다시 봉사를 시작할 것이고, 코로나 사태가 끝나는 대로 선교활동을 재개할 것이다. 내가 실패하기를 바라던 동료들을 하나님이 주시는 성령의 힘으로 용서하고 그들을 사랑할 수 있는 능력을 달라고 간절히 기도하며, 앞으로 그 동료를 만났을 때도 반갑게 웃으면서 먼저 인사하겠다.

또한 교류 중인 이웃들(교회 교우, 학교 동창, 직장 동료, 친척 등)과의 지속적인 우정을 위하여 그들과의 신뢰를 잘 유지해나가겠다. 한두 번 이웃에게 신뢰를 잃기 시작하면 둑이 무너지듯 모든 관계가 와르르 무너지고 만다. 수십 년간 서로 의지하며 지내던 친척, 친구, 이웃과는 죽는 날까지 좋은 관계를 지속하기 위해 그들과의 모든 약속은 반드시 지키며, 부득이한 사정으로 지킬 수 없는 경우에는 사유를 잘 설명하여 나에 대한 신뢰도가 떨어지지 않도록 할 것이며, 먼저 이웃을 대접하며 섬기는 자세로 살아가고 나에게 도움을 요청하는 이웃에게는 가능한 한 도움을 주려고 노력하겠다.

하나님의 축복은 기적같이 찾아든다

개정판

초판 1쇄 발행 2022. 10. 15.

지은이	김계남
펴낸이	방주석
펴낸곳	베드로서원
주 소	10252 경기도 고양시 일산동구 고봉로 776-92
전 화	031-976-8970
팩 스	031-976-8971
이메일	peterhouse@daum.net
등 록	2010년 1월 18일
창립일	1988년 6월 3일

ISBN 979-11-91921-12-0 03230
책값은 뒤표지에 있습니다.

베드로서원은 문서라는 도구로 한국교회가 복음의 본질을 회복하고
마을목회와 선교적교회로 나아가는데 기여하고자 최선을 다하고자 합니다.

나의 힘이신 여호와여 내가 주를 사랑하나이다(시 18:1)